中国自動車タウンの形成

広東省広州市花都区の
発展戦略

監修 (社)経営労働協会
関 満博 編

新評論

は　じ　め　に

　中国が経済改革・対外開放に踏み出してから、そろそろ30年になる。この20年ほどの間、私はかなりの時間を投入して中国の地域産業、中小企業の「現場」を歩いてきた。この間、驚愕することばかりが多く、研究者の端くれとして、心高ぶらせる日々を重ねてきた。1980年代末の頃の蘇南の郷鎮企業の「希望に燃えた眼差し」、90年代初期の頃の北京シリコンバレーの「ハイテク中小企業たち」、90年代中頃の浙江省義烏の「小商品城」、90年代末の四川省綿陽の「四川科学城」などは、特に印象の深いものであった。

　成熟した現在の日本では、なかなか新たな「発見」にめぐり会うことはない。だが、現在、歴史を作っている中国の「現場」では、新たな「発見」をすることが少なくない。中国の「現場」に身を置くならば、週に一度は、そのような興味深い体験をすることができる。中国の事情がかなり世界標準に近づいている現在、かつてほどの衝撃を受けることは少なくなったが、それでも多くの「発見」に遭遇することになる。そのような事ばかり考え、20年を重ねてきた。

　2003年の秋頃から、広東省の広州周辺の事が気になり始めた。広東省の珠江デルタと言えば、特に、90年代は来料加工（広東型委託加工）により、電気・電子系の香港、台湾、日本企業を惹きつけ、「世界の工場」と言われるほどのものになっていた。だが、当時、繁栄の焦点は香港に近い深圳～東莞のエリアにあり、広州から西南の珠江デルタ西部はやや動きが鈍かった。私は90年代の後半から2000年代の初めの頃は、深圳～東莞に通う日々を重ね、『世界の工場／中国華南と日本企業』（新評論、2002年）という大著を上梓することができた。それは、私の50歳代前半の総括といえるものであった。

　それからしばらくの時が経ち、大陸に進出している台湾企業のことが気になり始めた。日本企業に比べ、台湾企業の中国認識ははるかに深く、台湾企業の取り組みから日本企業の問題があぶりだされるとばかり考え、台湾企業進出の焦点である珠江デルタと長江デルタに通い続けた。この報告は『台湾IT産業の中国長江デルタ集積』（新評論、2005年）として取りまとめてある。

そして、特に、広州周辺に進出している台湾企業から中国「民営中小企業」の躍進のほどを聞かされることになる。2000年前後から、特に広州を中心とする珠江デルタの各地域に、興味深い民営中小企業が大量に育ち始めていたのであった。このテーマを中国の全国規模で扱うことを心に決め、北京、大連、無錫、温州、珠江デルタの各都市に通い続けた。この報告は『現代中国の民営中小企業』（新評論、2006年）として公刊している。

その民営中小企業調査の道すがら、2004年3月、日本の日産自動車が進出している場所を確認しようとして広州の北の郊外をうろつき、ようやく探し出すことができた。それは広州市の北の郊外の花都区というところであり、荒れ地の中に合弁企業の東風日産が寂しげにポツリと建っていた。実は、その時はさほどの印象は残らなかった。むしろ、早く帰りたいぐらいであった。

翌年の2005年1月、今度は民営中小企業の調査のため、珠江デルタを西から時計回りに回ることにした。香港から船に乗り、中山港で降りた。その後は、江門、仏山、広州、東莞、深圳の民営中小企業を回った。実に成果の多い調査であった。特に、広州は花都を中心に回っていたのだが、前年とは印象が根本的に違った。中国ではよくあることである。1年で何もかもが一気に変わってしまうのである。

東風日産の周辺のインフラの状況は劇的に変わり、花都汽車城（自動車タウン）が形成され、日本の部品メーカーが進出を開始していた。翌日に開所式という準備中の花都汽車城管理委員会のビルを訪れ、また、やられてしまったとの思いを深めた。東京のJR山手線の内側（60km^2）にほぼ相当する50km^{2}の敷地が、一気に自動車タウンに向かって走り出していたのであった。

中国の各地には数十から数百km^{2}という巨大な経済開発区（新産業都市開発）がいくつもある。だが、この汽車城は自動車に特化するものであり、その理念の明確さ、規模の大きさ、関連する人びととの取り組み方に深い感銘を覚えた。

さらに、その時、花都でもう一つの「発見」があった。獅嶺（国際）皮革皮具城というものに案内された。そこは近代的かつ巨大な皮革材料・製品の卸売市場であった。3000店舗は入っていた。私自身、このような形の卸売市場は中

国でたくさん見ている。だが、ここは何かが違った。

　私がそれまで見ていた市場は、大都市郊外に立地する消費者向け市場か、あるいは浙江省温州などによくみられる地方の生産地に生まれる専業市場であった。そして、この皮具城はそれらと全く違う臭いがした。中国にようやく本格的な集散地市場が出来つつあることを感じさせられた。アジアの皮革製品の集散地と言われる香港の大南街の企業も大挙進出していたのである。

　統制経済の「配給」の時期が長かった中国の場合、物資流通の全国的な仕組みが十分に出来ていない。地方の産地の専業市場に全国から買手が集まらざるを得ないという構図になっていた。それを突破するには、交通至便な大都市に近いところに、全国の製品が集まり、品揃え、価格形成、需給調整、製品評価をし、そこから全国に散っていくことが求められる。それにより全国の中小生産者は自らの位置を知り、目標とすべきことが見えてくるのである。そうした事をいつも考えていた私に、この皮具城は大きな衝撃を与えてくれた。しかも、中国全体に対する集散地ということだけでなく、少なくとも東アジア全体を視野に入れる集散地が形成されつつあることを痛感させられたのであった。

　汽車城と皮具城、この二つの衝撃を受け、以後、花都のことを考える毎日が続いた。どこから攻めるか、どういう組み立てにするか、本格調査の時期は、メンバーはなどを考え続けていた。

　そのうち、2004年8月に開港したばかりの花都の広州白雲国際空港のことが伝わってきた。滑走路は5本計画。うち1本はアメリカのFedExの専用滑走路になるというのであった。FedExはこれまでのアジアのデリバリー基地としていたフィリピンのスービックを引き揚げ、花都の新空港に移転して来るというのである。この影響は計り知れないほど大きい。

　しかも、広州～深圳～香港のエリアの港湾能力は世界的にも図抜けている。ここまで来ると、役者が揃いすぎたと言わねばならない。空港、港湾の能力からして広州が東アジアのハブになり、少なくとも中国全域とASEAN全体を視野に入れていくということなのであろう。そこに、日産、ホンダ、トヨタの日本のビッグ3に加え韓国の現代（ヒュンダイ）が集結し、そして、皮革製品、ジュエリー、アルミ建材、窯業製品、家具等の集散地が生まれ始め、花都には汽車城が形成さ

れていくのである。

　その巨大なうねりをどのように受け止めていけばよいのか。そのテーマの魅力に圧しつぶされそうな毎日が続いた。そして、何度かの調整を重ねながら、ようやく本格調査を2006年3月と、2006年6～7月に実施することができた。実に興味深い調査となった。

　この間、このテーマに関連した訪中は、2004年3月、2005年1月、2005年11月、2006年3月、2006年6～7月であった。訪問した企業・機関はちょうど100件、まだ深めたい点もあるのだが、現在、この珠江デルタの北端といわれる広州市花都区で起こっていることを世間に報告する必要が大きく、ここに本書を上梓することにした。

　ところで、これだけの現地調査を実施するにあたり、実に多くの方々のお世話になった。面談に応じていただいた企業の方々、各機関の方々、さらに、企業、機関を紹介してくださった方々に深くお礼を申し上げたい。

　特に、広州市人民政府の陳国秘書長、広州市花都区共産党の潘瀟書記、花都区人民政府の王中丙区長、何汝誠副区長、花都汽車城管理委員会の利国浩副主任、花都汽車城発展有限公司の揚美華副総経理、同誘致部の麦偉豪氏、前花都区副区長で、現在は広州市緑進源商貿発展有限公司董事長の謝東志氏、広東省韶関市共産党の覃衛東書記、韶関市の徐建華市長、韶関市経済貿易局の彭為国局長、張世揆副局長、叶剣斌科長、広東省仏山市南海区投資促進局の伍慧英副局長、富士産経投資管理有限公司薫事長の徐樹林氏の各氏には、私たちの無理なお願いを受け入れていただき、訪問がスムーズに行われたことに深く感謝を申し上げたい。

　なお、本研究を進めるにあたっては、社団法人経営労働協会から多くの支援を得ている。岡田知巳理事長に深くお礼を申し上げたい。また、いつものように編集の労をとっていただいた株式会社新評論の山田洋氏、吉住亜矢さんに改めてお礼を申し上げたい。まことにありがとうございました。

2006年10月

編者　関　満博

目　　次

はじめに……………………………………………………………………1

序　章　華南発展の戦略的拠点形成 ……………………………13
1．花都発展戦略の基本的な枠組み
　　──三つの戦略ポイント── ………………………………14
2．本書の構成………………………………………………………20

第1章　空港経済発展の基本構造………………………………29
1．花都区の基本的な特徴…………………………………………30
　（1）花都の置かれている位置　30
　（2）花都の基礎的条件　36
　（3）花都の産業経済の輪郭　42
2．広州白雲国際空港の移転と新たな空港経済…………………47
　（1）空港経済の輪郭　47
　（2）FedExと現代自動車の進出　51
3．空港経済のもたらすもの………………………………………55

第2章　花都汽車城の形成………………………………………58
1．中国自動車産業と花都汽車城…………………………………59
　（1）改革・開放以後の中国自動車産業　60
　（2）花都汽車城の展開　66
2．東風日産の形成…………………………………………………81
　（1）日産の対中進出　81
　（2）東風日産の現状　84
3．広州汽車学院の形成……………………………………………91

（1）華南理工大学　92
　　（2）広州汽車学院の輪郭と特徴　96
　4．花都汽車城の行方 …………………………………………………101

第3章　花都に集積する部品メーカー ………………………104

　1．基幹部品企業の集積 …………………………………………………105
　　（1）モジュール化によるサポート（カルソニックカンセイ）　106
　　（2）基幹部品のプレス加工（ユニプレス）　110
　　（3）サスペンション最大手の進出（ヨロズ）　115
　　（4）初の海外進出を花都汽車城に（三池工業）　119
　　（5）台湾企業との合弁進出（キリウ）　122
　　（6）シートメーカーの進出（タチエス）　126
　　（7）台湾部品メーカーの進出（吉昇機械）　130
　2．関連部門の集積 ………………………………………………………134
　　（1）商社系コイルセンターの展開（伊藤忠丸紅鉄鋼）　135
　　（2）宝鋼のコイルセンターを形成（三井物産）　139
　　（3）キー・メーカーの進出（アルファ）　141
　　（4）2次協力企業として進出（富士機工）　146
　　（5）独自進出のシート材料メーカー（ホクヨー）　149
　3．部品メーカーの集積の将来 …………………………………………152

第4章　世界に向けた集散地市場
　　　　　──獅嶺（国際）皮革皮具城── ……………………………157

　1．全国流通の要となる集散地市場 ……………………………………159
　　（1）集散地市場の意義　160
　　（2）中国の「専業市場」と新たな「集散地市場」　162
　2．獅嶺（国際）皮革皮具城の形成と輪郭 ……………………………166
　　（1）獅嶺鎮と皮革産業　166
　　（2）皮革皮具城の形成　172

3．獅嶺鎮の皮革関連企業 ……………………………………………………177
  （1）輸出中心のローカル企業（広州花都区鶴紳皮具製品廠）　177
  （2）温州から来たスポーツバッグ・メーカー（広州奥王達皮具）　180
  （3）浙江省義烏人が花都で創業（広州市斐高箱包）　183
  （4）日系企業から転出してバッグメーカーを創業（広州雙鑽皮具製品）　186
4．世界の集散地市場に向けて …………………………………………………190

第5章　新たな産業集積の形成
―― 花都（国際）金銀珠宝城 ―― ……………………………………195

1．戦略的な新たな産業形成 ……………………………………………………195
2．珠宝城の形成と輪郭 …………………………………………………………199
  （1）新華鎮のジュエリー産業と珠宝城　199
  （2）市内のジュエリー・ストリートと交易センター　202
3．花都のジュエリー関連企業 …………………………………………………205
  （1）香港からの進出企業（東方珠玉首飾廠）　205
  （2）トルコからの進出企業（阿塔賽〔広州〕珠宝有限公司）　208
  （3）台湾からの進出企業（広州石頭記飾品）　213
4．産業集積の形成と集散地市場 ………………………………………………217
  （1）日本のジュエリー産業　217
  （2）中国華南地区のジュエリー産業　219
  （3）花都区のジュエリー産業集積と集散地市場　220

第6章　花都区のマーケティング戦略 ……………………………224

1．見えない関係性が集積の価値を高める ……………………………………226
  （1）地域のマーケティング　226
  （2）陳国氏のリーダーシップ　229
2．マーケティングの基本は「コトづくり」である …………………………232
3．各産業クラスターのマーケティングの特性 ………………………………234
  （1）生産面から見た「汽車城」の成功要因　235

（2）Ｒ＆Ｄ部門が「汽車城」にある意味　238
　　　（3）汽車城を超えた新しい関係性の模索が始まる　241
　4．コモディティ・マーケティングには集積が効果的 ……………242
　　　（1）皮革皮具城の競争優位の条件　242
　　　（2）セミオーダー・メイドの商品生産　244
　　　（3）ジュエリー産業は販売方法が決め手　246
　5．花都区のマーケティングの成功要因 ……………………………249

第７章　広東省の金融システムと花都の発展戦略 ………251
　1．広東省の金融システムと花都の位置づけ …………………………252
　　　（1）中国金融システムの特徴　252
　　　（2）広東省金融システムの特徴　255
　　　（3）花都金融システムの現状　260
　2．花都経済と中小企業金融の可能性 ………………………………262
　　　（1）集散地経済と皮革関連メーカー向け金融　262
　　　（2）花都汽車城と中小自動車部品メーカー向け金融　270
　3．花都の発展と中小企業金融政策 …………………………………274

終　章　花都の新たな発展戦略 ………………………………280
　1．空港経済を軸にした東アジアのハブを形成する ………………280
　2．自動車産業集積のさらなる高度化を目指す ……………………283
　3．東アジアを視野に入れた物資の一大集散地を形成する ………287

補論Ⅰ　花都の発展を導いた陳国氏の証言 …………………291

補論Ⅱ　海外投資家達の家、花都
　　　　――王中丙区長のスピーチ―― ………………………………298

補論Ⅲ　広州・花都の「自動車城」の
　　　　生産ラッシュに学べ……………………………………………308

補論Ⅳ　中国広州市花都区の発展戦略
　　　　――空港経済、自動車、皮革製品、ジュエリー――…………313

補論Ⅴ　南海東軟情報学院……………………………………………317
　1．大連ソフトパークと大連東軟情報学院……………………………317
　2．南海東軟情報学院……………………………………………………323

補論Ⅵ　国有自動車部品メーカーの展開
　　　　――広東省韶関市の現状と課題――………………………………328
　1．三線建設と韶関の国有企業…………………………………………328
　2．韶関の自動車部品国有企業の改革…………………………………331
　3．韶関の自動車部品メーカー…………………………………………335
　　（1）鋳鋼分野で全国1位（広東省韶鋳集團）　335
　　（2）他地域から移設された「小三線」企業（韶関宏大歯車）　336
　　（3）全国レベルの大手建設機械メーカー（韶関新宇建設機械）　339
　　（4）国有企業を民間人に売却（韶関市配件廠）　340
　　（5）海外輸出中心に展開（韶関東南軸承）　342
　　（6）全国初レッカー車を開発した企業（広東省力士通機械）　343
　　（7）全国への事業展開（韶関富洋粉末冶金）　344
　　（8）国家指定の専業メーカー（韶関オイルポンプ・ポンプノズル工場）　345
　4．広東自動車産業発展と韶関…………………………………………346
　　（1）発展が加速する広東省の自動車産業　346
　　（2）韶関市――巨大自動車部品市場としての潜在性　348
　　（3）韶関の自動車部品メーカーの共通課題　351

中国自動車タウンの形成
―― 広東省広州市花都区の発展戦略 ――

監修　(社)経営労働協会
関　満博　編

新評論

序章　華南発展の戦略的拠点形成

　1990年代の末の頃から、中国華南は「世界の工場」として世界の注目を集めていた。その当時の焦点は華南の中の珠江デルタ、それもその東側の香港に近い深圳～東莞であった。その深圳～東莞には香港、台湾、日本企業が大量に進出し、独特な来料加工（広東型委託加工）により、世界への輸出基地を形成していた。そして、内陸から出稼ぎに来た大量の若い女性たちが重なり、繊維、日用品、家電、音響、そしてパソコン、コピー機などのIT製品が生産されていた。「外資の進出」「来料加工」「輸出」「IT製品」「大量の若い出稼女性労働力の存在」。これらが、このエリアの繁栄を語る場合のキーワードであった[1]。

　だが、それからしばらく経った2003年頃から、珠江デルタの中心から西側にかけて新たな「うねり」が生じていく。特に、広州から仏山、そして、江門～中山あたりが注目されてきた。それはかつての深圳～東莞に見られた「来料加工」「輸出」「IT製品」「大量の出稼労働力」とはやや趣が異なり、次世代型の展開であるように見えた。そのキーワードは「空港経済」「物流拠点」、「自動車」、消費財、中間財の「集散地市場」などと言うことになりそうである。

　その場合、珠江デルタの中心都市である「広州」の意味が大きく変わってきたことが、事態を新たなものにしているように見える。中国だけを見ていく場合、長江デルタの中心都市である沿海の上海の意味は限りなく大きい。全中国を視野に入れようとするならば、上海はその扇の要の位置にある[2]。だが、世紀末の頃からの東アジアの政治的な安定と交流の深まりなどを考慮すると、中国、朝鮮半島、日本といった北東アジアと、ベトナム～タイ～マレーシア～シンガポール～インドネシアといったASEAN全体の両方を視野に入れられる珠江デルタ、特に広州の戦略的な意味は際立ってこよう。

　香港～深圳～広州～マカオに至るエリアの港湾能力は世界的にも図抜けており、さらに、本書で考察する新たな広州白雲国際空港の可能性は計り知れない。

中国の発展と東アジアの安定と交流の深まりという歴史的な環境変化の中で、広州の意味の大きさは際立つものになってきた。そうした枠組みの変化の中で、2000年代に入ってから、興味深い取り組みが重ねられてきたのであった。おそらく数年後には、世界の視線はこのエリアに注がれていくことは間違いない。

本書は、そのような大きな流れを常に意識しながら、東アジア全域の産業発展と交流の最大の拠点を形成しつつある広州、そして特に花都に注目し、その限りない未来を語っていくことにしたい。なお、本書全体の序章となるこの章では、私たちの分析の際の基本的な枠組みと、本書の各章の位置を明示していくことにする。

1. 花都発展戦略の基本的な枠組み
――三つの戦略ポイント――

2000年代に入る頃から、東アジアをめぐる環境は大きく変化してきた。その最大の変化は、1990年代を通じて中国が持続的に発展を重ねてきたことであり、それにより、東アジア全域が安定と交流の時期を迎えてきたということであろう。例えば、ごく最近まで対立していた中国とベトナムが関係の緊密化を深めつつあり、すでに一部着工されている広州～ハノイ間の高速鉄道計画、高速道路計画などの推進が、新たな時代の到来を予見させている[3]。

このような時代、中国、朝鮮半島、日本といった北東アジアとASEANの結節的な位置にある珠江デルタの戦略性は際立ってくる。すでに、香港から深圳～広州～マカオと連なる港湾群の能力は世界的に図抜けていること、また、香港、深圳、広州、マカオに国際空港が展開していることは、物流、人流の両面において、その未来を私たちに暗示させるであろう。

おそらく、これらの中でも、アメリカの物流企業であるFedEx（Federal Express）が、2008年にフィリピンのスービックから広州市花都の広州白雲国際空港に全面移転してくることは、このエリアの可能性を象徴している。このような点を考慮すると、このエリアの未来を語る場合の新たなキーワードは、第1に、人とモノの「交流拠点」の形成、第2に、このエリアの次の時代を

リードする「自動車産業」、そして第3に世界の人びとを惹きつける物資の「集散地市場」の形成ということになろう。これらの三つのキーワードは、珠江デルタに新たな「可能性」をもたらすことは言うまでもない。

「交流拠点」の形成

　1990年代を通じた東アジアの繁栄と安定が、珠江デルタの戦略的な意味を高めている。80年代の世界的な冷戦の頃まで、珠江デルタは中国が西側と陸で接する唯一の場所であり、また、中国沿海地域の中でも首都北京から最も離れた辺境の地域であった。いわば、深圳～広州のエリアは軍事境界線とも言うべき位置にあったと言ってよい。特に、イギリスが領有する香港に接する深圳～東莞のエリアは、国家的な投資もされず、貧弱な農地と荒れ地が拡がっていたにすぎない。

　むしろ、その事がその後のこのエリアの発展を基礎づけることになる。深圳経済特区の実験は、そのような枠組みを背景に推進された[4]。特に、しばらくは国際貿易等の経験に乏しい中国は香港の金融、港湾などの機能を十分に活かし、80年代から90年代にかけて興味深い発展を積み重ね、さらに、多くのノウハウを身に着けていった。荒れ地が拡がっていた深圳～東莞は劇的な発展を示していくことになる。また、97年7月1日には香港は中国に返還されるが、鄧小平氏により「50年間は、香港の現状は変えない」とする方針が出され、ほぼ10年を経過した現在、西側の人びとはそれが遵守されていることに安心を覚えていることも重要であろう。

　このエリアの20年を見続けてきた身からすると、香港が返還される90年代の後半の頃から、香港は次第にくすんでいくが、反比例するかのように深圳経済特区は充実し、美しくなっていったことも興味深いものであった。そして、その「うねり」が2000年代に入る頃から広州に及び始めていく。それまで、中国沿海の中心である上海ほどの注目を浴びることはなかった広州は、2000年代に入り急に輝き始めているのである。

　近年、広州市街地の再開発は一気に進み、近代的な都市に大きく生まれ変わりつつある。また、深圳～広州～中山～マカオに拡がる港湾は日に日に充実の

度合いを深めている。92年にようやく深圳～広州の高速道路が敷設されたが、その後、十数年で一気にこのエリアの高速道路網が出来上がり、また、高速鉄道、地下鉄などの整備も進んでいった。

さらに、このエリアには国際空港が香港、マカオ、深圳に加え、広州にもある。しかも広州の空港は将来を見据えて2004年8月に郊外の花都に移したことも興味深い。計画面積は16km^{2}という巨大なものであり、滑走路は将来的には5本が予定されている。現在建設中の第3滑走路（3600m）は、アメリカの物流企業のFedExの専用とされているのである。この点は、北米から見た場合、この広州が東アジアの「交流の中心」ということを意味しよう。このことの意味は計り知れないほど大きい。

先の港湾能力に加え、巨大な空港を保有する珠江デルタ、広州は東アジアを代表する「ヒト、モノ、カネ、情報」の交流拠点を形成していく。この点が、広州、そして花都を議論していく場合の最大のポイントになることは間違いない。ハードな施設の建設に加え、それをより良く運営していくための人材の育成とソフトなノウハウの獲得が、このエリアの最大の課題になりそうである。

したがって、本書全体を通じて、このエリアは東アジア全体の「交流拠点」になるということが、基本的なトーンとなっていくことになる。

「自動車産業」の集積

このエリアの高まりを象徴するもう一つのポイントは、「自動車産業の集積」であることは言うまでもない。従来、このエリアは西側との軍事境界線、あるいは、北京から見た場合の南方の辺境の地などという事情から、国家投資は遅れ、中心都市である広州も、60年代の「三線建設」の際には、主要な機械工業は内陸ないし広東省の奥地である韶関のあたりに移転させられている[5]。そのため、長らく、広州周辺は機械工業の脆弱な地と言われてきた。

90年代の初めの頃の話題の中心であった中国の「自動車政策」において、「三大、三小、二微」の一つとして広州汽車が位置づけられていたものの[6]、90年代中頃にはパートナーであったフランスのプジョーは合弁を放棄するなど、将来が危ぶまれていた。関係者の間では、当時、広州周辺では自動車産業は育

たないと悲観的に受け止められていたのであった。

　だが、90年代後半にプジョーの後釜に入った日本のホンダは、中国展開の正念場と受け止め、果敢な進出を図っていく。99年春には一気に高級車のアコードを投入し、劇的な成功を収めていく[7]。このあたりから、中国自動車政策にも外資の進出容認の動きが見え始め、新たな環境を形成していったことも興味深い。

　おそらく、ホンダの成功は世界の自動車メーカーに新たな認識を与えたのではないか。以後、2000年代に入ってから、広州をめぐる状況は興味深いものになっていく。中国第2の自動車メーカーと言われながらも、いま一つ発展の契機をつかめていなかった湖北省の東風汽車が、広州に進出、台湾の裕隆との合弁でブルーバードの組立を始め、その後、日本の日産自動車が東風汽車との合弁に入り、広州の花都が脚光を浴び始めていく。そして、このホンダ、日産に続き、トヨタも広州の南沙に進出、韓国の現代も花都の広州白雲国際空港の周辺に建設される産業基地に進出を決定していくのであった。

　世界的な自動車メーカーが広州という一つの市の中に4社も出揃うということになり、事態は一変していく。地元の各政府は一斉に外国の部品メーカーの誘致にかかり、また、操業環境確保のための工業団地、開発区を整備していく。それらの中でも最も果敢であるのが、東風日産が立地する広州郊外の花都区であった。東風日産の進出が確定した2003年には、花都区郊外に50km^{2}の「花都汽車城」の計画を策定、一気に事業に踏み出していった。世界的に見ても、これだけの規模の自動車専用の「工業団地」「新都市」建設は例がないのではないかと思う。それだけの事業が花都区政府という地方政府によって推進されているのである。

　2006年3月現在、花都汽車城の第1期（15km^2）は完売し、主として日産関連の一次協力企業が軒を連ねる状況となっている。今後は、2期計画において、二次協力企業の大量誘致が計画されているのである。

　以上を含めて、この広州市内に世界的な自動車メーカーが4社も進出する。2005年の広州の自動車生産は約37万台であったが、4社が出揃う2008年の頃には70～80万台、2010年の頃には100万台を超えていくことが予想される。さら

に、その後、150万台も視野に入っていくのではないか。一つの市にこれだけ自動車産業が集積することは、世界的にも例がないのではないかと思う。

当面は日系の部品メーカーが進出してサポートしていくのであろうが、その後、現地メーカーの掘り起こしと育成が進み、広州は興味深い自動車産業集積を形成していくことが期待される。この「自動車産業集積」のムーブメントが広州、そして花都に与える影響は計り知れない。

「集散地市場」の形成

本書で第3の戦略ポイントとして掲げる「集散地市場」の意味については、若干の説明が必要であろう。詳細は本書第4章で述べるが、ここではその意義を簡単に説明しておきたい。

中小企業が基本となる物資の生産～流通が活発化していくためには、少なくとも全国レベルでの仕組みが必要とされる。この点、長年、計画経済、統制経済で来た中国の場合、また、安全保障の観点から省別フルセット主義で来たことも影響し、長らく全国市場が必ずしも形成されていなかった。いわば「地域的市場圏」の中で企業は活動の範囲を制約されていた。

改革・開放以来、四半世紀を越しているにもかかわらず、全国の各地に見られる市場は、それが巨大なものであるにしても、ある限られた役割しか果たしていない。例えば、現在の大都市の郊外には家具、内装品等の巨大な市場が形成されている。だが、それは卸売市場ではなく小売市場としての役割を担っている。また浙江省の農山村地域に巨大な「専業市場」というべきものが沢山あるが、それはあくまでも産地市場なのである[8]。

全国の各地で生産されたものが、大都市の「集散地市場」に品揃えされ、需給調整、価格調整、製品評価をされ、全国に散っていくという形は、これまでの中国では形成されていない。地方の中小生産者が適切に製品評価され、努力してレベルを上げていくという発展の仕組みが形成されていないのである。そのような意味で、省別フルセット主義や地域的市場圏の限界を突き抜ける新たな仕組みが必要とされていた。

この点、西側先進国の経験からすると、「ヒト、モノ、カネ、情報」が集ま

りやすい大都市に、そのような「集散地市場（問屋街）」が形成されていく。おそらく、中国においても、上海周辺、広州周辺、北京周辺、さらに内陸のどこかに、そのような「集散地市場」が形成されていくことになろう。中国の物資流通の仕組みの将来をそのように見ていたのだが、近年、明らかに広州周辺に新たな動きが生じ始めている。

代表的なケースが、花都の皮革関連製品、ジュエリーであり、また、仏山市のアルミ建材、タイル等の窯業製品、靴下、江門市のシャンデリアなどが指摘される。海空の「ヒトとモノ」の集まりやすい条件がこの珠江デルタに形成されつつある現在、広州周辺が中国で初めて本格的な「集散地市場」を形成しつつある。しかも、それは中国全域を対象にしているばかりでなく、明らかに少なくとも東アジア全域を焦点にしていることが興味深い。香港旺角の大南街の皮革材料卸業者が大量に花都に進出していること、台湾のジュエリー関連企業がやはり花都に大量の進出していることなどを観察すると、このエリアは東アジアから世界に向けての集散地市場を形成し始めていることを痛感させられる。

それは港湾と空港の充実が促していることは言うまでもない。その点を一つの時代的な流れとして受け止め、「集散地市場」としての機能が高まる方向での今後の取り組みが期待される。この点は先にも指摘したように、ソフトの側面における蓄積がポイントとなることは言うまでもない。それは、中国における物資流通の劇的な変化を引き起こすことになろう。

以上のように、広州、そして、花都をめぐっては実に興味深い環境が出来つつある。最大のポイントは従来からの港湾条件に優れるという点に加え、巨大な新空港が建設されたことが大きい。海空の両面から世界水準の環境が出来つつある。陸においても高速道路網の充実、高速鉄道の計画などが目白押しであり、このエリアのハードな環境は一新される。それは、広州、そして花都にとって、数百年に一度の大きなチャンスということになる。そのことを積極的に受け止め、東アジアで最も可能性の豊かな未来都市を形成していくことに最大の努力を払っていくことが必要であろう。その最大のポイントは人材であり、深みのある人びとのホスピタリティであることはいうまでもない。

2. 本書の構成

 以上のような枠組みを受けて、本書では花都の現在と将来を論じる七つの本章と、それを補完する六つの補論から構成していく。ここでは、それらの意図するところを概観しておくことにしたい。

花都の基礎的条件と空港経済の展開

 第1章の「空港経済発展の基本構造」は、本書全体の底流に流れる基本的な条件を明らかにし、以下の各章の議論の立脚点を明示していく。花都は華南地区、特に発展の著しい珠江デルタの北端に位置し、広州市街地の中心から25kmほどの位置ありながらも、従来は発展の波から置き去りされていた。だが、現在、花都は珠江デルタの発展と拡大の最重要な受け皿となってきた。とりわけ広州市街地にあった広州白雲国際空港が移転拡大してきたことが新たな可能性を導き出している。香港～深圳～東莞～広州と続く珠江デルタ東部の発展の連鎖は、港湾、高速道路網、軌道交通等の充実を促し、さらに巨大空港を花都に建設するに至った。珠江デルタの遅れた地域であったことが、むしろ、花都の新たな発展の可能性を高めたと言ってよい。

 この章では、花都の置かれている位置、経済の基礎的条件を明らかにし、そして、特に、花都の「未来」を語る際の最大のポイントである「空港」をめぐる諸問題にふれていくことにする。それらの中でも、世界最大級のアメリカの物流企業であるFedExが、専用滑走路をベースにする東アジアの物流拠点を花都に形成することは、このエリアに限りない「可能性」を提供するであろう。世界最大の港湾能力を有する香港～深圳～広州の港湾群に加え、新空港は広州エリアが東アジアの中心となっていくことを示しているのである。

花都汽車城（自動車タウン）の意義

 第2章の「花都汽車城の形成」は、このエリアの将来を語る場合のもう一つの重要なポイントとなる巨大な自動車タウンに注目していく。伝統の来料加工

（広東型委託加工）によって香港、台湾、日本の企業を惹きつけ、繊維、皮革製品、家具、家電、時計、カメラ、OA機器等の世界最大の供給拠点を形成した珠江デルタは「世界の工場／中国」を象徴するものであった。輸出向け軽工業品、電気・電子製品、精密機械などを焦点としていた。いわば珠江デルタは中国を牽引する「輸出生産拠点」として大きな成功を獲得したのであった。

　だが、1990年代の後半の頃から、新たな産業部門として自動車生産が活発化してくる。その嚆矢となったのは、日本の有力企業であるホンダの広州進出であり、高級車アコードの生産であった。機械工業の脆弱な地域とされていた華南の地への進出、大衆車ではなく一気に高級車を提供したホンダの戦略は見事に当たり、中国の自動車市場に大きな刺激を与えた。このホンダの広州進出が契機となり、このエリアはその後、興味深い歩みを示していく。2003年、日産が進出、2006年にはトヨタが操業開始、さらに2007年には韓国の現代の操業開始が予定されている。広州市街地からわずか半径40km²圏に世界の有力自動車メーカーが4社も進出することになる。近い将来、この広州エリアが中国自動車産業の最大の焦点となることは間違いない。

　そして、その象徴的なプロジェクトが「花都汽車城」となろう。新設なった広州白雲国際空港からわずか12kmに位置する「花都汽車城」は東風日産を基軸とする50km²という巨大なものであり、すでに部品メーカー群を集結させ、さらに、かなりの規模の人材育成を目指す「広州汽車学院」を形成しつつある。この章では中国自動車産業の歩みを概観し、そして「花都汽車城」の意義を論じていくことにする。

　第3章の「花都に集積する部品メーカー」は、2004年の頃から花都汽車城に集結し始めた部品メーカーに注目していく。自動車部品メーカーは、日本の全産業の中でも対中進出が最も遅れていた。電気・電子などは90年前後から中国への進出を重ねてきたのだが、自動車部品メーカーは本体の完成車メーカーの進出が遅れたことから、最近まで中国への関心を示していなかった。電気・電子に比べて中国認識は15年ほど遅れているといってよい。特に、90年代の初めの頃は、完成車メーカーの関心は対米貿易経済摩擦にあり、中国には力が入っていなかったことも注意しておく必要がある。

自動車部品メーカーの多くは特定完成車メーカーの系列下にあり、親企業の動向に深く左右される。90年代末のホンダの広州進出が日本の自動車メーカーの中国への本格進出の最初のものであり、その頃からようやく部品メーカーの視線が中国に向くようになった。そして、ホンダの成功、日産、トヨタの進出が重なり、2000年代に入り事態が動き出したと言ってよい。そのような意味で、日本の自動車部品メーカーの中国進出は、ごく最近の出来事なのである。

　この章では、花都に進出し、「意外な思い」を深めている自動車部品メーカーの実態にふれていくことにする。その「意外な思い」とは、政府の対応、事業活動のためのインフラ、生活環境、従業員の状況などの中国の投資環境が劇的に改善されており、世間で流布されている「困難」が意外に少ないということではないかと思う。おそらく、部品メーカーにとっての次の課題は、事業の現地化の推進であろう。中国人スタッフの養成、材料調達、外注先の掘り起こしと育成などが問われていくことなる。

新たな「集散地市場」の形成

　第4章の「世界に向けた集散地市場の形成」は、花都区郊外の獅嶺鎮に展開している皮革関連製品メーカーの集積と市場形成に注目していく。長い間にわたって計画経済、統制経済で来た中国の場合、市場経済の「流通」ではなく、統制による「配給」が基本とされてきた。80年代以降、改革・開放が進んだものの、依然として省別フルセット主義、諸侯経済が基本にあり、全国流通の仕組みが十分に発展していない。

　全国に広く見られる「市場」も消費市場か、あるいは、浙江省などに幅広く見られる産地の「専業市場（産地卸売市場）」であり、全国の物資を集め、品揃え、需給調整、価格形成、製品評価するという「集散地市場」は形成されていなかった。そして他方で、中国経済の拡大発展の中で有力な企業は独自に代理店システムなどを形成して全国展開している。ただし、力の乏しい中小企業が市場経済の重要なプレーヤーとして活躍していくためには、製品を適切に評価し、市場の拡がりを促してくれる「集散地市場」の必要性は大きい。

　このような「集散地市場」は日本の経験からすると、人の集まりやすい幾つ

かの大都市に形成されてきた。東京の日本橋、名古屋の長者町、大阪の船場の問屋街が代表的なものである。そうした意味での「集散地市場」が、中国の場合、ようやく広州を中心とした珠江デルタに形成されつつある。ここで見る皮革関連市場、第5章で見るジュエリー、さらに、仏山のアルミ建材、窯業製品などが代表的なものであろう。

しかも、広州、花都の場合は、巨大な空港が建設され、世界から人びとがやってくる環境が形成されてきた。そのような意味で、広州、花都の「市場」は中国全体を視野に入れる集散地市場というだけでなく、少なくとも東アジア全体を視野に入れる「集散地市場」という意味を帯びつつある。そのような視点から、この獅嶺鎮に形成されている皮革関連産業と新たな「獅嶺（国際）皮革皮具城」を見ていかなくてはならない。

政策的に形成された集積と集散地化

この点、第5章で論じるジュエリーを焦点とする「新たな産業集積の形成」も、第4章の皮革関連産業とほぼ同じ文脈の中にある。ただし、皮革関連と決定的に異なるのは、皮革は数十年の時間をかけて地域の中から登場してきたのに対し、ジュエリーは政策的に推進されてきた点であろう。

花都の新華鎮でジュエリー産業の構想されたのはごく最近の2000年以降のことであった。2000年に着任した花都区長の陳国氏（その後、花都区共産党書記、現在、広州市秘書長）は、その前は番禺区長を務めていた。陳氏は番禺ではジュエリー産業が発展していたことを十分に承知しており、花都の農村地域に新たな産業を起こすことを構想していく。その後、花都区内の新華鎮にターゲットを絞り、当時の新華鎮長であった謝東志氏（その後、花都区副区長に抜擢）と協力し、果敢に台湾を中心としたジュエリー企業の誘致に向かっていった。

特に、謝氏の獅子奮迅の働きは語り種になるほどのものであった。以来、5年、2006年3月現在、新華鎮は82社のジュエリー企業が集積している。世界レベルの空港があることから人が集まりやすく、輸出もしやすい、中国が豊かになり国内市場も拡大する、そして、地元の雇用に大きく貢献する、という点に

序章　華南発展の戦略的拠点形成　23

注目するものであった。現在、すでに集積を実感させる規模になっており、これから建設される空港隣接の交易センターが姿を現す頃には、その存在感はさらに大きくなっていくことは間違いない。空港隣接の集散地市場が形成されていくのである。

特に、この第5章で扱うジュエリー産業は、空港隣接のファッション関連産業の集積、集散地化というところ注目すべき点があり、先の皮革関連と連携しながら、より幅の広いファッション関連産業の大きな集積を誘引していく可能性もある。国際空港に隣接するファッション関連産業の一大「集散地市場」の形成が期待される。しかも、それが政策的に導かれたという点が興味深い。おそらく、皮革関連、ジュエリーという成功体験を重ねていくにしたがい、よりスケールの大きい世界に向けたファッション関連産業の「集散地市場」が形成されていくことが期待される。

新たな発展戦略の構想

第6章と第7章は、ここまでの各章の議論を受けて、マーケティングと金融の側面から議論を重ねていく。

第6章の「花都区のマーケティング戦略」は、マーケティングの考え方から、花都汽車城、皮革関連産業、ジュエリー産業を考察し、それに空港経済という要素を加え、花都の新たな発展のための処方箋を提供していくことを目的とする。

一般的には、マーケティングは個々の企業の意思決定について語られる。この点、花都区の産業誘致活動、産業集積の高度化に向けての取り組みも、マーケティング理論の応用として取り上げることもできる。製品の仕様（汽車城ならば、その誘致のための物理的空間）、価格、コミュニケーション、販売方法を考えるという点においては、個別企業のマーケティングと何ら変わるところがない。だが、政府のマーケティングには個別企業のマーケティング活動ではあまり考慮することがない重大な課題がある。

第1に、多様な利害関係者の調整が複雑であり、調整のスピードアップが課題になる。第2に、新たな関係性を模索し、シナジー効果を追求する必要があ

る。第3に、評価の時間軸を長期にとる必要があるという点が指摘される。

　このような点を考慮するならば、地域のマーケティングは、まさに「コトづくり」ということになる。花都は、まさにこの点において興味深い取り組みを重ねてきた。本章では、花都の現在を導いたリーダーたちの取り組みから、新たな地域のマーケティングを考えていくことにしたい。

　第7章の「広東省の金融システムと花都の発展戦略」は、特に、中小企業金融のサイドから広東省の金融システムの特質を明らかにし、さらに、花都の今後の金融のあり方に言及していくことにする。

　第1に、財政政策により中小企業が資本蓄積できる環境を整備すること。第2に、信用保証制度の確立。第3に、企業間信用が拡大できる体制の整備。第4に、担保になりうる中古機械市場等の整備。そして、第5に、かなりの規模になっている民間金融を表面化させること。以上の五つに注目し、広東省、及び花都区での可能性を議論していく。

　中国は広大であり、各地域の置かれている状況も異なる。むしろ、そうした事情であるならば、広州市、あるいは花都区といったレベルで、独自の金融制度を考え、実行していくことが期待される。

　そして、以上の七つの章の検討を踏まえて、終章の「花都の新たな発展戦略」は、全体を総括していくことになる。その主要な論点は、未曾有の「空港経済を軸にした東アジアのハブの形成を目指すこと」「自動車産業のさらなる高度化を目指すこと」「東アジアを視野に入れたファッション関連の消費財の一大集散地市場を形成すること」、そして、何よりも、産業インフラ、生活環境の改善と、人材育成を重点的に進めていくことに置かれていくことになる。

　そして、これらの動きが相互に深く関連し、花都に上昇する「正のスパイラル」の流れを形成していくことが期待される。それは、東アジアの産業経済の一つの焦点、あるいは「未来型」産業都市として、花都が登場してくることを意味するであろう。

本論を補う六つの補論

　以上の本論に加え、本書は補論を六つ付けている。

補論Ⅰは、前花都区共産党書記（現、広州市人民政府秘書長）陳国氏へのインタビューをとりまとめたものである。陳国氏は、花都の現在から将来にかけての発展方向を基礎づけたリーダーであった。このインタビューは2006年6月29日、午後8時30分から10時過ぎまで、広州市の花園飯店で行われた。多忙の中、駆けつけてくれた陳国氏は、ご自分の足跡を振り返りながら、丁寧に応えてくれた。それは、まさに歴史の「証言」というべきものであった。ここに補論Ⅰとして収録し、後世に伝えていくことにしたい。

　補論Ⅱは、現花都区人民政府区長の王中丙氏のスピーチの全文を取り上げたものである。2006年5月31日、横浜ロイヤル・パーク・ホテルで行われた中国広州自動車産業投資交流会でのスピーチである。当日は600人の参加者という同種の催しとしては過去に例のない規模のものであった。王区長の肉声は、花都の人びとの「思い」を深く語るものであり、参加者に大きな感銘を与えるものであった。

　補論Ⅲの「広州・花都の『自動車城』の生産ラッシュに学べ」は、編者の関がかつて雑誌『プレジデント』（2005年4月4日号）に掲載したものである。おそらく、この雑文はある程度系統的に書かれた日本語の初めての「花都汽車城」の記事ではないかと思う。この記事は、発表後、即、花都汽車城発展有限公司副総経理の楊美華さんにより中国語に翻訳され、花都の関連部門に大きな「勇気」を与えたとされている。本書を通読された方には、当たり前のことばかりであるが、花都を議論する出発点となったものであることから、ここに収録しておく。

　補論Ⅳの「中国広州市花都区の発展戦略」は、私たちの事実上、第1回目の本格調査となった2006年3月末の事情を、編者の関がNHKラジオ第一放送「ビジネス展望」で語ったものを文章化したものである。花都全体の発展戦略を簡易にまとめたものとして、ここに収録しておく。

　補論Ⅴの「南海東軟情報学院」は、南海に建設された情報系の大学である南海東軟情報学院に注目する。この南海東軟情報学院の母体は、東北瀋陽の東北大学の企業集団である東軟集団である。情報技術と語学を重視しているところに大きな特色がある。すでに、この東軟情報学院は南海に加え、大連、そして

四川省の成都に設置されている。日本の自動車関連企業が集結する広州周辺において、即戦力が期待される新たなタイプの大学の果たす役割が興味深い。

最後の補論Ⅵの「国有自動車部品メーカーの展開」は、広州の北約260kmに位置する韶関市に注目していく。この韶関は毛沢東時代の60年代に実行された三線建設の一つの焦点とされ、小三線の名の下に広州に展開していた国営機械工業の移転の受け皿とされていった。現在では高速道路が通じ、広州から2時間程度の距離となったが、ごく最近までは辺境の地であった。

近年、広州との時間距離の縮まった韶関は、広州の自動車産業集積に大きな関心を寄せ、新たな発展の戦略ポイントの一つを「自動車部品産業集積」に置いている。外資企業の誘致、地元国有機械工業の自動車部品への展開などが模索されている。2003年頃からは日本企業の誘致に関心を寄せ、大阪、浜松などで投資説明会を開催するなど、積極的な取り組みを重ねている。

この補論Ⅵでは、国有企業改革の方向の一つを自動車部品産業に置き、興味深い取り組みを重ねている事情に注目し、地方小都市の発展戦略、広州自動車産業集積の一角を構成しようする動きを見ていくことにしたい。本書の各章で議論されてきた自動車産業集積が、辺境の地と思われていた小都市にどのような影響を及ぼすのか興味深い。それは、珠江デルタの新たな可能性を示すであろう。

以上のように、本書は広州市の郊外区である花都区に注目し、空港経済、花都汽車城、そして、皮革関連・ジュエリー産業関係という三つの切り口から、中国の地方小都市の地域産業の発展戦略を検討していくものである。先の三つのポイントはそれだけでもそれぞれ極めて大きなテーマである。さらに、それらが相互に深く関連し合いながら、地域に正のスパイラルというべき「うねり」を引き起こしつつある。その全体像をつかむことは容易でない。

自動車産業一つをとっても、中国自動車産業全体との関連、広州に集積しつつあるホンダ、トヨタ、現代との関係、このエリアに集結しつつある部品産業の全体像、さらに、ローカル企業の関わり方など、さらに深めていかなくてはならない課題が山積している。それだけ中国の地域産業問題が深みを帯びてき

たということであろう。

そうしたことを意識しながらも、本書は華南経済圏の新たな「うねり」をとらえていくための、現時点における一つの限られた報告ということになる。今後、さらに問題を一つひとつ深めながら、東アジアに開かれた華南経済圏の「未来」を語っていければと念じている。

1) このような枠組みについては、関満博『世界の工場／中国華南と日本企業』新評論、2002年、を参照されたい。
2) 上海の意義に関しては、関満博『上海の産業発展と日本企業』新評論、1997年、を参照されたい。
3) ベトナムの現状に関しては、関満博・池部亮編『[増補版] ベトナム／市場経済化と日本企業』新評論、2006年、を参照されたい。
4) 深圳経済特区については、関満博『中国開放政策と日本企業』新評論、1993年、関、前掲『世界の工場／中国華南と日本企業』を参照されたい。
5) 三線建設に関しては、関満博・西澤正樹『挑戦する中国内陸の産業』新評論、2000年、を参照されたい。
6) 「三大、三小、二微」に関しては、関満博・池谷嘉一編『中国自動車産業と日本企業』新評論、1997年、を参照されたい。
7) このホンダの取り組みは、関満博・範建亭編『現地化する中国進出日本企業』新評論、2003年、を参照されたい。
8) 浙江省に典型的に発展した「専業市場」については、関満博『中国市場経済化と地域産業』新評論、1996年、関満博編『現代中国の民営中小企業』新評論、2006年、を参照されたい。

第1章　空港経済発展の基本構造

　広州市花都区は広州市街地の北に接している。面積は968km²、平地が約60％、山地が約30％、水面が約10％の構成である。古くから山紫水明の地とされていた。歴史的には太平天国の乱で著名な洪秀全の出身地としても知られている。

　元々は、行政的には広州市の郊外の農村地域を構成する「花県」であったのだが、改革・開放以後の一定の発展を受けて、1993年には県クラスの市である「花都市」に名称が変更になった。さらに、2000年には、広州市街地の拡大を受けて「花都区」として再編されている。

　この花都が脚光を浴びるようになってきたのは、二つの大きな出来事による。第1は、手狭になった広州市内の広州白雲国際空港の移転先として花都が取り上げられたこと、第2は、中国の第2の自動車メーカーである東風汽車と日産自動車の本格的な合弁自動車工場が花都に設置されたことであろう。これらは、2000年代に入ってすぐの2003～2004年の出来事であった。

　そして、地元の花都区人民政府は、これを一つの地域に「数百年に一度訪れるかどうか」というチャンスの到来と受け止め、見事な地域発展戦略を構想、積極果敢に実践に入っていった。広州市街地に接しながらも、珠江デルタのやや北に位置し、深圳、東莞、仏山などの繁栄を横目で見ながら、むしろ、後発の優位性を深く意識し、先行した中国の各地のケースを十分に研究、そして、果敢な発展戦略を推進していったのであった。

　それは、一つの地域が新たな歴史を作り上げていく道筋ともいえるものであろう。2000年代に入ってわずか数年、次々に興味深い出来事が起こり、そして、優れた企業、魅力的な人材が登場し、一つの時代を作り上げていくうねりを引き起こしている。21世紀初頭の現在、花都は中国の中で最も「輝いている」と言ってよい。

以上のような点を受けながら、まず、この章では、花都全体の基礎的条件を素描し、そして、突破口の一つとなった空港経済の基本的な枠組みを整理していくことにしたい。

1．花都区の基本的な特徴

（1）　花都の置かれている位置

　華南地区の発展の中心である珠江デルタは、珠江下流域の香港～深圳～広州～珠海～マカオに至るエリアを示し、広州市北部の花都区は珠江デルタの最北の部分を構成している。珠江デルタの総面積は4万1698km^{2}であり、日本の九州地方（3万9807km^2）よりやや広い程度の面積である。この地域の戸籍人口は約3000万人、さらに外来人口も1500万人とも2000万人ともいわれ、九州の総人口約1500万人をはるかに上回る人びとが生活している。その中でも、1990年代の末の頃から「世界の工場」として世界の注目を集めたのは、特に香港に近い深圳～東莞のエリアであった。

　深圳（面積2020km^2）は、珠江デルタ地域の東南部に位置し、香港に隣接するという地理的優位性から、80年に経済特区が設置された。この年に、最初の経済特区が設置されたのは、深圳、珠海、汕頭、厦門の4都市であった。これらの諸都市はその後それぞれ興味深い発展を実現したが、深圳はその中でも特に飛躍的な発展を遂げ、中国全体の都市別で1人当たりのGDPは香港、マカオに次ぐ3位、1万6430ドル（2003年）となった。それに伴い人口も急速に増加し、70年代の末頃には人口約7万人といわれていた寒村が、2005年には戸籍人口171万人、外来人口1035万人の大都市になった[1]。戸籍人口では広東省全体の2％を占めるにすぎない深圳が、総生産額では21％を占めるほど、経済的な存在感は大きくなっている。この深圳の経済の急成長を支えたのが来料加工（広東型委託加工）であり、この仕組みは深圳～東莞を中心に広東省全域に広まった[2]。

　東莞は南に深圳（市中心部まで90km）、北西に省都の広州（同、50km）と接している。面積は2465km^{2}と日本の神奈川県（2397km^2）とほぼ同じである。

東莞市は、対外開放の焦点とされた香港～深圳の後背地を構成していることから、深圳に続いて90年代に大きな発展を遂げた。東莞はOA機器の世界最大の集積地と言われるようになり、「半導体を除けば、車で１時間でパソコンができる」「98年には北京、大連を抑えて、輸出額は深圳、上海に次いで３位になった」「台湾系企業は北京に500社、深圳に1400社だが、東莞は3200社（注、99年中頃）」と言われるようになった。特に台湾系企業の進出が目立ち、すでに4000社を超える企業が進出しているともいう[3]。

　深圳、東莞に続いて発展しつつあるのが、広東省の省都の広州である。広州市は花都区を含む10区２県級市からなり、面積は7434km^{2}と静岡県（7779km^2）に匹敵する。2005年末の戸籍人口751万人は静岡県（人口379万人）の約

図１－１　珠江デルタの地図

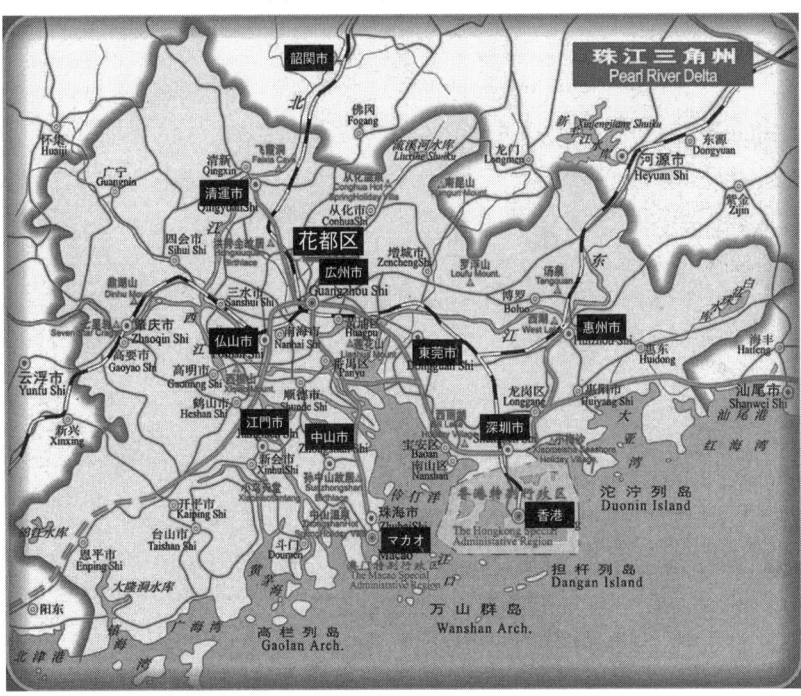

資料：花都区政府公式サイト

表1－1　広東省の市別の基礎情報（2004年）

区分	戸籍人口（万人）	総生産額（億元）	第一次産業（％）	第二次産業（％）	第三次産業（％）
広州	737.7	4115.8	2.8%	44.2%	53.0%
深圳	165.1	3422.8	0.4%	61.6%	38.0%
珠海	86.2	546.3	3.4%	57.0%	39.6%
汕頭	487.5	603.8	8.4%	50.3%	41.2%
仏山	350.9	1656.5	5.0%	57.8%	37.2%
韶関	317.0	325.0	17.5%	49.5%	32.9%
河源	333.2	173.1	27.3%	39.6%	34.7%
梅州	496.9	271.6	25.6%	42.5%	31.9%
恵州	293.2	685.1	12.1%	57.1%	30.8%
汕尾	311.7	219.7	27.1%	37.4%	35.5%
東莞	162.0	1155.3	2.4%	55.4%	42.2%
中山	139.4	610.1	5.0%	65.0%	30.0%
江門	385.5	834.6	8.9%	49.5%	41.6%
陽江	262.8	273.9	30.4%	38.0%	31.6%
湛江	706.4	608.2	20.5%	44.4%	35.1%
茂名	670.6	750.3	25.4%	35.6%	38.9%
肇慶	394.1	548.5	27.5%	35.6%	36.8%
清遠	391.3	248.3	30.8%	41.7%	27.5%
潮州	249.6	256.9	13.3%	48.7%	38.0%
掲陽	601.8	540.5	17.8%	51.5%	30.7%
雲浮	262.0	257.6	29.6%	40.5%	29.9%
合計	7804.8	16039.5	8.6%	50.9%	40.5%

資料：『広東統計年鑑』2005年

2倍である。さらに、346万人の外来人口を合わせると、人口でいえば静岡県と愛知県（724万人）を合わせたほどの大都市である。広東省全体で見ても、広州は人口の1割、総生産額の4分の1を占める、まさに広東省の中心といえる。

　この広州市の黄埔区に、98年、プジョーに入れ代わる形でホンダが進出してきた。さらに、現在では日本の三大自動車メーカー全てが広州市内に進出、韓国の現代自動車も商用車部門の広州への進出を計画している。ちなみに、東風汽車と台湾の日産系自動車メーカーである裕隆汽車の合弁の風神汽車が、花都区の京安雲豹汽車に生産委託を開始したのが2000年であり、そして、日産と東風汽車との包括提携は2002年9月であった。また、2004年には広州市南部の南沙区の経済開発区へトヨタが進出した。

　このように、広州は自動車産業を中心に、今後、さらに大きな発展が期待さ

れる。その中でも花都区は、日産を中心とする「自動車産業集積」（第2章、第3章）に加え、新空港の建設に伴う「空港経済」（第1章第2節）、さらに、皮革や宝飾などの「集散地市場の形成」（第4章、第5章）という点からも注目されることになる。

花都区の位置

　花都区は広州市北部（市中心部から22km）に位置し、北は清遠市、西は仏山市に接している。広州市中心部を形成する荔湾区や越秀区は非農業人口（都市戸籍人口）がほぼ100％であるのに対し、花都区の戸籍人口は農業人口（農村戸籍人口）の方が多く、農村地域としての面影を色濃く残している。

　だが、花都区は広東省の省都である広州市内から高速道路で20分ほどでつながるなど、急速に便利になってきた。さらに、今後は地下鉄延伸も計画されている。現状では、日本語学校などの生活環境も整っている広州市内に居住し、そこから毎日花都区まで通う駐在者も少なくない。ただし、近年、次第に花都区の生活環境も大きく変わってきており、花都に居住する人びとが増加していくものと期待されている。

　また、香港〜広州も快速列車で1時間半程度であり、広州から花都区にかけて、今後、香港から物資の集散地市場などの多くの機能が移転する可能性も十分にある。さらに、外国からアクセスする場合は、2004年に広州白雲国際空港が移転してきたため、花都区が広州地域における玄関口となってきたことが重要である。皮革関係の市場はすでに整備され、ジュエリー関係の市場も空港近くに建設される予定であるなど、花都区の国際的な物資の集散地市場としての将来が期待される。

　また、自動車産業の集積として見た場合、広州ホンダまで30分、自動車部品メーカーの集積する仏山市へも30分ほどで移動可能であり、トヨタのある広州市南部の南沙区まででも1時間以内で行ける。後述するホクヨー（第3章—2—（5））のように花都区に立地しつつもホンダとの取引から始め、さらに拡がりをもたせようとする企業も登場している。また、仏山市南海区にある高木汽車部件（タカギセイコー）のように、現在は広州ホンダがメインの部品メー

図1－2　広州市全図

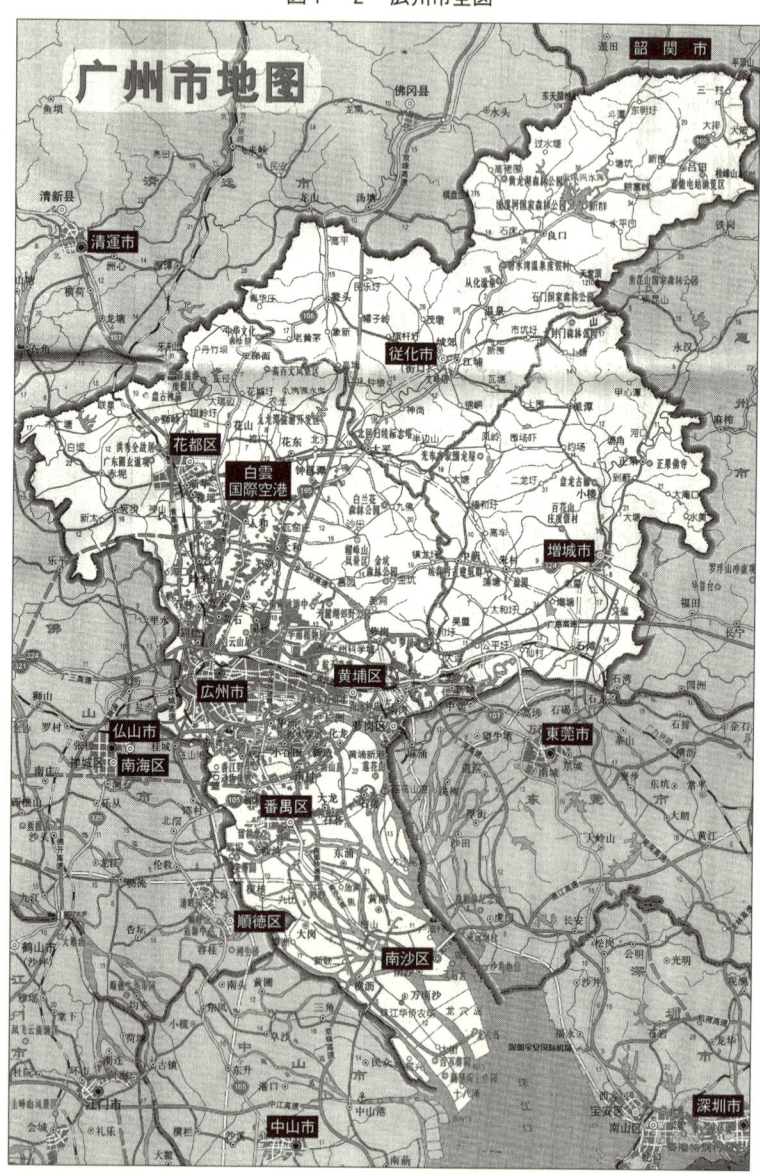

資料：広東省地図出版社

表1-2　広州市の市区別の基礎情報（2003年）

区分	面積 (km²)	人口 (万人)	非農業人口 (％)	農業人口 (％)	工業総生産額 (億元)
市区	3718.5	586.4	77.9%	22.1%	3,946.1
東山区	17.2	63.9	100.0%	0.0%	n.a.
茘湾区	16.2	52.0	100.0%	0.0%	n.a.
越秀区	8.9	42.1	100.0%	0.0%	n.a.
海珠区	90.4	83.8	100.0%	0.0%	n.a.
天河区	108.3	59.9	100.0%	0.0%	n.a.
芳村区	42.6	18.5	99.9%	0.0%	n.a.
白雲区	1029.4	85.1	62.4%	38.3%	n.a.
黄埔区	121.7	21.1	100.0%	0.0%	n.a.
番禺区	1313.8	97.2	42.7%	57.3%	904.9
花都区	970	62.1	33.8%	66.2%	530.1
増城市	1741.4	82.8	26.4%	73.6%	464.9
従化市	1974.5	53.5	27.1%	72.9%	264.8
合計	7434.4	722.1	68.3%	31.8%	4,705.9

資料：『広州統計年鑑』2004年

カーでも、東風日産や広州トヨタへの納入を狙う企業もある。このように、広州では、日本国内の系列などに制約されず、興味深い関係を形成しつつある。このことが、広州の産業集積の充実を促していくことは間違いない。

花都区の交通体系

　花都区には105号線、106号線、107号線の3本の国道が通り、さらに空港高速道路、広清高速道路、京珠高速道路と広州北二環高速道路、広州三環高速道路が交差する交通の要衝となっている。郊外の区にこれだけ高速道路が充実している例は珍しいが、その理由の一つとして空港の設置に伴う高速道路の整備が指摘される。

　広州市の空港は、元々、広州市南東部の白雲区にあったが、手狭になったため、旧空港の4倍の敷地を確保して花都区に移転した。新空港は広州白雲国際空港として2004年8月にオープン、北京首都国際空港、上海浦東国際空港と並ぶ、中国の三大空港の一つに位置づけられている。この空港については第2節で改めてふれるが、計画では5本の滑走路が建設される予定であり、既に3本目の滑走路がFedExの専用滑走路として建設中である。

　鉄道については、北京と広州を結ぶ京広鉄道の広州北駅が設置されており、

1日3万2000人、年間931万人の乗客を運んでいる。将来の高速鉄道の駅は花都区には設置されずに通過する予定だが、花都区と広州市内が2本の地下鉄、および1本のLRT（Light Rail Transit、軽量軌道交通）で結ばれることになっている。地下鉄の花都区までの延伸の予定は2010年。建設費用は、花都区出身の資産家が故郷に錦を飾る形で出資している。

花都区の港湾は河川港であるため、大型の自動車運搬専用船は入港できず、当面、完成車の輸送のためには広州港を利用せざるをえない。しかし、部品輸送については花都港が活用されており、特に自動車部品の輸入については迅速な通関が行われるように便宜が図られている。なお、この花都港も改修が進められており、今後、能力が高まっていくことが期待される。

（2） 花都の基礎的条件

花都区の面積は969km^{2}で東京23区（621km^2）と横浜市（437km^2）を合わせたほどの面積であり、広州市全体の面積の約13％を占める。区の北部には500mを超える牙英山や王子山といった山も見られるが、全体的には珠江支流の白坭河と流渓河が流れる水が豊かで平坦な土地柄である。平坦地ではレンコンの栽培が有名で、やや丘陵地になるとライチやリュウガンが特産品となっている。

年平均気温は22.9℃で、東京の年平均気温15.9℃に比べるとかなり暖かい。年間日照時間は2282時間と1847時間の東京に比べてかなり多い。また、年間降水量は1616mmと東京の1467mmより若干多い。つまり、花都区は基本的に晴れの日が多く、ただし雨が降るときは集中的に降るという南国特有の気候である。また、北京市の年間降水量575mmに比べると、水がかなり豊富であることがイメージできる。

気候的な要素だけでなく、花都区は「花の都」という名前の通りに緑化事業にも力を入れており、市街地の公園も緑豊かに整備されている。特に、花都区共産党委員会・花都区人民政府の建物の南側には99年に設置された花都広場があり、北側には2002年に人民公園が整備されている。花都広場は18ha、人民公園は16.5haと、それぞれ天安門広場の約半分に相当する広さの、広大で美

写真1—1　ライチ畑

しい公園となっている。

　花都区全体の戸籍人口は62万8417人、元々は農村地域であったため、現在でも農業人口が41万7094人と戸籍人口の3分の2を占める。また、登録された外来人口は10万0877人で、広東省の出身者が12.8％・広東省以外の出身者が88.2％となっている。また、外来人口のうち女性は38％で、男性の占める割合の方が高い。

　行政区画としては、新華鎮や獅嶺鎮など11の鎮に分かれており、区政府の置かれる新華鎮を中心に発展している。新華鎮には太平天国の乱で著名な洪秀全の生家もあり観光地として開発されている。大型バスツアーの観光客がやってくる姿も見られる。獅嶺鎮は第4章でも説明するように、70年代から皮革産業で有名な地域である。また、赤坭鎮、炭歩鎮などは石灰石の産地であり、珠江デルタにおけるセメント用石灰石の主要供給源となっている。埋蔵量は13.5億トンといわれ、2004年には花都区全体のセメント生産量は277.8万トンとなり、対前年度比11.1％増と供給も伸びている。

花都区の鎮別の概要

　花都区には11の鎮があり、新華鎮、花東鎮、花山鎮、獅嶺鎮、赤坭鎮、北興

図1−3 花都区の概要図

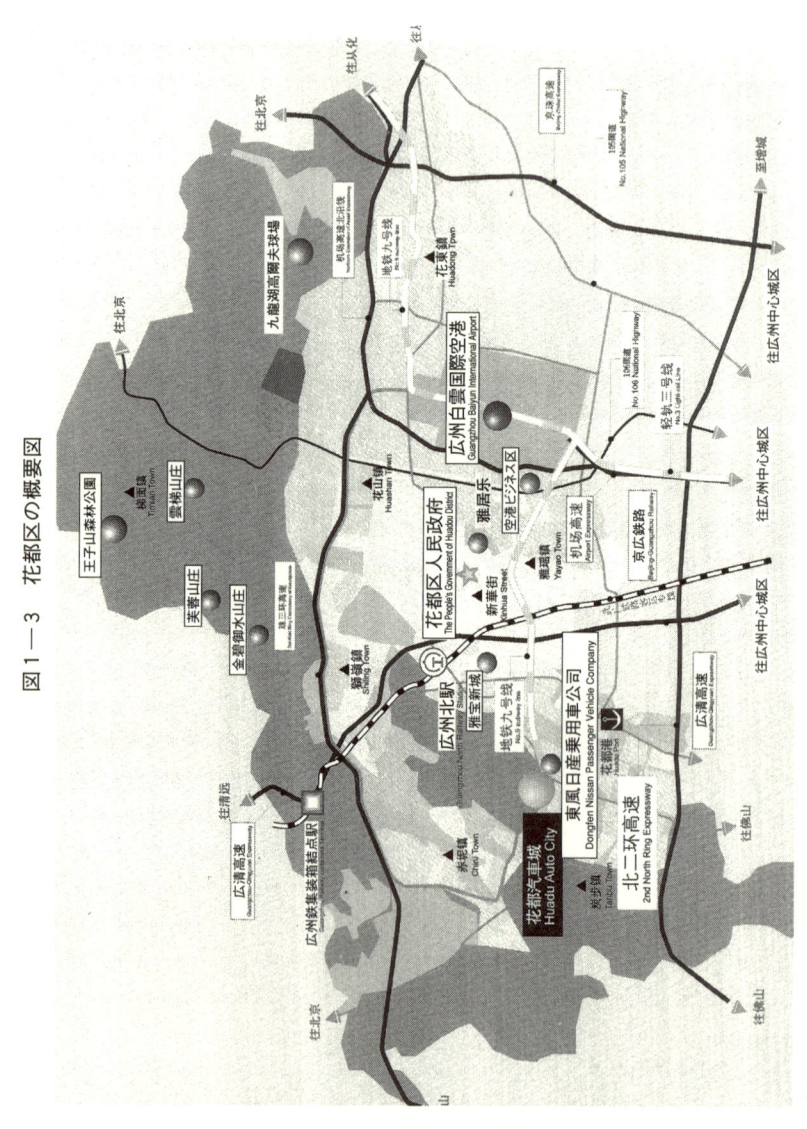

資料：広州花都汽車城管理委員会

鎮、梯面鎮の七つの鎮はそれぞれ100km²前後の面積である。花都区全体では農業人口の割合が約3分の2となっているが、新華鎮だけは農業人口の割合が35.5％と非農業人口の割合の方が高く、人口も25万人以上と突出している。

　新華鎮は花都区の政治、経済、文化の中心であり、花都区人民政府も新華陳に置かれている。総面積111km²で、中心市街地は28km²となっている。2004年時点での戸籍人口は約25万人、さらに登録外来人口は約5万人で計30万人が暮らす街である。産業の面でも、花都区の四つの柱である自動車、皮革、ジュエリー、空港経済のうち、皮革産業以外の三つの産業が立地している。

　新華鎮にはかつて、京安雲豹汽車という公安のパトカーなどを生産するメーカーが存在していた。その京安雲豹汽車を風神汽車が2002年に買収し、2003年6月には東風日産が花都区に設立され、さらに、同年10月には花都汽車城の認可が下りた。その際、元々は京安雲豹汽車の工場があった土地を含む一帯が東風日産の工場となり、その東風日産の敷地を取り囲む地域全体が現在の汽車城として形成されていく。

　ジュエリー産業の生産額も2004年には1712万ドルに達し、対前年度64.5％増と急激な成長を遂げ、就業人口も6000人を超えている。広州白雲国際空港は新華鎮、花山鎮、花東鎮にまたがるように設置されているが、空港経済について

写真1－2　花都区人民政府

写真1―3 花都区の中心部

表1―3 花都区の鎮別の基礎情報（2004年）

区分	面積 (km²)	人口 (人)	非農業人口 (%)	農業人口 (%)
新華鎮	111.0	255,102	64.5%	35.5%
花東鎮	93.4	63,758	6.4%	93.6%
花山鎮	116.4	75,458	7.0%	93.0%
獅嶺鎮	115.8	60,097	8.1%	91.9%
炭歩鎮	113.3	46,952	15.9%	84.1%
赤坭鎮	160.0	55,166	27.0%	73.0%
北興鎮	101.0	34,449	5.0%	95.0%
梯面鎮	91.2	8,982	13.9%	86.1%
芙蓉鎮	44.2	12,496	16.7%	83.3%

資料：『広州市花都区国民経済統計資料』2005年

も、当面は新華鎮を中心とした発展が見込まれる。

　獅嶺鎮は広州市内から北へ34km、広州白雲国際空港から10kmに位置し、南北を国道107号線が通っている。戸籍人口約6万人に対し、外来人口は6万人以上と、元々は農村地域であるのにもかかわらず、既に外来人口の方が戸籍人口を上回っている。獅嶺鎮の発展を支えているのが皮革産業であり、花都区の産業の一つの柱にもなっている。

　2004年には獅嶺鎮に新たに125社（中国企業113社、外資企業12社）の皮革関連企業が進出し、それらの投資額の合計は5.68億元（約82億円）であった。ま

た、同年11月に開催された皮革見本市には、国内外から3日間で1600社、13万人もの来場者が訪れ、期間中の取引額は7.8億元（約104億円）に達している。

花都区の鎮別の農工業

元々は農村地域であった花都区であるが、2004年の農工業総生産額は工業が418億元（約6000億円）、農業が32億元（約460億円）となっており、工業生産額が農業生産額の13倍にも上る。工業生産額は対前年比16.9%増と大幅な伸びを見せており、ほぼ横ばいの農業と比べても、これからますます工業生産の比重が高まることが予想される。

新華鎮は人口だけでなく工業生産でも花都区で首位となっており、花都区内で唯一100億元を突破して、工業総生産額は104億元（約1500億円）に達した。ただし、工業総生産額が16.8%と順調に伸びている一方で、農業部門は－24.5%とかなりの減少を示している。

獅嶺鎮の工業総生産額は新華鎮に次いで64億元（約920億円）となっており、成長率も工業総生産額が10億元以上の地区の中では最も高い19.9%を示している。これには、先に述べたように、2004年に新規進出した皮革関連企業の存在や大規模な展示会の効果で、皮革製品の生産額が伸びたことが影響しているのであろう。

新華鎮、獅嶺鎮以外の各鎮についても、工業総生産額は軒並み伸びているが、かつてはこの地域の経済を支えたはずの農業総生産額は伸び悩んでいる。だが、農業総生産額がほぼ横ばいという中で、農民1人当たりの所得は対前年比3.3%の成長を遂げている。特に、新華鎮の農民の所得は8795元（約13万円）と花都区の中で最も高く、成長率も3.6%と高い。また、成長率でいえば獅嶺鎮も5.0%と高い数字を示している。これは、前花都区共産党書記の陳国氏（現、広州市人民政府秘書長、補論Ⅰ参照。以下、同様）が目指した「工業の発展が農民の所得向上にもつながる」という目標が達成されつつあることを示している。

(3) 花都の産業経済の輪郭

　花都区全体では、工業総生産額は2003年の529億元（約7600億円）から2004年の587億元（約8400億円）へと10.4％の成長を見せている。この間、企業数全体は5703社から6953社へと21.9％も伸びているが、年間売上高500万元以上の大規模企業（中国側の表現では、「規模以上企業」）は722社から691社と減少しており、一方で中小規模企業（中国側の表現では、規模以下企業）は4981社から6262社へと急速に数を増やしている[4]。

　花都区の風神汽車はこの統計にも含まれているが、管理部門のビルの落成（2005年1月27日）と前後して、汽車城における自動車部品メーカーの生産が本格化したため、2004年までのこの統計には自動車部品メーカーの生産額はあまり反映されていない。一方、この時期は新華鎮のジュエリー城に香港系企業に次いで台湾系企業が進出しつつあった時期であり、企業数も生産額も伸びていた。また、獅嶺鎮の皮革産業では、常に活発な新規創業が行われている。これについては陳国氏も「皮革産業は小規模な投資で始めることができる」ことを強調しており、「誰でもボスになれる」ということは人びとの旺盛な経済活動の原動力にもなっている。

　2003年から2004年にかけて、軽工業の総生産額は230億元（約3300億円）か

表1―4　花都区の鎮別の農工業総生産額（2004年）

（単位＝億元）

区分	農工業総生産額	対前年度成長率	工業総生産額	対前年度成長率	農業総生産額	対前年度成長率
新華鎮	106.4	15.6％	104.3	16.8％	2.1	－24.5％
花東鎮	57.8	15.6％	55.2	16.2％	2.6	3.4％
花山鎮	64.3	17.5％	59.1	19.2％	5.2	1.6％
獅嶺鎮	67.0	18.9％	64.2	19.9％	2.8	0.8％
炭歩鎮	48.2	12.1％	42.7	13.3％	5.5	2.9％
赤坭鎮	41.2	14.1％	33.4	16.5％	7.9	4.9％
北興鎮	26.3	10.9％	24.1	12.1％	2.2	－1.0％
梯面鎮	9.5	4.5％	9.0	4.3％	0.5	8.9％
芙蓉鎮	19.1	15.8％	18.4	16.4％	0.7	1.6％
花橋鎮	5.2	33.2％	4.9	35.9％	0.3	3.2％
雅揺鎮	3.5	43.7％	2.7	62.3％	0.8	1.9％
その他	1.6	16.5％	―	―	1.6	16.5％
合計	450.1	15.6％	418.0	16.9％	32.1	1.0％

資料：『広州市花都区国民経済統計資料』2005年

表1－5　花都区の工業企業統計

区分	2004年	2003年	単位	対前年度成長率
企業数	6,953	5,703	社	21.9%
大規模企業	691	722	社	−4.3%
中小規模企業	6,262	4,981	社	25.7%
総生産額	583.7	529.0	億元	10.4%

注：大規模企業は年間売上高500万元以上の企業。なお、中国側の表現では、規模以上企業という言い方をしている。
資料：『広州市花都区国民経済統計資料』2005年

表1－6　花都区の貿易額

区分	2004年 (万ドル)	2003年 (万ドル)	対前年度成長率
輸出額	54,605	39,178	31.72%
内資企業	10,958	7,967	37.55%
三資企業	40,647	31,211	30.23%
外資投資額	29,724	27,741	7.15%

資料：『広州市花都区国民経済統計資料』2005年

ら258億元（約3700億円）へと12％の伸びを示しており、298億元（約4300億円）から325億元（約4700億円）へと９％の成長を遂げている重工業よりも高い成長率を示している。花都区も自動車・皮革・ジュエリーを三大支柱（基幹）産業としており、自動車に代表される重工業だけでなく、軽工業も花都区の経済発展を支えていることがわかる。

　自動車産業については、2004年の花都区内での生産台数６万4865台、生産額は130億元（約1900億円）で区内の工業総生産額の22％を占めている。2004年末時点で100社以上の自動車部品メーカーが花都区に進出しているが、まだ、操業開始したばかりであり、同年の自動車部品生産は9.5億元（約140億円）にすぎない。しかし、これは対前年比66.7％もの伸びを示しており、今後は自動車部品生産の急速な成長が期待されている。

　花都区の皮革産業の中には、年間売上高500万元以上の大規模企業が67社も生まれており、これらの企業の生産額は31億元と前年に比べ15.2％伸びている。中小規模企業も含めれば皮革メーカーだけで2700社以上あり、材料メーカーや販売会社を合わせると、皮革関連企業だけで4000社以上となっている。つまり、花都区の企業の過半数が皮革関連企業だということができる。また、就業人員

数も10万人に達しているため、雇用の面からも花都区にとって皮革産業は極めて重要な存在となっている。

　ジュエリー城に進出している企業は2004年末の段階で63社、総投資額は7.9億元（約110億円）に達した。これらの企業の生産額は3.9億元（約56億円）と37.5％の成長を見せ、特にそのうちの20社が輸出する額は1712万ドル（約20億円）と64.5％も伸びている。陳国氏によれば「輸出に向くのでジュエリー産業に注目した」とのことであるが、その狙いは十分に実現されつつある。

　花都区内の企業の輸出額は2003年から2004年にかけて、3億9178万ドル（約450億円）から5億4605万ドル（約630億円）に31.7％も伸びた。輸出に占める外資系企業の割合は8割で、輸出については中国の他の地域と同様に外資主導であることがわかる。その外資系企業からの投資も2億7741万ドルから2億9724万ドルへと7.1％増加しており、汽車城やジュエリー城への進出企業の増加を考えると、今後も外資系企業からの投資は増加傾向に向かうことが期待される。

花都区の大規模企業の概要

　先にも見たように、花都区の大規模企業の数は2003年から2004年にかけて減少している。しかし、従業員数、総生産額、付加価値額については増加しており、大規模企業の集約化が生じていると理解できる。具体的に所属別で見ても、区所属の企業の工業総生産額は169億元から162億元に減少しており、特に、その他の企業が24億元から15億元と37％以上の大幅なマイナスとなっている。これは、区所属レベルの企業のうち、非効率な企業が整理された結果であろう。このような傾向は中国全土で見られるが、花都は元々国有企業の少ない地域であったため、こうした企業の淘汰の影響は比較的少ないともいえる。

　今後は汽車城の自動車部品メーカーを中心に大規模企業の活動も活発になることで、花都区における大規模企業の存在感も増すであろう。詳細は第3章で説明するが、日産向けの基幹部品企業の多くはすでに花都区に進出しており、原材料供給などの関連部門の集積もできつつある。こうした汽車城の形成によって、生産額の面でも雇用の面でも、大規模企業の役割が大きくなると考え

表1－7　花都区の大規模企業の工業統計

区分	2004年	2003年	前年比	大規模企業一社あたり			
							前年比
企業数（社）	691	722	−4.3%	従業員数（人）	169	153	9.7%
従業員数（人）	116,830	110,233	6.0%	総生産額（万元）	6,210	5,486	11.7%
総生産額（億元）	429.1	396.1	8.3%	付加価値額（万元）	1,624	1,403	13.6%
付加価値額（億元）	112.2	101.3	10.8%	利益額（万元）	338	430	−27.0%
利益額（億元）	23.4	31.0	−24.7%	納税額（万元）	105	169	−60.5%
納税額（億元）	7.3	12.2	−40.4%				

注：大規模企業は年間売上高500万元以上の企業。
資料：『広州市花都区国民経済統計資料』2005年

表1－8　花都区の所属別の工業総生産額

区分	2004年（億元）	2003年（億元）	対前年度成長率
中央・省所属	3.6	1.9	87.62%
区所属	162.1	169.6	−4.39%
興都公司	13.4	15.4	−13.00%
銀都公司	1.6	2.1	−22.45%
越都公司	4.4	5.7	−22.54%
天城公司	0.9	0.8	23.11%
西城公司	2.8	3.1	−9.19%
公資弁	3.5	3.6	−3.22%
風神汽車	119.1	114.8	3.71%
汽車城	1.2	—	—
その他	15.1	24.1	−37.27%
鎮・村所属	418.0	357.5	16.92%
合計	583.7	529.0	10.35%

資料：『広州市花都区国民経済統計資料』2005年

られる。

花都区の中小規模企業の概要

　花都区の工業企業6953社のうち6262社が中小規模企業であり、郷鎮所属企業という枠組みでいえば7284社が第2次産業（工業だけでなく建設業も含む）の企業である。第2次産業の郷鎮所属企業の1社当たりの従業員数は21.2人と比較的多く、第3次産業の2.7人との差は歴然としている。もっとも、平均が21.2人ということは、数十人から100人以上の規模の企業もあることから、多くの企業は20人以下であろう。

　花都区の中小規模企業で最も多いのは、先に述べたように皮革関連の企業であり、工程分業的な下請企業が多いと考えられる。前書記の陳国氏も「皮革産

表1—9　花都区の産業別の郷鎮所属企業（2004年）

区分	企業数 （社）	従業員数 （人）	1社当たり 従業員数（人）	総生産額 （億元）	利益額 （億元）
第1次産業	—	—	—	—	—
第2次産業	7,284	154,544	21.2	436.4	19.9
第3次産業	10,090	27,644	2.7	54.5	2.3
合計	17,374	182,208	10.5	490.9	22.2

資料：『広州市花都区国民経済統計資料』2005年

表1—10　花都区の資本別の郷鎮所属企業（2004年）

区分	企業数 （社）	従業員数 （人）	1社当たり 従業員数（人）	総生産額 （億元）	利益額 （億元）
内資企業	17,150	143,753	8.4	384.3	19.1
集体企業	782	25,685	32.8	72.1	3.7
私営企業	1,643	36,611	22.3	123.0	6.9
個体独資企業	10,741	44,978	4.2	124.8	6.5
港澳台資本企業	194	32,994	170.1	90.5	2.3
外国資本企業	30	5,461	182.0	16.1	0.8
合計	17,374	182,208	10.5	490.9	22.2

資料：『広州市花都区国民経済統計資料』2005年

業では、大きな工場があれば周りで小規模の下請けとしても始められる」と述べており、中小規模企業の勃興は皮革産業の一つの特徴である。資本別に見ると、1社当たりの従業員数4.2人という個体独資企業の多くは、第3次産業分野の商店や飲食店などであろう。また、工業分野の個体独資企業の場合、それこそミシン1台で家内工業的に事業を営んでいる企業もあると考えられる。

　このような中小規模企業の活発な活動によっても花都区の経済は前進している。今後、花都区に集散地市場が形成されることで優れた企業が選別され、これらの中小規模企業の中から優れた企業が育つことが期待される。

　以上のように、花都の発展は始まったばかりである。従来からの皮革産業に、新たな自動車、ジュエリー産業が重なり、さらに、空港経済が新たな拡がりを示し始めている。そして、それらに関わる人びとは「数百年に一度の発展のチャンス」と受け止め、興味深い取り組みを重ねている。おそらく、そこから花都は全く新たな発展モデルを導き出していくことになる。その全貌が見えるには、いましばらくの時間が必要なのであろう。

2. 広州白雲国際空港の移転と新たな空港経済

2000年代に入っての花都の最大のエポックは、2004年8月5日に広州白雲国際空港がオープンしたことであろう。従来の広州の空港は広州市街地に接する使い勝手の良い空港ではあったが、狭隘で拡大する航空需要に応えられなくなった。

香港に隣接する深圳経済特区から始まった珠江デルタの経済発展・開発は、その後、東莞、広州と北上していった。元々、珠江デルタには、香港、マカオ、深圳に国際空港はあるのだが、デルタ北部の発展に応え、さらに、中国華南地域全体の発展のためのハブ空港の必要性が認識され、広州市街地から22km北の花都区東南部に新空港が建設されることになった。

これを千載一遇のチャンスと受け止めた地元花都区政府は、「空港に頼り、空港にサービスし、花都を発展させる」として、2004年8月、空港周辺の発展に寄与することを目的として、空港経済管理委員会を設立している。

花都の中長期の発展戦略には、空港経済、汽車城、皮革・ジュエリー産業の三つのポイントがあると思うが、その中でも、空港経済は他の二つのポイントの発展の基礎的条件にもなる。空港及び、その周辺の機能の高まりが、花都の未来を決すると言っても過言ではない。これから数年の空港関連機能の充実が期待される。

ここでは、次第に姿を現してきた広州白雲国際空港と、その周辺の開発の基本的な枠組みを明らかにしていくことにする。

（1）空港経済の輪郭

花都移転に伴い、広州白雲国際空港は北京国際空港、上海浦東国際空港と並び、中国南方に位置する中国三大空港の一つとして位置づけられている。中国南方全体から内陸、そしてASEAN全体を視野に入れるものと期待されている。空港及び周辺の開発を含めた計画面積は約$100km^2$、東京の山手線の内側が約$60km^2$と言われており、その巨大さが理解される。

このうち、空港敷地面積は16km²であり、旧空港の4倍の規模になった。その他の用地は高新科技（ハイ・ニューテク）及物流産業基地（16.5km²）、北部物流産業基地（4.5km²）、商務（ビジネス）区（6.8km²）などから構成されている。なお、後に見るFedExのアジア・太平洋ハブは高新科技物流産業基地の中の63haであり、現代自動車の生産基地は同じ高新科技及物流産業基地の中の約4km²（400ha）とされている。

周辺のインフラと空港

この空港のターミナルは広州市街地から約22kmに位置し、花都市街地まで約5km、花都汽車城まで12kmにある。また、周辺には花都港（河川港）があり、鉄道は京広鉄道、武漢～広州の快速線（新設）が通り、道路交通は105、106、107国道が通じている。高速道路網も整備され、京珠高速、空港高速、広清高速、北二環、北三環高速が連結している。東西南北に高速道路網が整備されている。都市軌道交通も、地下鉄3号線（広州市内～空港）、9号線（3号線～汽車城）の計画が推進されており、近々、完成する。このように、花都及び空港周辺の交通体系は、中国の中でも最も整備されたものになっている。

例えば、香港から鉄道の快速列車で広州まで1時間30分、広州からクルマで30分で空港に到着する。また、香港空港から広州白雲国際空港までの20分ほどのフライトもある。

16km²の空港計画の中で、滑走路は5本分の用地が手当てされている。2006年8月現在、2本が供用されている。長い滑走路は4800mである。現在、第3本目の滑走路（3600m）の建設に入っているが、それはFedExの専用滑走路となる。この滑走路は2008年上期に供用開始となる。4本目以降は、今後の航空需要を見定めてからとなる。5本が揃うならば、フランクフルト級の大空港ということになろう。2006年6月現在のフライト数は600（うち、国際は40強）／日となっている。

2004年8月に第1期のターミナル（35万m²）がオープンしたばかりだが、すでにフル稼働の状態であり、第2期ターミナル（35万m²）の建設に入っている。現在の中国の三大空港では、先行している北京国際空港が年間旅客輸送

写真1—4　広州白雲国際空港

写真1—5　広州白雲国際空港のターミナル

能力は7000万人、上海浦東国際空港が4000万人だが、広州白雲国際空港の第1期は2500万人とされ、第2期ターミナルが完成する2010年には能力は5000〜6000万人に拡大し、最終的には1億人をイメージしていた。

現在の貨物輸送能力は年110万トンだが、2005年実績は75万トン（うち、国際貨物輸送は12万トン）であった。現在も急速に拡大しているが、FedExが

図1-4 広州花都の空港経済の配置図

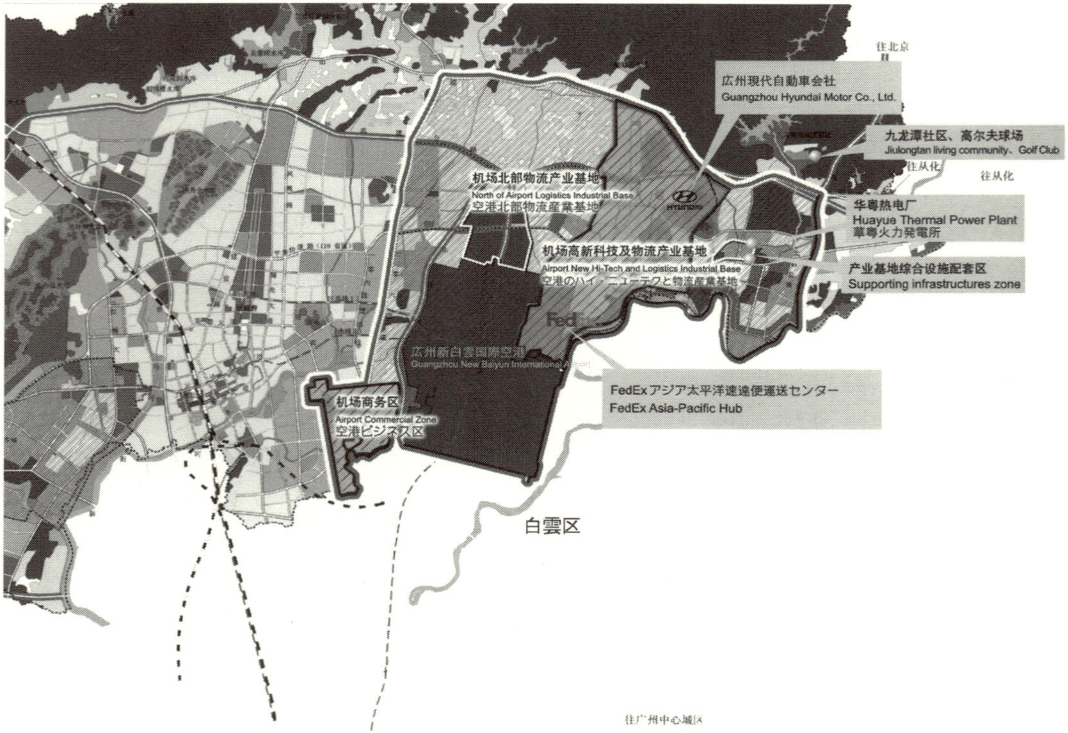

資料:花都区空港経済管理委員会

稼働し始めれば、他の新たな産業集積も進み、一気に現在の香港空港並みの500万トンも視野に入ってくる。それだけの処理能力は考慮されている。なお、地元のサービス体制は行き届いており、日本からの航空貨物は即日税関を通り、工場に運ばれているのである。

(2) FedExと現代自動車の進出

　この広州白雲国際空港の周辺は四つの興味深い空港経済区を構成している。高新科技及物流産業基地は16km²であり、すでに、FedExと現代自動車の進出が決まっている。

　アメリカのFedExは世界最大級の航空貨物輸送会社であり、全世界の従業員14万人、約670機の航空機を保有、毎日、全世界の220カ国地域に330万件の貨物を運んでいる。このFedExの東アジアにおけるハブ（拠点）は、これまでフィリピンの旧米軍基地スービックに置かれていた。北米、ヨーロッパからの航空貨物はスービックで下ろされ、東アジアの各国地域にデリバリーされていた。

　だが、近年の珠江デルタの大発展と広州白雲国際空港の計画を検討したFedExは、フィリピンを引き揚げ、広州白雲国際空港隣接の高新科技及物流産業基地に移転することを決定している。それは、90年代を通じた中国の繁栄と安定、そして、東アジア全体の交流の深まりを背景とするものであろう。

　FedExの施設計画面積は63haであり、2006年5月に着工、2008年8月に開業する計画になっている。投資額は30億元とされている。また、同時に、第3滑走路がFedEx専用として供用されることになる。当面、毎年の取扱量は150万トンが計画されている。

　FedExの計画では、全世界で2010年の売上高は110億ドル、2020年には650億ドルが予想され、発展著しいアジアの比重がさらに高まることが期待されている。その中心的な存在として、広州が位置づけられたことになる。このことの意味は限りなく大きい。おそらく、FedEx進出に伴い、付帯の関連するサービス業が大挙押し寄せて来るのではないかと思う。さらに、その新しい時代には現在の私たちが想像もつかない新しいビジネスを生み出していくことも

期待される。

　地元、花都としては、そうした「未来」を受け止められるような懐の深い取り組みを重ねていくことを願う。

現代自動車の進出

　FedExの進出に続く、もう一つの大きなプロジェクトが、韓国の現代自動車の進出であろう。2005年6月に現代自動車は広州市政府との間で投資意向書を取り交わしている。形は広州汽車との合弁となり、2006年夏から着工、2007年末に生産開始を計画、2010年には商用車年産20万台を視野に入れている。

　計画敷地面積は400ha、投資総額は12.4億ドル。生産される車種は大中型トラック、大型・中型バス、小型商用車とされている。その他に、大型・小型エンジン生産は計画済であり、トランスミッションの生産も視野に入っている。

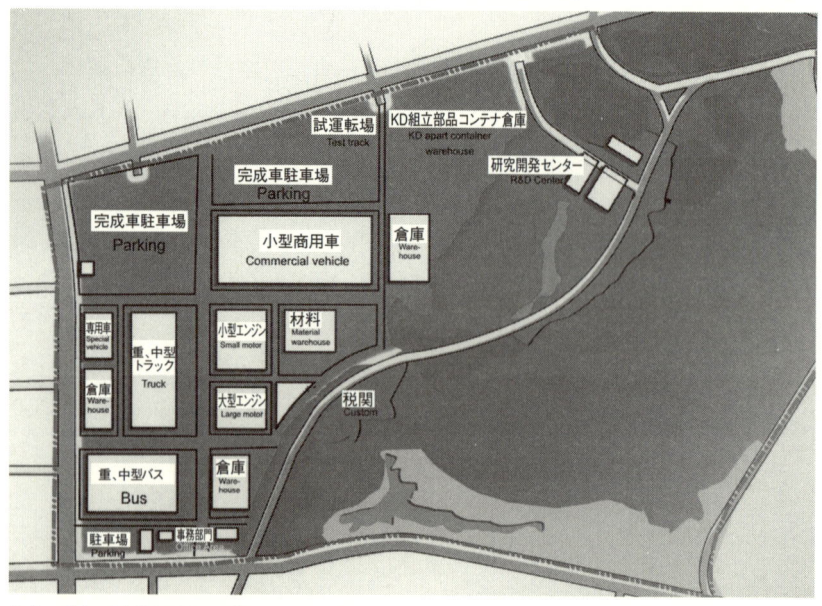

図1―5　現代自動車の進出計画図

資料：花都区空港経済管理委員会

また同時に、商用車の国際的な研究開発センターの設立も計画に入っている。ただし、2006年8月現在、現代の会長が韓国で逮捕され、海外案件は凍結状態であるため、花都の現代の操業はかなり遅れることが懸念されている。

　現代自動車が本格的な進出を果たすとなれば、当然、関連する部品メーカーも大量に進出してくるであろう。花都は次の第2章、第3章で見るように、巨

写真1—6　現代自動車の建設用地を農民のトラクターが行く
　　　　　（2006年3月24日）

写真1—7　ホープウェル集団の住宅開発

大な汽車城を形成している。そこには、東風汽車と日産自動車による乗用車生産が行われ、近い将来には年産50万台体制が形成される。すでに、日系の部品メーカーが軒を連ね、さらに集積の密度が厚くなっている。

また、汽車城にはルノーの進出を期待した用地（137ha）も準備されている。ルノー進出に関しては、政治的な要素も強く、現在、花都と湖北省の武漢との間で綱引きを演じている。仮に、ルノーの花都汽車城進出が決まれば、広州市の一つの区にしかすぎない花都に、世界的なメーカーが3社も立地することになる。まさに、数年後には、花都は世界的な「自動車タウン」を形成することになろう。わずか数年という短期間で、これだけのことが起こった地域は、世界的にも例がないのではないかと思う。

民間による興味深いプロジェクト

以上のFedExと現代自動車の計画が最も印象的なものだが、その他にも興味深いプロジェクトが推進されている。

第1は、香港のホープウェル（合和）集団による都市開発プロジェクトである。これは空港西隣の花都市街地との間の空港経済区の商務（ビジネス）区で推進されている。「合和新城」というニュータウンが建設され、マンション、タウンハウスの分譲が開始されていた。ちなみに、専有面積86m²のマンション（3LDK）は28.6万元（約400万円）であった。

そして、このホープウェル集団は、PFI（Private Finance Initiative）の手法を用いて花都市街地を環状に走らせ、空港への地下鉄ともつながるLRT（軽軌道交通）を敷設する計画にもなっていた。当然、合和新城にも駅が建設され、空港と花都市街地につながっていくことはいうまでもない。

また、この商務区には、後の第2章で見る広州汽車学院の出資者である地元の雲峰集団が四つ星ホテル、オフィスビル等を建設中であり、また、香港と台湾資本がそれぞれ五つ星ホテルを建設することになっていた。空港のターミナルまでわずか3分と言われるこの商務区は、一気に国際レベルのビジネス・ゾーンを形成していくことになる。

さらに、第5章で検討する珠宝（ジュエリー）城の交易センターは、本体の

ある新華鎮ではなく、この商務区に建設されることになる。国際空港隣接の展示場、ショー会場が形成される。

この空港周辺は、一気に国際的な雰囲気を醸し出す興味深い地域として、数年後には世界を驚かせていくことは間違いない。それだけの壮大な計画が構想され、推進されているのであった。

3. 空港経済のもたらすもの

ここまで検討したように、現在の花都では、新空港をベースにして興味深い取り組みが重ねられている。私はこれまで、中国国内で多くの開発区、開発プロジェクトを見てきたが、この花都の空港経済開発はそれらの中でもとりわけ印象深く思っている。

その理由は、まず、中国全土に空港隣接の開発区などというものはいくつもあるが、スケールが違うことを痛感させられるからである。それは、広州白雲国際空港の意味が他の空港とかなり異なっているからによる。FedExのフィリピンからの移転が、その象徴であろう。世界経済の重心の移動を身をもって理解しているFedExは、明らかに東アジアの「未来」のハブを広州白雲国際空港に見たのだと思う。全中国の要の位置にある上海も魅力的だが、全中国とASEAN全体を視野に入れる場合、広州はまさに要の位置にある。要は、東アジアの中心として広州を位置づけたことになる。この点のFedExの構想力の大きさに敬服する。

また、後の章で検討を重ねるが、花都汽車城、皮革皮具城、珠宝城などのプロジェクトも、空港近接であることによって「輝き」を増している。汽車城も皮具城も珠宝城も、世界の人びとが訪れることによって内面の高度化が推進される。その場合、国際空港、ハブ空港に近接している意味は大きい。間違いなく、これからは世界の人びとの目線で磨かれ、洗練されていくことになろう。いずれの「城」も、世界の多くの人びとから注目されていくことは間違いない。

そして、三番目は、「歴史」を作っている花都の人びとが、大きな構想を描き、戦略的な取り組みを重ねていることである。花都で出会う人びとは、いず

れも「未来」を語ってくれる。その「思い」の重なりは、確実に花都をいっそう輝かしいものにしていくことは間違いないように思う。

バランスのとれた発展に向けて

空港経済管理委員会の人びとと会談すると、「FedEx進出に刺激されて、周辺のインフラ整備を含めて長期計画を作成した」「深圳、珠海などの先行ケースの高度成長の歪みを研究し、バランスの取れた産業配置、土地利用を構想した」と語ってきた。

明らかに、改革・開放以後の急激な発展の中で、中国社会には多くの歪みが形成されている。先行した深圳経済特区あたりに比べると20年近く遅れて出発する花都は、各都市の経験を学び、次世代型の発展戦略を形成し、実践していく必要がある。この点は、関係者の間で深い合意が形成されているように見える。

管理委員会は、先行ケースの問題点は「土地利用」「環境」「人材」と総括してくれた。これらの問題を受け止めて、花都は土地の合理的利用、適切な産業配置を当面の課題としていた。そのため「外資なら何でも」という誘致のスタイルから、地域発展の将来を意識し、業種、機能、企業そのものの内容等を深く検討し、誘致のターゲットを定めていた。

特に、花都全体の中でも空港経済区と汽車城は、将来の花都の骨格を成すものであり、慎重に取り組まれていたことも興味深い。誘致する側としては、当然のあり方というべきであろう。

この点、後の章でも検討するが、産業集積の内面的な展開力が高まる方向で事業を推進していく必要がある。企業がただ並んでいるだけでは生命力の豊かな集積にはならない。それらが具体的に交流を重ね、お互いに高めあっていける方向が展望された時に、集積には「命」が吹き込まれる。そうした流れを作り出すものとして、中国の現実では、政府及び関連機関の役割が期待される。

「柔らかく」人びとを迎える地域に

皮革関連やジュエリーはそれなりの歴史を重ねており、地域の人びとに深く

溶け込み、また、人びとの中から新たな起業家が生まれている。まさに、地域の人びとの産業になっていることを痛感させられる。

　この点、空港経済、自動車となると、地元の人びとには、不意に降ってわいたような印象を与えるのではないか。急に巨大な空港や汽車城が建設を始め、いつのまにか高速道路が切り開かれていく。そして、農民たちは土地から離れることを余儀なくされていく。また、市街地の人びともそのような郊外の動きをよく理解しているようでもない。

　地元新聞やTVは、連日、外資企業の開業式の記事や映像を流している。だが、それはわずか数キロ先の出来事なのであろうとも、中国の場合は、人びとに実感を与えることは少ない。このように、先端の動きと人びとが乖離している状況のままで、次の時代へ向けてのプロジェクトがうまく進むのかどうか。それは歴史が明らかにすることかもしれない。

　おそらく、これからしばらく花都は劇的な発展を遂げていく。先行ケースを十分に研究してきた花都は、中国でかつてない成功を収めていくことが期待される。さらに、世界の人びとが集っていくであろう。それらの人びとを「柔らかく」迎え、そして、自らが洗練されていくことが求められる。それが、花都をさらに豊かなものにしていくことは言うまでもない。

　空港経済と汽車城の次に目標とすべきは、それらが地域の人びとのモノになり、人びとの暮らしに深く関わる環境、あるいは新たな事業機会を作っていくことではないかと思う。そうした経験の深まりが、花都に訪れてくる人びとに対するホスピタリティを豊かにしていくことは間違いないのである。

1) 新華網、2005年。
2) 来料加工（広東型委託加工）については、関満博『世界の工場／中国華南と日本企業』新評論、2002年、関満博『「現場」学者中国を行く』日本経済新聞社、2003年、を参照されたい。
3) 東莞進出の台湾系企業については、関、前掲『世界の工場／中国華南と日本企業』を参照されたい。
4) 中国の中小企業、特に民営中小企業については、関満博編『現代中国の民営中小企業』新評論、2006年、を参照されたい。

第2章　花都汽車城の形成

　2004年3月、私たちは台湾企業と中国民営企業の調査で広州を訪れていた。一通り調査が終わり、漠然と近い将来のテーマと考えていた珠江デルタの自動車産業の様子を確認しておこうということで、タクシーをチャーターし、ホンダと日産の工場に向かった。運転手はホンダの場所はよく知っており、すぐにたどり着いた。広州市街地から北に20分ほどであった。組立工場とエンジン工場が並んでいた。

　次に日産の確認に向かったのだが、運転手もよくわからず手間取り、ようやくたどり着いた。そこは、広州市の北の郊外である花都区の市街地の西側であり、そして、まるで荒れ地のようであった。東風汽車有限公司（湖北省の東風汽車と日産の合弁会社、以下、東風日産）の工場がポツンと建っているだけであった。周囲はまだ、ほとんど何も手がつけられていなかった。これはたいへんしばらくは時間がかかるとの印象であった。

　2005年1月、改めて珠江デルタの民営企業調査を組み、江門、仏山、広州花都、東莞、深圳を徹底的に回ることにした。花都の受け手には花都区人民政府が出てきて、民営中小企業の手配を見事にしてくれた。案内役の揚美華さん（当時、花都汽車城発展有限公司招商部部長、現、副総経理）は「花都汽車城の管理委員会のビルが明日（2005年1月27日）開業式。中を見ることが出来るが」と勧めてきた。市街地から少し離れた東風日産の前の風神大道を通り、左に曲がると前年とは様子が違ってきた。道路整備が進み、伊藤忠丸紅鉄鋼のコイルセンター、ユニプレス、日立ユニシアなどの工場が動いていた。そして、管理委員会のビルに到着した。ビルの中には大きな模型があり、そこで初めて「花都汽車城」構想の系統的な説明を受けた。衝撃的であった。また、新たな「発見」をした気分にさせられた。

　計画敷地面積は東京のJR山手線の内側（60km^2）にほぼ等しい50km^2、東風

日産を基軸に、日産系の部品メーカーがいっせいに進出を開始していた。また、2003年6月にスタートしたばかりの東風日産自身、すでに2004年末に、エンジン工場（年間生産能力36万台）と乗用車技術センターの建設に入っていた。さらに、自動車関連の技術者を養成するための学生数1万5000人規模の「広州汽車学院」が建設中であり、また、東風日産の前にはルノーの進出を受けようとして137haの用地が確保されていた。

　当時、この広州エリアにはすでにホンダ（黄浦区）が進出し、この花都に日産、そして、トヨタの南沙区進出も決定していた。日本のビッグ3が広州市街地からほぼ半径40km圏に集結する。その最大の受け皿として「花都汽車城」が推進されていたのである。自動車専用の工業団地（開発区）としてこれほどのスケールのものは見たことがなかった。また、揚美華さんをはじめとして私たちを案内してくれた花都の人びとの熱意も伝わってきた。

　私たちは、その時、着手していた『民営中小企業』調査の次は、この花都と見定めたのであった。花都の発展戦略には「空港経済」「汽車城」「皮具・ジュエリー産業」の三つが掲げられている。いずれも興味深いものであり、また、相互に深く関連しあいながら、新たな可能性に向かっていくように思える。そして、特に「花都」を語る時、区政府が自力で進めている「汽車城」は最大の焦点であることは言うまでもない。

　この章では、中国自動車産業の歩みを振り返り、現在の枠組みを確認し、そして、現在、花都で推進されている「汽車城」の意味を明らかにしていくことにしたい。

1. 中国自動車産業と花都汽車城

　中国の自動車産業は、事実上、新中国の成立（1949年）の後、当時、社会主義の友邦であった旧ソ連からの援助から始まる。新中国成立の翌1950年、毛沢東がソ連を訪問、スターリンとの間で「中ソ友好相互援助同盟条約」を締結する。その中で、ソ連は156項目の対中技術援助、資金援助を表明。吉林省長春における自動車工場プロジェクト（第一汽車）が、その中でも最大のプロジェ

クトとして推進されていった。53年に正式着工、56年7月に竣工する。同年7月に第1号「解放」CA10型の4トントラックが登場してきた。

その後、いくつかの自動車工場が建設されるが、次のエポックは文化大革命期（1966～76年）にあった。

60年代に入ると、中ソ対立が激しいものになり、64年には「核戦争の懸念がある」とする毛沢東の指令の下、軍事工場の内陸への移転が推進される。いわゆる「三線建設[1]」と言われるものであり、その最大のプロジェクトとして、69年、内陸の湖北省山間部の十堰に第一汽車をコピーした第二汽車の建設に入っていった。これが現在の東風汽車の前身であり、75年に竣工している。

さらに、安全保障上の視点から、中国は産業構造の「省別フルセット主義」を基本にしていくが、自動車工場についても、各省に配置するという流れを作り上げた。文革以前は全国の自動車工場は20ほどで推移していたが、改革・開放に入る78年には55工場を数えていたのである。中ソ対立、そして冷戦構造の中で、中国は世界の技術的な発展とは切り離された形で歴史を重ねたのであった。中小工場の乱立と言われる中国の自動車産業の産業組織の基本は、その頃に形成されたと言ってよい[2]。

ところで、中国自動車産業は、80年代に入り急展開を進めてくる。一つは、外資企業の導入（進出）であり、90年代を通じての極めて慎重な中国側の政策展開、そして、90年代後半以降の中国経済の発展に伴う自動車市場の拡大が指摘されるであろう。

（1） 改革・開放以後の中国自動車産業

改革・開放のスタートの年である78年の中国の自動車の生産台数は14万9062台、うち、乗用車はわずか4152台にしかすぎなかった。第一汽車と第二汽車による中型トラック生産が主流であった。乗用車はベンツを真似たと言われる上海汽車の「上海号」が中心であり、一部に第一汽車により要人用の「紅旗」が作られていた。

当時、中国政府の判断では、将来、自動車産業は基幹産業になるが、当面、西側との技術的な格差は大きく、自力では国際水準に達することは難しいとい

うものであり、外国技術の導入に最大限の関心を寄せていく。他方、世界の自動車メーカーは改革・開放に踏み出した中国に関心を寄せ、80年代に入るといっせいに北京に事務所を開き、対中関係の模索に入っていった。

VWのサンタナが先行する

だが、80年代は中国自身の試行錯誤の時期であり、外国のメーカーの大半は時期尚早との判断を下し、一部の技術供与でお茶を濁し、北京事務所を撤退させていく。特に、86年のトヨタの撤収については、中国側は「日本自動車産業は、中国を見限った」と受け止めたとされている。そして、その後、90年代末に至るまでの約10年、日本を代表するトヨタは、対中関係でたいへんな思いを重ねていくのであった。

この間、中国に積極的に関わっていったのはドイツのフォルクスワーゲン（VW）であった[3]。84年に上海汽車との間で国内第1号の合弁契約を交わし、85年には工場を建設、サンタナ（1800cc）の生産に入っている。このサンタナは、実は80年前後まで日本の日産座間工場で生産されていたものであった。シャーシとエンジンはVWが提供し、その他は日産が対応したものとして知られている。だが、日本での評価は芳しくなく、日産は生産を中止し、生産設備は南アフリカのVWの工場に移管されていた。その生産設備が改めてインド洋を渡り、上海に持ち込まれてくる。

その後、90年代の中頃まで、中国の乗用車と言えば「サンタナ」と言われるほどに普及し、大都市のタクシーなどに大量に採用されていった。それでも、鄧小平の「南巡講話」の92年において、中国の自動車生産台数はようやく106万1721台、うち乗用車は16万2725台にすぎなかった。

だが、その頃から中国経済がブレークし始める気配が漂ってきた。各国の自動車メーカーはいっせいに参入の機会を得ようとしたのだが、そこには大きな壁が立ちはだかっていたのである。

「三大、三小、二微」

南巡講話の92年以降、各国メーカーが中国市場に関心を深めた頃、中国側は

表2―1　中国自動車産業の推移

区分	合計(台)	トラック(台)	バス(台)	乗用車(台)	乗用車の構成比(%)
1955	61	61			
1960	22,574	17,148		5	0.0
1965	40,542	26,538		302	0.7
1970	87,166	47,101		562	0.6
1975	139,800	77,606		2,611	1.9
1976	135,200	74,539		2,330	1.7
1977	125,400	75,920		2,640	2.1
1978	149,062	96,103		4,152	2.8
1979	185,700	119,501		4,152	2.2
1980	222,288	135,532		5,418	2.4
1981	175,645	108,261		3,428	2.0
1982	196,304	121,789		4,030	2.1
1983	239,886	137,100	6,211	6,046	2.5
1984	316,367	179,846	6,990	6,010	1.9
1985	443,377	236,934	11,897	5,207	1.2
1986	372,753	218,863	9,189	12,297	3.3
1987	472,538	299,356	20,461	20,865	4.4
1988	646,951	364,000	50,922	36,798	5.7
1989	586,936	342,835	47,639	28,820	4.9
1990	509,242	443,685	23,148	42,409	8.3
1991	708,820	585,009	42,756	81,055	11.4
1992	1,061,721	814,445	84,551	162,725	15.3
1993	1,296,778	924,337	142,744	229,697	17.7
1994	1,353,368	910,029	193,006	250,333	18.5
1995	1,452,697	879,806	247,430	325,461	22.4
1996	1,474,905	816,570	267,236	391,099	26.5
1997	1,582,628	776,985	317,948	487,695	30.8
1998	1,627,830	661,700	459,030	507,100	31.2
1999	1,830,323	756,277	508,680	565,366	30.9
2000	2,069,069	764,005	700,387	604,677	29.2
2001	2,334,440	802,253	828,566	703,521	30.1
2002	3,253,655	1,092,546	1,068,347	1,092,762	33.6
2003	4,443,522	1,228,181	1,177,476	2,037,865	45.9
2004	5,070,500	1,514,700	1,239,500	2,316,300	45.7
2005	5,707,700			2,767,700	48.5

資料：『中国汽車工業年鑑』各年版、及び、丸川知雄編『中国産業ハンドブック』蒼蒼社、2006年。

「三大、三小、二微」という枠組みを示してきた。当時の中国の自動車メーカーは約120社、それで生産が約100万台であった。1社平均1万台にも満たないことになる。当時、10万台水準にあったところは、第一汽車、東風汽車、上海汽車にすぎなかった。このままでは国際競争力を備える自動車産業を育成す

表2―2　中国の「三大、三小、二微」プロジェクト

	中国企業	外国企業（車種、提携形態）
三大	第一汽車	――VW（ゴルフ、ジェッタ、合弁）
		VW（アウディ、技術供与）
	東風汽車	――シトロエン（ZX、合弁）
	上海汽車	――VW（サンタナ、合弁）
三小	北京汽車	――クライスラー（北京ジープ、合弁）
	天津汽車	――ダイハツ（シャレード、技術供与）
	広州汽車	――プジョー（504、505、合弁）
二微	長安機器	――スズキ（アルト、合弁）
	貴州航空	――富士重工（レックス、技術供与）

ることが難しいと判断した中国側は、乗用車に関しては将来的にはビッグ3に集約することを固めていく。当面は6社体制への集約を意図して「三大、三小」プロジェクトを打ち上げていったのであった。

　だが、冷戦の終焉により軍転民（軍民転換）を求められていた軍から強い要請があり、軍需工場2件を追加し、最終的に「三大、三小、二微」という、当面8社に集約することを構想していった。ただし、民族系企業だけでは国際水準の自動車は作れないとして、各社に各外資企業を1社ずつ張り付ける形にしていく。それが、表2―2の組み合わせであった。そして、この壁は厚く、90年代の末の頃まで、世界の有力自動車メーカーは苦労を重ねていくことになる。

　表2―2から読み取れる興味深い点は以下のようなものであろう。

　第1に、世界のトップ3であるGM、トヨタ、フォードが入っていない。第2に、日本のビッグ3であるトヨタ、日産、ホンダも入っていない。第3に日系はダイハツ、スズキ、富士重工という二番手グループが3社いるものの、合弁はスズキの長安機器とのものだけであり、ダイハツ、富士重工は技術供与にしかすぎない。

　このような枠組みの中で、中国の自動車産業の90年代が推移していくのであった。実際、90年代末までは、乗用車部門は上海VWの一人勝ちの時代であったといってよい。

90年代末からの新たな枠組み

　この間、日本メーカーは多くの苦労を重ねていく。だが、95〜96年の頃から

水面下で新たな動きが生じてくる。その象徴的なプロジェクトが上海浦東地区で構想された3000cc級の高級車の生産、年産10万台（将来30万台）というものであった。このプロジェクトのパートナーの候補者として指名されたのはGM、トヨタ、フォードの3社であった。その3社の熾烈な争いの中で最終的には、96年末、パートナーはGMに決まった。GMは98年末には浦東新区金橋輸出加工区でBUICKの生産をスタートさせている。

また、この頃、当初の「三大、三小、二微」の一つであった広州汽車とプジョーの合弁が解消され、後釜にホンダが座ったことも興味深いものであった。

そして、その頃から、かつての「三大、三小、二微」を口にする関係者はいなくなる。「三大、三小、二微」で規制をかけるよりも、ある程度、自由競争に任せた方が好ましいとの判断が政府部門で形成されたのではないかと思う。90年代の10年間を振り返ると、規制の色合いの強かった自動車産業はいま一つであったが、自由競争になった電気・電子部門は劇的に発展し、国際競争力を強めていったのであった。

以来、中国の乗用車をめぐる状況は急展開を見せてくる[4]。象徴的であったのは、「バイクの失敗の轍は踏まない」として本腰を入れてきたホンダ（広州）が、99年春、アコードを市場に投入したことであろう。このアコードはGMのBUICK、VWのパサートと共に、久しぶりの「新車」として大きな話題を呼んだ。また、この頃、浙江省の私営企業である吉利汽車が驚異的な低価格で市場に参入してきたことも、新たな時代の到来を痛感させた。この90年代の末の頃から、中国の自動車産業は新たな局面を迎えたのである。

さらに、これより先、台湾の中華汽車が福建省に上陸し、96年7月には福州汽車との合弁（東南汽車）で三菱自動車のデリカ（現地ブランド）を生産開始していた。また、語り種になるほどの苦労を重ねたトヨタも、2002年末にはようやく天津汽車との合弁による小型車ヴィオスの生産を開始している。そして、極めつけは2002年9月の日産と東風汽車との包括的、戦略的関係の締結ということになろう。

かつての「三大、三小、二微」はどこかに行ってしまった。相変わらず、中央ではビッグ3への集団化を目指しているようだが、他方で伝統の地方主義が

また息を吹き返し、各地方が乗用車生産に取り組み始めているようである。

2000年の生産台数は206万9069台、うち乗用車は60万4677台。その後急増し2005年の生産台数は570万7700台、うち　乗用車は276万7700台とされている。わずか5年で、全体の生産台数は2.8倍、乗用車は4.8倍に増加しているのである。生産台数からすれば、中国はドイツを抜いて、アメリカ、日本に次ぐ世界第3の生産国に躍り出てきたのである。

各社の動き、二極化が進む

この間、各社の生産台数の増加は著しく、順位は目まぐるしく変わっていく[5]。GMのBUICK、ホンダのアコードが市場に投入される以前（98年以前）は、乗用車に関しては、上海VWがほぼ50％近くのシェアを占め、第2位がシャレードを生産する天津汽車であった。95年の全国乗用車生産台数は32万0578台、うち、上海VWのサンタナが16万0070台、第2位の天津汽車のシャレードが6万5000台であった。この二つが抜けており、他は小規模なものであった。

だが、2000年以降、各社の新車が大量に供給され、年によって順位は大幅に変わっていく。例えば、2003年の乗用車生産台数の順位は、第1位は上海VW（40万5252台）、以下、一気VW（30万2200台）、上海GM（20万6964台）、天津一気夏利（11万7186台）、広州ホンダ（11万7178台）、神龍（シトロエン）汽車（10万5575台）、長安スズキ（10万2087台）と続き、東風日産（6万6139台）は第12位につけていた。

2005年になると、各社の増産の中で順位も大幅に変わっていく。第1位は上海GM（29万8600台）になり、以下、上海VW（24万4700台）、一気VW（23万4700台）、北京現代（22万4700台）、広州ホンダ（20万3200台）、天津一気夏利（19万0000台）、奇瑞汽車（18万4000台）、東風日産（15万7500台）と続いている。

この2〜3年の動きとすれば、VW系の一気VW、上海VW、そして、主としてダイハツのシャレード・モデルを生産している天津一気夏利が順位どころか生産量も大きく落としていること、上海GM、北京現代、広州ホンダ、東風

日産が善戦し、また、奇瑞汽車などのローカル企業の躍進も著しいことなどが注目される。なお、北京現代の躍進は、首都北京でエラントラが大量にタクシーに採用されたことが影響している。

　全般的な傾向とすれば、魅力的な新車の投入が遅れた会社が苦戦している。さらに、近年、所得水準の上昇から高級車への関心が高まり、適切な高級車を提供している企業と、他方で、低価格車を供給するローカルの奇瑞汽車や吉利汽車（2005年、14万9900台）が歓迎されているようである。この世界にも二極化が現れてきたように思う。今後もさらに市場は拡大するものと見られ、中国自動車産業は時々刻々とその姿を変えていくことになりそうである。その着地点を推し量るには、いましばらくの時間がかかるであろう。

（2）　花都汽車城の展開

　花都汽車城は花都区政府が独自に計画を推進してきたものであり、2003年10月に広東省政府から認可を受けている。近年、中国では新たな開発区の計画は禁止されているのだが、花都汽車城計画の意義は大きく、その後、2005年8月には、広東省政府から「自動車集積モデル区」、中央政府からは事実上、ハイテク産業振興のお墨付きになる「火炬（たいまつ）計画」の認可を受けている。なお、この計画は花都区が独自に進めるものであり、中央、省政府、市政府からの資金は受けていない。区政府が農業銀行から100億元を借り入れして推進している独自事業であるところに大きな特色がある[6]。

　場所は花都区市街地から西に4～5km^2、広州白雲国際空港から約12kmに位置している。計画面積は第1期が15km^2、第2期、第3期と続き、全体では50km^{2}強を構想している。中国には数十～数百km^{2}の開発区はいくらでもあるが、自動車専用を意識する開発区でこれだけのスケールのものはない。世界的にも例がないのではないか。

　この計画は、東風汽車傘下の広州風神汽車が花都に進出した2001年末頃、急に浮上してきた。当時は、それに加えて、広州白雲国際空港の建設工事が佳境に入っていたのであった。巨大な空港に近接する自動車タウンが構想されていくことになる。

東風汽車の進出を契機に構想、「ヒト」の連鎖

　東風日産の経緯については、後の節で詳述するが、たまたまその後に東風日産の母体になっていく小規模な自動車組立工場が花都に所在していたことが突破口となった。それは、広州京安雲豹汽車という企業であり、公安や政府が出資しているものであった。輸入部品を組み立てるという小規模なものにすぎなかったが、乗用車生産のライセンスを保有していた。

　他方、湖北省の奥に位置していた東風汽車は沿海への進出を目指して、99年8月には中央から2000ccの乗用車の生産認可を取得し、2000年3月には「風神汽車」の名称で深圳に登記している。そして、台湾の裕隆汽車との合作の風神汽車を設立し、広州京安雲豹汽車に生産委託を開始、その後、広州京安雲豹汽車を買収していくことになる。東風汽車は広州京安雲豹汽車のライセンスと資産を取得したということであろう。そして、この年には、すでに風神1号というブルーバード・モデルの製品を市場に出している。

　2000年11月には、裕隆が風神汽車に資本参加（25％）し、翌2001年には風神2号の生産を開始する。このブルーバード・モデルの風神2号については、日産と技術移転契約が結ばれ、車体の後部には「日産」のマークが付けられた。

　2001年12月には増資し、広州風神汽車（東風：裕隆＝60：40）と社名を改めている。そして、広州工場（花都）を設立、2002年7月には新型ブルーバードの風神3号の生産に入っていくのであった。

　この頃から、当時の花都区共産党書記陳国氏（1955年生まれ）が汽車城計画を構想、2002年4月に計画を決定していった。陳氏の証言によると、花都汽車城計画は日産の進出とは関係がないとされている。その後に、東風日産がやってくることになる。

　そして、2003年10月には、広東省の認可を得ていく。それより少し前、2003年7月、区内新華鎮の書記であり、花都区長助理であった若干35歳の謝東志氏（1968年生まれ）が、汽車城担当の花都区副区長として抜擢され、計画を推進していくことになった。

　謝氏は新華鎮長として、新華工業区の計画に大きな実績を残し、第5章でみ

る「珠宝城」計画を、当時の花都区の陳国書記と共に推進してきた実績もあった。謝氏が副区長に着任した当時は、汽車城にはまだ5〜6社しか立地していなかった。日系では東風日産の他には、日立ユニシアがいるのみであった。その後、謝副区長の獅子奮迅の働きが始まる。健康を理由に辞任する2005年8月23日までの2年の間に、日本へは誘致活動で十数回訪問、多くの企業の誘致に成功していった。現地で汽車城の成功は「陳書記の政策と、謝副区長の迫力」とさえ言われているのである。

　謝氏は着任早々、膠着状態であったユニプレスの誘致に関して、即日、現在の花都汽車城発展有限公司副総経理である揚美華さんをスカウト、交渉の通訳にあたらせている。その後、日本語能力の高い揚さんの果たす役割は大きなものになり、順調に日本企業の誘致が進んでいくのであった。

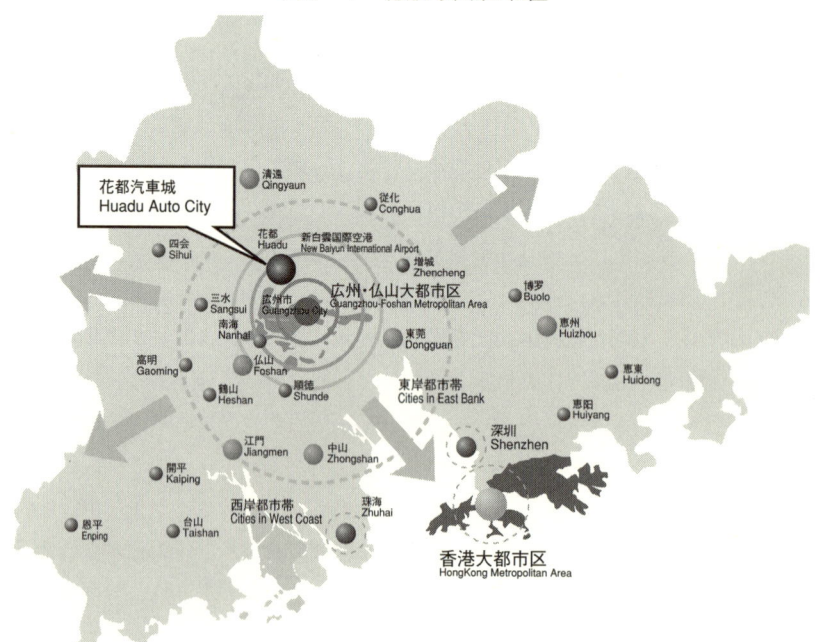

図2—1　花都汽車城の位置

資料：花都汽車城有限公司

図2—2　花都汽車城の計画図

資料：花都汽車城有限公司

　このような地域開発の場合、「ヒト」の果たす役割は極めて大きい。この花都汽車城の場合は、陳元書記、謝前副区長、謝氏の指名により汽車城担当を引き継いだ何汝誠現副区長、そして、花都汽車城有限公司副総経理の揚美華さんという「ヒト」の連鎖が重要な役割を演じたと言わねばならない。

花都汽車城の計画と関連するインフラ

　花都汽車城の全体計画は50km^2、すでに第1期の15km^{2}は完売、95社が入居する予定である。さらに、第2期に入っており、2006年3月現在では、全体で102社が契約済である。ただし、2006年3月現在、操業にまで入っているところは全体の3分の1程度である。

写真2—1　花都汽車城の模型

写真2—2　花都汽車城の管理委員会

　全体の配置の特徴は、機能別のゾーニングが明確に行われていることであろう。東風日産とルノーの立地をイメージした「完成車生産エリア」、研究センターのための「研究開発エリア」、広州汽車学院のための「科学教育エリア」、部品メーカーのための「自動車部品エリア」、貿易・交易センターのための「自動車貿易（交易）エリア」、その他には「輸出加工エリア」「物流センター

エリア」「体育観光エリア」「総合工業園エリア」に分けられている。むしろ、このような計画は、先行する中国の他の開発区の経験を受け止めたものであり、十分に研究されたものとして推進されているところに特色がある。

また、汽車城を取り囲む交通インフラ等は極めて魅力的なものである。急速に整備されてきた花都市街地へは4〜5km。市街地には四つ星ホテル（新世紀酒店）があり、レストラン、和食屋（十数軒）等があり、大型のデパートもある。レベルの高いセキュリティを配慮した住宅が大量の供給されている。駐在者に付いてきた日本の夫人たちも、特に問題はないとの評価であった。

交通体系上では、まず、なによりも広州白雲国際空港が区内にあり、市街地から6km、汽車城からも12kmであり、その立地上の優位性は計り知れない。日本の成田空港10時40分発の日本航空603便で発てば、13時30分には広州白雲国際空港に着き、一仕事をすることができる。帰りも、14時40分発の604便であれば、午前中は仕事ができることになる。

港湾は花都港（河川港）が汽車城構内の南側にあり、現在は年間取扱能力コンテナ10万本、バルクカーゴ100万トンだが、2007年完成の改造により、コンテナ30万本、バルクカーゴ300万トンになる。現在でも、東風日産は輸入部品をここから揚げている。花都区政府は通関サービスに意を尽くし、「三つのサービス」を掲げている。それは「当日申告、当日検査、当日パス」というものである。

道路交通網は珠江デルタは、中国全体の中でもとりわけ優れている。高速交通網が縦横に走っている。汽車城の近くには広州北二環高速、珠三環高速、広清高速、空港高速が整備されている。一般道も105、106、107国道が走っている。汽車城から22km南の広州市街地まで25分、広州ホンダまで40分、南沙のトヨタまで1時間の距離である。

鉄道は中国の基幹的な京広鉄道が花都を貫通しており、広州北駅は汽車城まで2kmの位置にある。また、計画中の華南地区の最大の鉄道コンテナ発着駅は汽車城から5kmの位置にある。都市内軌道交通としては、広州地下鉄9号線が広州市内〜空港〜花都市街地〜汽車城まで敷設される計画であり、建設が進められている。東風日産の正門の前まで延伸される。さらに、空港の近くに

新都市開発をしている香港のホープウェル（合和）集団により、花都市街地の環状〜空港というLRT（軽量軌道交通）計画もある。また、2010年には広州と武漢を結ぶ高速鉄道が開通予定である。この高速鉄道は時速250kmが計画されており、広州と内陸とをつなぐ興味深い鉄道となりそうである。

　2006年7月現在、汽車城建設が急ピッチで進められているが、汽車城エリアの中の生活環境整備はやや遅れている。現在、その遅れを取り戻すべく、汽車城内部で台湾資本（偉漢国際股份有限公司）により急ピッチで建設されている。高級日本料理店とゴルフ練習場も併せた天馬河倶楽部寅福日本料理は2006年5月にオープンし、さらに、五つ星クラスのホテル（天馬河酒店）が急ピッチで建設されている。

　また、汽車城内部には香港のクリフォード（折福）集団による五つ星ホテル（折福酒店）の計画も進められている。また、クリフォード集団は、汽車城内部に8億元を投じて、広州中医薬大学と共同で最先端医療による病院を2007年開業予定で建設を進めている。その他、後の節で取り上げる広州汽車学院は2006年9月に開校されることになる。

　このように、企業誘致優先で進められていた花都汽車城は、ここに来て、急ピッチでインフラ整備に邁進しているのであった。

花都汽車城に進出している日系企業

　汽車城の日系企業は、日産を頂点として、多くの一次協力企業、さらにそこに帯同して付いてきた二次協力企業もある。有力なところでは以下の通りである。

- ・カルソニックカンセイ　倉庫機能の上海カルソニックカンセイの分公司を汽車城に置き、東風日産のラインに構内企業として入っている。さらに、コンポーネント生産の広州カルソニックカンセイ汽車電子も汽車城に展開している。
- ・ユニプレス　第3章で詳細に見るが、車体のプレスと熔接。
- ・ヨロズ　サスペンションの業界トップであり、三井物産、宝鋼との合弁。
- ・三池工業　プレス。

- キリウ　　　桐生機械と台湾の六和グループとの合弁であり、鋳造とブレーキディスクの機械加工に従事。
- タチエス　　独立系シート・メーカー。第3章で詳述するが、東風日産を主力としながら、多方面の受注をイメージしている。なお、このタチエスは、関連協力企業を3社帯同している。椅子のフレームの富士機工、発泡材の東洋クォリティワン（TQ1）、さらに表皮の縫製の泰極（タチエス100出資の子会社）である。これらは、一つの敷地に集約されている。
- 日立ユニシア　電装品関係。
- アルファ　　第3章で詳細に見るが、キー、サイドハンドルの生産。メッキ工場も併設。なお、アルファはダイキャスト（星ダイキャスト）とプレス（第一金属）を帯同して進出。
- 伊藤忠丸紅鉄鋼　コイルセンター。
- 三井物産　　第3章で見るが、当初は三井物産の独資で、薄板の熔接から始まったが、その後、宝鋼が資本参加し、コイルセンターとしての性格を強めている。
- カサイ　　　内装部品のメーカー。2006年3月、開業式。
- サンコール　京都の企業であり、エンジンバルブ、弁バネ等のメーカー。広州ホンダ向けの仕事。
- 西川ゴム工業　独立系メーカー。ゴム製品。2006年3月は未操業。
- JATCO　　　トランスミッションのメーカー。土地15haは保留してあるが、2006年3月現在、未契約。

輝きを増す花都汽車城

　2006年3月現在、すでに第2期工事に入っているが、第2期の最大の焦点は後の節で検討する広州汽車学院に加え、香港のクリフォード集団による中小企業向けの貸工場プロジェクトであろう。貸工場プロジェクトの計画面積は67haとされている。日系を中心として各国の自動車関連の二次協力企業をターゲットにしている。スタイルとしては既製品の標準工場から、オーダーメード

表2－3　花都汽車城に進出している日系企業一覧

(2006年7月現在)

番号	外資	会社名	投資側	総投資額（万ドル）	敷地面積（m²）	調印日付	営業ライセンス登記日付	社員人数	中国人高級管理幹部	日本人	量産日付（予測）	メイン製品	メイン顧客
1	日	東風日産乗用車公司	東風、日産			03/6/25		5943	2	85	量産中	完成車生産	
2	日	東風汽車有限公司中心庫	東風日産			03/6/26					使用中		
3	日	広州日立優雅汽車配件有限公司	(株)日立製作所90%、台湾厚木工業10%	2,998	66,501	02/8/28	02/8/20	67	3	4	量産中 04/5/17	パワーステアリング、ダンステム、バルブタイミングコントロールシステムなど	東風日産、広州本田発動機、鄭州日産汽車、慶鈴、東南重慶、武漢本田
4	日	福州福光橡塑有限公司花都工廠	鬼怒川ゴム工業(株)26.7%；中光ゴム工業股份有限公司71.7%；香港旭輝有限公司1.6%	257	36,096	03/6/30		245	2	2	量産中 04/6/10	グラスラン、ドアスポンジ、窓枠、バックドア、エンジンアウト、アクスルパー、モール、三角窓、マット、ガード	東風日産、広州本田

No.	国	企業名	出資比率	投資額	面積	設立日	営業開始	従業員	(数)	(数)	生産状況	製品	顧客
5	日	広州優尼圧中圧有限公司	ユニプレス(株)100%	3,900	150,000	03/9/9	03/8/26	475	3	50	量産中 05/2/24	車体用プレス部品、金型製作と販売	東風日産
6	日	広州万宝井汽車部件有限公司	(株)ヨロズ51%、三井物産(株)24%、上海宝鋼国際経済貿易有限公司25%	3,262	64,000	03/12/23	03/11/27	200	4	20	量産中 05/6/3	フロントサスペンション、リヤサスペンションなど	東風日産
7	日	広州三池汽車配件有限公司	三池工業(株)100%	2,980	99,504	04/12/1	04/10/28	100	3	3	06/11	車体及び部品のプレス加工、板金加工、金型	東風日産
8	日	広州花都宝井汽車部材有限公司	上海宝鋼南方公司45.7%、上海宝井26.7%(上海宝井は宝鋼国際貿易65%の合弁)、三井物産(株)25.7%	830	20,000	04/3/15	04/2/20	58	2	3	量産中 05/5	鋼材のレーザー溶接、スリット加工及び保管	東風日産、三井物産(広州)貿易、広州冷機、芝浦広東美機、広州ユニプレス、広州アスパック汽車配件
9	日	広州六和桐生機械有限公司	六和機械投資(中国)有限公司55%、(株)キリ45%	700	73,800	04/4/15	04/4/5	72	4	2	量産中 05/1	ブレーキディスク等部品の鋳造、機械加工、モジュー	東風日産

No.	国	会社名	出資	資本金							生産状況	組立て	ユーザー他（汽車城内）
10	日	広州紅忠汽車鋼材部件有限公司	伊藤忠丸紅鉄鋼100%	1,205	58,000	04/6/19	04/4/1	59	2	4	量産中 05/4	鋼材スリット加工及び保管	ユニプレス友び他（汽車城内）
11	日	阿爾発（広州）汽車配件有限公司	(株)アルファ90%、丸紅輸送機械10%	4,000	70,000	04/10/29	04/9/9	220	3	8	量産中 05/12	自動車電子装置、キーセット、ハンドル	カルソニックカンセイ、東風日産、広州本田
12	日	華忠特（広州）汽車配件有限公司	第一金属工業(株)	128	アルファ広州から工場レンタル	04/10/29	04/12/27	20	0	1	量産中 05/12	プレス部品	アルファ広州、萬宝井
13	日	星光（広州）汽車配件有限公司	(有)星ダイカスト工業所	137		04/10/29	04/12/27	55	1	1	量産中 05/12	亜鉛鋳造部品	アルファ広州
14	日	東風日産乗用車研究中心	東風日産	3,986	200,000	04/3/24		400	5	80	06/3/20	車、部品試験	
15	日	東風汽車有限公司発動機廠	東風日産	15,700	390,000	04		800	5	2	量産中 06/2/28	自動車エンジン	東風日産
16	日/英	広州泰李汽車座椅有限公司	(株)タチエス51%、東風LEAR汽車座椅有限公司（中米合弁）40%、信昌国際投資有限公司9%	2,000	40,000	04/11/7	04/11/2	300	2	4	量産中 06/1	自動車シート	東風日産
17	日	東洋タチエス（広州）汽車配件(株)	東洋タチエス(株)	1,250	31,000	04/11/10	04/9/9	54	5	2	量産中 06/7	自動車シート	広州タチエス

No.	国	会社名	出資者	資本金	投資額	営業許可	設立日	敷地面積	従業員	日本人	状況	製品	主要顧客
		車零配件有限公司	80％、長瀬産業(株)20％										
18	日	広州富士機工汽車部件有限公司	富士機工(株)51％、(株)タチエス34％、上海明芳汽車零件有限公司15％	1,000	16,664	05/1/26	05/1/14	185	6	3	量産中 06/4	シートリクライニングAssyとシートスライドAssy	広州タチエス
19	日	広州馬勒濾清系統有限公司	(株)マーレネックス；マーレ技術投資(中国)有限公司	1,261	29,976	05/4/28	05/3	80	1	0	06/10	オイル	日本、東風日産、トヨタ、本田
20	日	康奈可汽車科技(上海)有限公司花都分公司	カルソニックカンセイ(中国)投資有限公司100％	3,000	46,920	03/10/16	03/7/8	140	2	6	量産中 04/10	自動車コックピットモジュール、CPM一般部品、ラジエーターなど	東風日産
21	日	康奈可(広州)汽車電子有限公司	カルソニックカンセイ(中国)投資有限公司100％	5,658	117,425	05/4/6	05/3/24	200	30	15	06/12	自動車メイン部品、自動車模型治具	東風日産、広州本田
22	日	康奈可(広州)汽車模具制造有限公司	カルソニックカンセイ(中国)投資有限公司	2,230		05/4/6						自動車金型、冶具	カルソニックカンセイ(広州)汽車

		公司	資有限公司							車電子
23	日	広州藍碩汽車設備有限公司	カルソニックカンセイ（中国）投資有限公司 100%	150	12,020	05/11/28		300	5	5 07/6	自動車自動化部品生産	
24	日	広州西川密封件有限公司	西川ゴム工業(株)100%	1,000	47,257	04/3/12	04/9/9				自動車用密封ベルト	広州本田、東風日産
25	日	泰極（広州）汽車内飾有限公司	(株)タチエス 100%	986	10,841	05/11/21	05/8	300	3	1 06/12	自動車内装用品	広州タチエス
26	日	広州市桐生源五金配件有限公司	(株)桐生興産	77	31,929	05/3/1	05/8	60	7	2 06/12	廃鋼材加工製造、金属用品加工	六和桐生
27	日	力知茂（広州）汽車配件有限公司	(株)リズム 100%	908	22,451	05/12/20	05/10/19	50	1	2 06/12	タイロッド、サスペンションボールジョイントなど	東風日産、日立ユニシア、万宝井、広州本田
28	日	広州盛旭汽車配件有限公司	旭鋼管工業(株)50%、新日本製鉄(株)30%、三井物産(株)20%	750	24,267	05/11/24	05/9			06/7	トランスミッション、ディスクブレーキ、サスペンション、ダンパー	東風日産
29	日	広州新確汽車配件有限公司	サンコール(株)100%	527	7,157	06/3/21	06/2	45	1	2 06/11	エンジン吸気増圧	天津トヨタ

番号	日/合	公司	相手先	(千米$)	(万元)	認可日	従業員	(欄)	操業開始	機能など	系列
30	日/合	広州南条全興汽車零配件有限公司	日本南条装備工業(株)、台湾合頂興	820	72,848	02/12/14	60	5	05/12	03/1/27	自動車シート、リクライニング、ハンドル	東風日産
31	日/合	広州河西汽車内飾件有限公司	河西工業(株)、台湾国際裕興有限公司	1,160	89,231	05/4/12	150	2	3	06/3/23	自動車内装部品、じゅうたん、アームレスト等	東風日産
32	日	武漢万友通物流有限公司広州分公司	bantekku		33,333	06/7/18			2		物流、倉庫	東風日産系サプライヤー
		合計					10969	104	253			

資料：花都汽車城有限公司

の貸工場まで、幅の広い要請に応えていく構えである。建設は2006年末からスタートさせるが、価格等は現状では未定である。

　花都汽車城の関係者は、全国の開発区等の研究を相当に深め、分譲、賃貸、オーダーメード等の必要性を深く理解している。さらに、自動車産業は一次協力企業、二次協力企業という深い分業構造になっていることもよく理解されており、特に、日系の部品加工、金属加工等の中小企業の進出が不可欠と受け止め、中小企業でも入りやすい仕組みを構想していた。

　現状、花都汽車城では、タチエス、アルファが自身の下請を帯同して進出しているが、今後は二次協力企業的な加工業者がクリフォードの開発していく貸工場に大量に進出してくることが期待される。

　以上のように、花都汽車城は2003年10月に計画が認可になり、2006年3月はまだスタートしたばかりである。インフラ整備は急ピッチで進み、訪問する度に完成度が高くなっていく。現状、工場進出が先行しているため、ホテル等のインフラ整備が追いついていない状況だが、2006年中には広州汽車学院をはじめとして相当のインフラが整備されていく。本書が公刊される2006年の末の頃には、その存在感は一段と高まっていくことは間違いない。

　さらに、2008年夏までには広州白雲国際空港の第3滑走路が完成し、アメリカのFedExが操業を開始する。その頃には、空港開発区の現代自動車も操業を開始している。花都汽車城をめぐる状況は一段と深みのあるものになっていくことは間違いないように思う。広州市の北の郊外に展開する花都は、現在、汽車城を焦点として新たな輝きを増しているのである。2003年3月現在の花都汽車城管理委員会、及び花都汽車城発展有限公司の主たる仕事は、「自動車貿易（交易）エリア」の形成、ゴルフ練習場、ホテルなどからなる「中央公園」の整備、さらに、道路整備とされているのであった。

2. 東風日産の形成

　花都汽車城の全ての出発点は東風日産の進出にある。汽車城全体の入口のあたりに東風日産が立地し、その存在感を示している。2006年春には、完成組立工場の正門の右側に乗用車技術センター（2006年3月20日）、左側にエンジン工場（2006年2月28日）が完成し、事業展開が本格化してきたことを痛感させる。2005年には完成車生産7万台に及び、今後の拡大が期待されている。

　この節では、日産の対中進出の経緯を振り返り、花都進出の意義、そして、東風日産自身の現状を報告していくことにする。

（1）日産の対中進出

　トヨタに次ぐ日本の代表的自動車メーカーであった日産自動車は、1990年代は97年を除き9年間も赤字を続ける深刻な状況にあった。99年6月にはフランスのルノーの資本（36.8％）が入った。99年6月にはカルロス・ゴーン氏が日産のCOE（最高執行責任者）に着任、2000年6月に代表取締役社長、そして2001年6月に社長兼CEO（最高経営責任者）に就いた。この間、2000～2002年の3年間を視野に、ニッサン・リバイバル・プラン（NRP）を掲げ、激しいコストダウン、人員1万2000人の削減、下請企業1500社を900社に削減することなどを実施した。併せて、新規モデルの投入、市場拡大を目指した。

　このNRPは日本中の注目を浴びたが、初年度から黒字を計上、2001年には1年前倒しで目標を達成した。そして、改めて2002～2004年にかけての3年計画で「108計画」を建てた。「1」は3年間でグローバルに販売台数を100万台増加させる。「0」は自動車事業に関する負債をゼロにする。「8」は売上高営業利益率を8％にする、というものであった。特に、「1」のグローバルに3年間で100万台増加させるには、「世界で一番速いスピードであり、有望な市場である」中国に注目した。それは極めて的確な判断と言うことができる。

　以上の計画の下に、2002年9月には、中国三大自動車メーカーの一つである東風汽車と「乗用車・商用車事業で広範に亘る長期的な協力関係を樹立」する

ことを調印した。日産と東風汽車との関係は、ここから始まる。

日産の対中関係と広州の事情

　日産の対中関係は、日中国交回復直後の72年11月、セドリックの輸出から始まる[7]。85年には北京に事務所を開設、86年から技術供与を重ねてきた。だが、80年代は中国の将来が読みきれず、また、90年代に入ってからは日産自体の体力消耗期であり、力が入らず、出遅れたとされている。中国メーカーとは、当時の四大メーカー（一気、東風、南京汽車、済南の重型汽車）の一つであった南京汽車と3年にわたって2000ccクラスの乗用車生産を模索したが、日本の本体の事情から断念している。南京汽車はその後、イタリアのフィアットとの合弁に入っていく。中国側からは「日産は消極的」と受け止められてしまった。

　この間、日産が中国に明確な形で参入したのは、93年3月に河南省鄭州で小型ピックアップの合弁に踏み込んだ事業ぐらいであろう。日産の出資比率は25％、タイの関連会社25％というものであった。この事業は95年10月から生産に入っている。生産台数は90年代は5000～6000台程度で推移していたが、2000年代に入りようやく1万台を超え、2005年には2万1191台となっている。

　この間、日産の台湾でのパートナーである裕隆が東風汽車と興味深い関係を形成していた。日産と裕隆の関係は1953年に遡る。長年、技術提携の関係にあり、日産は25％を出資している。60万台市場と言われる台湾で、裕隆は10万台前後を生産しているのである。また、この台湾では自動車メーカーが10社ほどひしめき、さらに、60万台市場のうち20万台ほどは輸入車が占めるという特殊な構造になっている。台湾の自動車生産は市場が小さく、量産効果を発揮できていない。台湾にとどまっている限り、将来は必ずしも明るいものではない。そのような認識が台湾メーカーに生まれ、90年代の後半の頃から、大陸進出が模索されていた。

　他方、中国第2のメーカーとされていた湖北省の東風汽車は、地の利が悪く、上海汽車あたりの後塵を拝していた。沿海進出は悲願であり、ようやく99年8月、中央から2000ccの乗用車生産のライセンスを取得、広州花都の小規模自動車メーカーの京安雲豹汽車に生産委託、その後、風神汽車の名称で、裕隆と

技術提携しながらブルーバード・モデルの風神1号を2000年に生産開始している。翌2001年5月には風神2号を生産開始する。この間、日産とは技術移転契約が結ばれ、車体の後部には初めて「日産」のマークが付けられた。当時、進出していないはずの日産のブルーバードが中国で大量に走り始めたことに不思議な感じがしたものであった。

　さらに、その後は裕隆が資本参加（25％）、2001年12月には増資し、社名を広州風神汽車（東風：裕隆＝60：40）とし、花都の現在地の東風日産の場所に広州工場を設立する。2002年7月には新型ブルーバードの風神3号の生産に入っている。なお、この風神3号には、車体の前後に「日産」のマークが付けられるようになった。背景として、日産が深く関与し始めたということであろう。

　この段階は、東風は大型国有企業として国家の優遇策を引き出す、日産は技術と商標を提供する、裕隆は経営管理技術を提供するというものであった。この点、日産は東風との包括的提携を前にして、裕隆の経験を踏まえ、中国市場への本格進出、販売網の利用、管理技術の利用などが目指されていたのであった。当時、広州と言えば、広州ホンダが華々しくデビューした頃であり、私たちはすっかりホンダに目を奪われていたが、水面下では興味深い取り組みが重ねられていたのであった。

東風との包括的・戦略的提携

　2002年9月に交わされた日産と東風汽車との「包括的、戦略的提携関係」では、以下のような点が示された。

　まず、この提携により、日産ブランドのフルラインアップの乗用車、東風ブランドのバス、トラック、商用車を扱う新会社を設立、各々50％の出資を行う。新会社の名称は「東風汽車有限公司」となる。資本金は約167億元、広州市花都区の広州風神汽車の工場を拡張するところからスタートすることになった。広州風神汽車は2003年6月からサニーの生産を開始することになっており、2005年からはマーチの生産が視野に入っていた。

　この新会社は世界レベルでの競争力のある乗用車、商用車メーカーになるこ

とを目指すものであり、2006年までに、55万台の販売体制作りが構想されていた。この包括的、戦略的提携にあたり、日産提供資料によると、東風の総経理の苗圩氏は「過去2年間、東風集団の風神汽車でのブルーバード・セダンの生産を成功裏に進めながら、東風と日産の関係を着実に構築してきた。そして今日我々は意欲を持って日産と包括的な提携関係に入り関係強化を図る。東風が将来真に競争力のある、フルラインの自動車メーカーになるには日産との関係強化は不可欠である」と述べている。

他方、カルロス・ゴーン日産社長は「中国は日産にとってこれから開拓していく市場である。東風との関係を通じて中国市場における日産のプレゼンスを高めていく決意である」と応じている。

出遅れていたとされる日産が、この東風との包括的提携を通じて、どのような中国展開を進めていくのか、まことに興味深い。この東風とのプロジェクトは、日本の自動車メーカーの対中進出の中でも際立ったものであり、どのような歩みを示していくか、それは、日産の将来ばかりでなく、日本の自動車産業全体の将来を占うものとなるであろう。

（2） 東風日産の現状

以上のような状況を背景に、東風日産がスタートする。この点、東風日産の提供資料によると、その後、以下のような歩みを示していく。

1999年8月　国家から2000ccクラスの乗用車生産の認可を得る。
2000年3月　東風汽車が深圳に風神汽車有限公司を設立する。東風汽車の襄樊工場と広州の京安雲豹汽車有限公司に乗用車の生産を委託する。
2000年4月　襄樊工場で風神1号を初めて生産した。
2000年9月　襄樊工場、雲豹工場共に小ロット生産であったが、全国に販売店を展開し、営業を開始した。
2000年11月　日産と関係の深い台湾の裕隆汽車製造股份有限公司と東風公司が合作、裕隆は風神汽車の25％の株式を取得した。

2001年12月	東風汽車公司と裕隆汽車公司は、花都で「広州風神汽車有限公司」を設立した。東風の持株は60％、裕隆40％となった。「風神」ブランドの乗用車を生産する。
2003年5月	東風汽車の広州風神汽車を含めた資産と日産の現金出資により東風：日産＝50：50の新会社「東風汽車有限公司」を設立する。この際、広州風神汽車の中国側株主は、東風汽車公司から合弁会社の東風汽車有限公司に変更になる。
2003年6月	東風汽車有限公司の子会社として「東風汽車有限公司乗用車公司」を花都に設立する。その後、この乗用車公司が日産ブランドの乗用車の生産、販売、サービス等の機能を担い、花都工場（広州風神汽車有限公司）と襄樊工場、及び、その他の乗用車に関する業務、資産の管理を行っている。
2005年3月	東風汽車有限公司乗用車公司は「東風汽車有限公司東風日産乗用車有限公司」に名称を変更した。

東風日産の生産体制

以上、名称が似ていてわかりにくいが、伝統の東風汽車公司の本社は湖北省

写真2－3　東風日産の正門

図2－3　東風日産の全景

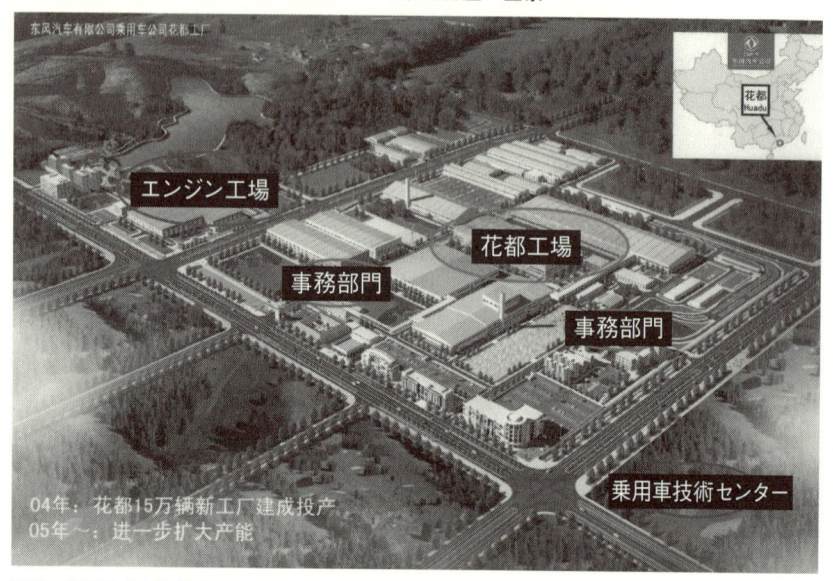

資料：東風日産有限公司

図2－4　東風日産の組織図

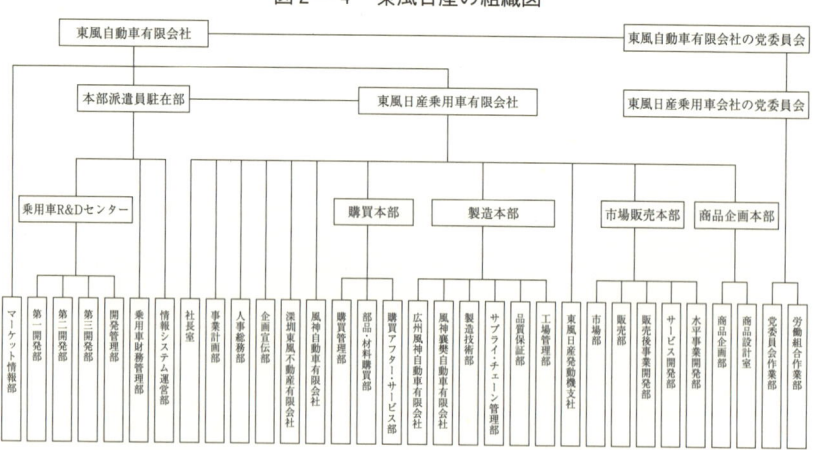

資料：東風日産有限公司

写真2—4　東風日産のティーダ（セダン）

　武漢にあり、そこと日産が包括的提携による合弁会社「東風汽車有限公司」を設立し、その乗用車部門を統括するものとして花都に「東風日産乗用車有限公司」を設立、花都工場（広州風神汽車有限公司）と湖北省襄樊工場（風神襄樊汽車有限公司）の2工場を統括するというものになっている。「東風日産」の正式の成立は2003年6月16日ということになる。

　そして、2006年3月現在、花都工場はサニー（陽光）、ティーダ・セダン（頤達）、ティーダ・ハッチバック（騏達）の3車種、襄樊工場はブルーバード（藍鳥）、ティアナ（天籟）の2車種を生産しているのである。花都が乗用車部門の本部であり、現状、部品調達は花都での統一購買だが、物流は花都と襄樊は別々に行っている。

　花都工場の総面積は101ha、2005年末の建築面積13万3000m^2、年産能力15万台。2006年末には27万台の能力となる。樹脂成形、プレス、熔接、塗装、組立の大きく五つのラインから構成されている。襄樊工場の敷地面積は37ha、建築面積20万5000m^2、樹脂成形、プレス、熔接、塗装、組立の五つのラインから構成され、2006年3月現在、ティアナ10万台、ブルーバード2万5000台の生産能力を有している。

　2006年3月現在、合弁会社の東風汽車有限公司全体の従業員数は5943人、う

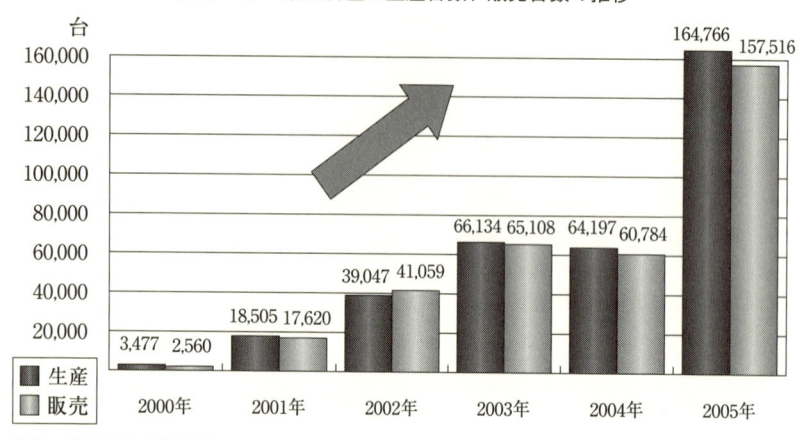

図2—5 東風日産の生産台数、販売台数の推移

	2000年	2001年	2002年	2003年	2004年	2005年
生産	3,477	18,505	39,047	66,134	64,197	164,766
販売	2,560	17,620	41,059	65,108	60,784	157,516

資料：東風日産有限公司

ち事務部門は1394人、花都工場2354人、襄樊工場2195人となっている。なお、2006年3月現在、花都工場の日本人は約50人、台湾人約10人が駐在している。東風日産の組織上の主要4部門の長は、商品企画部は日本人、市場販売部は中国人、製造部と購買部は日本人と中国人をつけている。

　また、第3章で検討するように、部品メーカーも次第に花都に集結しつつあり、2006年3月現在、国産化率は50％水準を超えた。当面、主要部品の中で国産化できていないものは、エンジン、トランスミッションだけだが、エンジン工場は2006年2月に竣工しており、今後、一気に国産化される計画であった。

　風神1号が投入された2000年の生産台数は3477台（販売台数2560台）であったが、その後、少しずつ増加し、日産が正式に加わってきた2003年には生産台数6万6134台（販売台数6万5108台）、2004年にはやや停滞したが、2005年には生産台数16万4766台（販売台数15万7516台）に急増した。なお、花都工場の生産台数は2004年約2万4000台強であったが、2005年には7万台強と約3倍増加したことになる。その結果、東風日産としては、自動車メーカー別生産台数は、2003年は第12位であったが、2005年には第8位に浮上した。

写真 2－5　開業式の乗用車技術センター（2006年3月20日）

エンジン工場と技術センター

　完成車組立工場が稼働し始めた頃から、エンジン工場、乗用車技術センターの建設が計画されていった。

　エンジン工場は組立工場の西側に隣接し、敷地面積39ha、36億元を投資し、鋳造、加工、組立の一貫ラインを形成する。2004年12月21日に着工、2006年2月28日に竣工式を迎えた。第1期の年生産能力は18万台、2008年には36万台の生産能力に達する計画となっている。完成時には従業員1500人規模が想定されていた。

　また、乗用車技術センターは組立工場の東側に隣接し、敷地面積20ha、建築面積1万3700m^2、第1期の投資額は3億3000万元である。日産の技術センターとしては日本、北米、ヨーロッパに次ぐ第4番目の本格的なものであり、当初の人員は200人、将来は500人を想定している。2004年12月6日に着工、2006年3月20日に開業式が行われていた。

　このように、花都汽車城を牽引する東風日産は、完成組立工場に加え、エンジン工場、技術センターを付設し、自動車工場として興味深い歩みを示し始めたのである。

表2—4　東風日産の車種別販売台数

区　　分	2004年	2005年	増加率（%）
合計（台）	60,784	157,516	159
ブルーバード	24,991	28,166	13
サニー	24,228	14,934	−38
ティアナ	11,565	58,861	409
ティーダ（セダン）	—	36,251	—
ティーダ（HB）	—	19,304	—

資料：東風日産有限公司

販売体制と将来計画

　図2—5は、東風日産の車種別販売台数の推移だが、2004年から2005年の一年の間に159％の伸びを示したが、車種別では大きな変動があった。サニーが前年比−38％と大きく減少し、ティアナが409％増と飛躍的に拡大した。その他、2005年にティーダの2車種を追加したことが、販売台数の増加につながっている。なお、東風日産では、新たに2006年に2車種、2007年に1車種を追加する計画になっている。

　中国国内の販売体制は全国200店の代理店を編成している。代理店に関しては、提供できる面積、保有資金状況を検討し、面接して決定している。面接では、経営者のこれまでの経歴を重視している。

　資金状況は大都市の代理店では投資額3000万元、小都市では500万元ぐらいを目安にしている。これらの代理店には、当方のイメージに沿った店舗を作ってもらい、花都の営業部が指導を重ねていく。

　販売のスタイルは、代理店のオーダーに対して、銀行振込確認後、出庫する売り切りになっている。また、物流は一部に鉄道を利用するが、陸送車による配送が多い。船舶による輸送は現在のところ利用していないが、将来的にはありうる。

　2005年には16万台を実現し、2006年は20万台の販売を計画していた。

　なお、現在の東風日産では「23事業計画」なるものが推進されていた。それは、2007年までに販売の「2」倍の増加（30万台）、2007年には「2」桁（10％）の売上高営業利益率の確保、「2」つの合弁企業（東風と日産）の融合と調和、というものであった。これらを通じて、東風日産を国際競争力に優れ

る自動車メーカーにしていくというのであった。

　東風日産が正式に成立したのは2003年6月、まだ3年しか経過していない。ようやく2005年に16万台レベルに到達し、中国の自動車産業の中で存在感が明確になりつつある。ラインアップも2007年には8車種になり、幅の広いものになっていく。さらに、第3章で見るように、花都工場の周りの汽車城には部品メーカーがいっせいに進出してきた。2007年頃には、中小の二次協力企業も集結してくることが期待される。

　さらに、周辺にはホンダ、トヨタ、現代という世界的な自動車メーカーが集結してくる。それに伴って部品メーカーはさらに、この広州周辺に集まってくるであろう。当面は日系、台湾系、韓国系の部品メーカーが中心的な役割を果たしていくであろうが、その先は、地場の中小企業が自動車への関心を高め、大量に参入してくることも予想される[8]。それらが健全な競争により、全体のレベルを高めていくことが、このエリアの将来に重大な影響を与えていくことが期待される。

　明らかに、この広州、花都の位置的条件は、港湾、空港が象徴するように、中国、朝鮮半島、日本といった北東アジアの諸国地域とASEAN全体の要にあり、将来、東アジアから世界に向けての自動車の輸出基地となることが想定される。2006年から2008年頃は、その基礎が形成されていく時期ということになりそうである。それだけの可能性を秘めた地域として、この広州、そして、花都を見ていかなくてはならない。

3. 広州汽車学院の形成

　華南地区には華南理工大学という国家の重点大学があり、幅の広い技術者を供給してきた。だが、近年の華南の産業化の高まりの中で、さらに、人材育成が最大の課題とされている。そのような中で、近年、深圳経済特区内の深圳大学の充実が著しく、また、華南地区の有力大学である中山大学、華南理工大学も学科の増設等より、それに対応している。さらに、広州市内では巨大な「広

写真2—6　広州大学城の華南理工大学

州大学城」が新たに形成され、2006年までには有力大学10校が広大なキャンパスに移転拡大したことも興味深い。

　また、広州工業大学は民間との合作により新たな大学を設立している。さらに、東北の瀋陽の国立大学である東北大学は自ら東軟集団という企業を形成し、そこが仏山市南海区に東軟情報学院という私立大学を設立、日本語のわかるソフト技術者の養成に入っているなど、興味深い動きが見られる[9]。

　このような中で、この汽車城計画の中にも、人材育成機関として学生数1万5000人規模を想定する「広州汽車学院」の計画が推進されている。しかも、それは、国立大学の華南理工大学と地元の有力企業である雲峰集団という民営企業の合作により推進されているのである。

（1）　華南理工大学

　1700～2000大学があるとされる中国で、国家教育部が直轄する大学は70ほどとされる。その他の大学は国家の各部直轄、各省、市が管轄するものであった。だが、近年、所轄の各部の人材育成を主眼にしていたという各部直轄のスタイルはなくなり、各省市に移管されている。さらに、最近では私立大学も見られるようになってきた。

また、中国の場合は、日本のように大都市圏に大学が集中することはなく、各地域、例えば各省の省都というべきところには、ほぼ確実に大学20～30校が設置されている。日本の場合は、地方の県には国立の総合大学、県立大学しかないということがあるが、中国は少なくとも一つの省の範囲で人材供給がなされることを前提にした配置となっている。各省都には、総合大学、理工大学、工業大学、医科大学、財経大学、師範大学、体育大学、芸術大学、外国語大学、農業大学、警察大学、行政管理大学などがほぼ必ず配置されている。

華南理工大学の輪郭

　華南地区、あるいは広東省の場合は、広州に有力大学が設置されている。総合大学としては中山大学、理工系大学としては華南理工大学がそれである。華南理工大学の設立は、解放後の1952年、華南工学院としてスタートした。その頃は全国的に大学の設立、再編が行われた時期であった。華南理工大学の場合は、広東省、湖南省、広西壮族自治区など五つの省の有力大学であった中山大学、嶺南大学、湖南大学、広西大学等12の大学を調整して新たに広州市内に設立されたものであった。さらに、華南理工大学は、60年には当時は30大学ほどであった国家の重点大学の一つとして位置づけられている。

　設立以来、次第に内容を豊かなものにし、理工学を中心に、管理学、経済学、政治学、法学、文学、芸術学等を含む総合性の大学として発展してきた。なお、華南理工大学は国家の重点学科として、材料学、材料加工工程、通信と情報系統、化学、製糖、製紙の六つが置かれている。

　校舎の建築面積は129万㎡という壮大なものであり、図書館の面積は6万7000m^2、蔵書数は236万冊を数えている。

　教職員の数は4039人、教育・研究に従事している人員は2008人、うち教授346人、助（副）教授621人を数える。2005年末現在の学生数は4万6115人、うち大学院生は1万0513人、本科生1万6652人、うち留学生は152人である。その他は成人教育などである。華南を代表する研究型の大学と言えるであろう。

　2004年度の卒業生の就職先は興味深い。

　研究所等が39.2％、国有企業21.7％、三資企業13.7％、民営企業11.6％、行

政等公務員7.6%、その他6.2%であった。また、就職先の地域別では、広州地区39.6%、深圳・珠海地区12.5%、珠江デルタ13.2%、広東省その他地区7.1%、広東省外8.4%、大学院等への進学19.2%であった。広東省内に大半が残ることになる。

華南理工大学の学部編成

　この華南理工大学の学部（学院）編成は、華南理工大学からの提供資料によると、以下のようになっている。

- 機械工程学院　　教授35人、助教授57人、学生数2049人、うち修士課程405人、博士課程115人。
- 工業設備及び制御工程学院　　教授17人、副教授39人
- 建築学院　　教授26人、助教授47人、学生数1966人、うち修士課程824人、博士課程175人。
- 交通学院　　教授16人、助教授36人、学生数914人、うち修士課程327人、博士課程54人。
- 汽車工程学院　　教授13人、助教授19人、講師13人、学生数481人、うち修士課程96人、博士課程10人。
- 電力学院　　教授16人、助教授23人
- 計算機科学工程学院　　教授16人、助教授38人、学生数2471人、うち修士課程732人、博士課程341人。
- 自動化科学工程学院　　教授15人、助教授24人、学生数1178人、うち修士課程361人、博士課程63人。
- 材料科学工程学院　　教授41人、助教授53人、学生数1366人、うち修士課程432人、博士課程141人。
- 化学エネルギー学院　　教授22人、副教授45人、学生数902人、うち大学院生438人。
- 資源科学造紙工程学院　　教授19人
- 軽工業食品学院　　教職員86人、学生数560人、うち大学院生278人。

- 数学科学学院　教授16人、助教授28人、学生数896人、うち大学院生128人。
- 物理科学学院　教授13人
- 化学科学学院　教授と助教授で28人
- 工商管理学院　教授22人、助教授34人
- 政治公共管理学院　教授23人、助教授23人。
- 外国語学院　教授4人、助教授34人、講師38人。
- 計算機ソフト学院
- 電子商務学院　教授3人、助教授6人。
- 環境科学工程学院　教授7人、助教授18人、学生数598人、うち修士課程121人、博士課程44人。
- 生物科学工程学院　教授10人、助教授と講師で38人、学生数668人、うち大学院生148人。
- 新聞テレビ学院　教授6人、助教授15人。
- 芸術学院　教員15人、学生数296人、うち修士課程5人。
- 法学院　教授4人、助教授10人、講師等16人。
- 経済貿易学院　教授8人、助教授20人、講師10人。
- 旅行ホテル管理学院　教授3人、助教授5人、学生数108人。
- 国際教育学院

　このように、華南理工大学は理学、工学系の総合大学であり、さらに、政治、経済、法律、外国語、芸術、マスコミ、観光などまでをも含んでいる。中国の有力な理工系大学はほぼこのような学部（学院）構成になっているのである。
　以上の中で、本書との関連からすると。汽車工程学院が興味深い。この汽車工程学院は広東省の新たな発展方向に沿うものとして、2004年8月、全国で最も早く設立されている。この汽車工程学院は華南理工大学交通学院の中の車両工程系と動力機械工程系を基礎に形成されたものである。学科（系統）は車両工程系と動力機械工程系、機械電子工程系の三つから構成されている。
　そして、この汽車工程学院には広東省電動汽車研究重点実験室が設置され、また、地元の広州汽車工業集団と共に広州汽車技術センターも設置してある。

このように、華南理工大学は広州から華南地域にかけての中心的な理工系大学として展開しているのであった。

（2） 広州汽車学院の輪郭と特徴

このように、華南理工大学は広東省ばかりではなく、中国華南地域の中心的な理工系大学として重要な役割を果たしている。他方、広州というわずか一つの市の中に、ホンダ、日産、トヨタ、現代といった世界的な自動車メーカーが進出してくることになり、人材供給の必要性がさらに大きくなってきた。

そのような枠組みの中で、現在新たに広州汽車学院の計画が推進されている。

汽車学院の計画

汽車学院は、地元の有力民営企業である雲峰集団のオーナーの黄維你氏（1951年生まれ）が、地元の広州に商務学院（ビジネス・スクール）の設立を構想したことから始まる。中国の成功した民営企業家は、地元に教育機関を設立しようとする場合が少なくない。その意向を友人の謝東志前花都区副区長に相談したところ、汽車城担当であった謝氏から「自動車関連の技術者を養成する『汽車学院』の設立」を勧められた。

その意見に賛同した黄氏は、一気に汽車学院の設立に踏み込む意思決定を下す。地元の最有力理工系大学である華南理工大学と調整を重ね、花都汽車城の中に華南理工大学広州汽車学院を設立していくことなる。

2004年9月14日	華南理工大学と広州雲峰文化教育有限公司との間で、正式に契約を交わした。
2004年11月12日	国家教育部より、広州汽車学院設立の基本的な同意を得る。
2004年11月18日	定礎式を行い、第1期14万m^2、22棟を着工する。
2005年4月11日	国家教育部は、華南理工大学と雲峰文化教育有限公司との合作よる広州汽車学院設立を批准した。
2006年9月	開学。

図2−6　広州汽車学院の計画図

資料：広州汽車学院

黄氏と謝氏の会談は2003年後半のことであり、事態は急ピッチで進められたのであった。場所は花都汽車城の中の東風日産の北側、敷地面積は約120ha、建物総面積は40万 m²、教育関連施設の面積19万6800m²、学生寮・食堂等19万6200m²、体育館等8000m²などとなっている。2006年9月の開学時の第1期の建築面積は14万4700m²。当面は、基礎課程用の教室、事務室、実験棟、工業訓練センター、情報センター、図書館、学生寮、学生食堂、学生活動センター、総合サービス施設等から構成される。2006年5月にスタートする第2期工事は11万8000m²であり、2007年6月に竣工予定であった。さらに、第3期は13万8300m²が予定されている。なお、この大学施設の設計は華南理工大学の建築系が実施した。華南理工大学はこれまで、全国の大学建設の設計に100校ほど携わった実績がある。

　2006年3月現在、国家教育部がどの程度の定員枠を提示してくるか不明であったが、2006年9月入学生は3200人を計画していた。将来的には全学で1万2000～1万5000人の大学となる。当面は研究型大学である母体の華南理工大学をベースにした応用型の大学として展開、将来的には大学院の設置も構想に入っていた。

　現在の中国の国立大学の学費は、一般的には年5000～6000元ほどだが、汽車

写真2—7　広州汽車学院の校舎建設

学院のような新たなタイプの大学の場合、1万3000～1万8000元ほどである。汽車学院は1万5000元を想定していた。また、全寮制であり、寮費は年間1500元であった。ただし、このような学費の決定は地元広州の物価局の許可が必要になる。

学科編成と教員

　汽車学院の特性を主張するため、基幹となる学科は、車両工程、機械工程、工業設計、動力工程、材料工程、電子工程、制御工程等となる。その他には、情報工程、自動化工程、ネットワーク工程、ソフト工程、電子ビジネス、情報管理、工商管理、物流管理、市場マーケティング、行政管理、国際経済・貿易、金融、外国語などから編成されていく。

　これほどの大学が設立されることから、教員の確保が重要になるが、第1期の基礎教育が開始される2006年現在、110人強の教員が確保されていた。教員の出身は大きく四つのカテゴリーに分かれていた。

　第1は、華南理工大学の現職教員。

　第2は、華南理工大学を定年退職した教員。中国の大学の場合、定年は60歳が一般的であり、広州には理工大学定年者が2600人ほど居住している。彼らの中から採用する。

　第3は、全国から若手の教員を募集する。

　第4は、企業関係の技術者を採用する。

　第2期以降の専門課程に関しては、2007年以降の採用となる。理工大学関係者は教育、研究の基礎を提供し、新たなメンバーが今後の基幹的な教員なることを意識していた。

　なお、教員の給料は、教授が月6000～8000元、助教授5000～6000元、講師は3000～5000元であり、特別な人はさら高給で優遇する。また、宿舎は全て用意されており、地域の相場の賃貸料で提供し、将来は個人に売却する計画になっていた。出校は講義日のみであり、担当講義数は週12～20（1講義45分）、基礎教育の担当講義数は多く、専門教育は少ない。

民間と大学の合作／独立大学

　なお、この汽車学院、地元の雲峰集団と華南理工大学との合作による「独立大学」と言うものである。いわゆる「私立大学」ではなく、「民間が全ての資金を提供し、国立大学が管理する」というスタイルである。

　資金を提供する雲峰集団とは、国有の広州工具廠の電気技術者であった広州市白雲区石井鎮出身の黄氏が、1980年代中頃に個人で設立したものであり、コンデンサーの生産からスタートしている。その後、事業が拡大し、不動産、広告、酒製造業、薬品製造業などに展開、全体の従業員数3000人を超える企業集団を形成している。集団の資産は10億元を超えている。現在では花都の最有力の企業集団であり、2005年の納税額は東風日産に次ぐ第2位であった。そのため、地域への貢献が大きいとして、黄氏は花都区の政治協商会議の常務委員に任じている。

　この雲峰集団が広州汽車学院の建設費用の全額を提供している。集団傘下の広州雲峰文化教育有限公司が1億元、広州珠江雲峰酒業有限公司が1億2000万元、湖北雲峰酒業有限公司が8000万元、広州宏峰房地産開発有限公司が3億元を提供する。総額6億元となる。その他、広州発展銀行と花都信用社から約2億元の融資を受ける。

　1年目の投資は2億元、2年目も2億元、3～6年目は各5000万元とされ、7年目以降は投資しない。以後は広州汽車学院が独自に運営していく。大学の予算は国家等からの助成は一切なく、全て大学が調達していく。予算の主体は授業料であり、計画では学生数7000～8000人を超えれば問題がなくなるとされていた。

　さらに、建設計画の中は、企業との共同研究のための施設が6棟用意されている。現在、すでに日産、ホンダ、トヨタとは初期的な話し合いを重ねているが、開校後は一部の出資を仰ぎ、協力体制を深めていくなる。企業側からの教員の派遣、学生のインターンの受け入れ、共同研究が視野に入っていた。中国の理工系大学の場合は、4年次の学生は1年間、企業にインターンで入る場合が少なくない。企業での経験を重ね、就職していくことなる。このような試みが、汽車城の中で推進されているのであった。

4. 花都汽車城の行方

　ここまで検討したように、東風日産を基軸に自動車専用の新都市ともいうべき「自動車タウン」を構想し、実践している「花都汽車城」の取り組みは、世界的にも例のないものであろう。東風日産が成立したのが2003年6月、花都汽車城計画が認可されたのが2003年10月、広州汽車学院の成立が2004年9月、開学が2006年9月。極めて短期間の間に事業が連鎖的に積み重ねられてきた。

　汽車城だけの面積が50km^2。ここに日産が位置し、関連の部品メーカーが大集積を開始している。さらに、ルノーの進出を期待する137haの用地が留保されている。ホテルやゴルフ練習場、住宅等の建設も急ピッチで進められ、技術者養成の汽車学院も開学する。訪問する度に完成度の高いものになっていく姿には目が眩む。

　しかも、この汽車城からわずか12km先には、巨大な広州白雲国際空港が日に日に充実していく。さらに高速道路、鉄道、港湾の充実は著しい。むしろ、これまで開発が遅れていたことが、効果的に働いているようにも見える。これまでの中国の多様な経験をベースに、戦略的な取り組みが重ねられている。花都の関連する人びとと交流を深めるほどに、彼らの取り組みの深さと丁寧さを痛感させられる。地域を豊かにしようとする「希望」と「勇気」に満ちているといってよい。このような人びとがいる限り、所期の目的は十分に達成されることは間違いない。この花都汽車城の事業は世界も例のない、それほどの「希望」に満ちたものなのである。

　また、この広州白雲国際空港と花都汽車城の周辺には、ホンダ、トヨタ、現代といった世界の有力メーカーが集まり、さらに、部品メーカー、関連部門が一気に集積を深めている。その場合、明確なコンセプトにより形成されている花都汽車城の位置は極めて興味深いものになる。

　現在の広州に集結している世界の有力自動車メーカーは、当面は中国国内市場に深くコミットしていくであろう。ホンダ、日産、トヨタ、現代の4社で、年間の生産台数が100万台を超えるのは時間の問題であろう。150万台も視野に

入っている。その場合、この狭いエリアでこれだけの集積を示す場所は世界的にもないのではないか。広州は中国ばかりでなく、世界的な自動車生産基地になるであろう。

そして、その先には、優れた港湾能力、空港の能力を背景に、広州エリアは世界への自動車輸出基地を形成していくのではないかと思う。北東アジアとASEAN全体を視野に入れられる広州、花都の地の発展の可能性は無限大といってもよさそうである。

なお、その場合、常に必要になってくることは「人材」の育成であろう。地域発展のステージより、必要な「人材」はさら高次なものになる。当面は、自動車産業を支える技術者、管理者、デザイナー、部品メーカーなどの充実が課題になろう。さらに、地域発展の戦略を構想し、実現に向けて力の限りを注ぐ地域の経営者というべき一群の人びとの充実が求められてくる。今後とも、いっそうスケールが大きくなる花都の将来に向けて、「人材」育成は止まることがない。花都の将来にとって、この点が課題であり続けることは間違いない。「人材」がいなければ、地域は発展しない。花都の輝かしい「未来」に向けて「人材」育成に最大の力を注いでいくことが求められているのである。

1) 三線建設に関しては、関満博・西澤正樹『挑戦する中国内陸の産業』新評論、2000年、呉暁林『毛沢東時代の工業化戦略』御茶の水書房、2002年、を参照されたい。
2) 中国自動車産業の歴史的展開に関しては、李春利『現代中国の自動車産業』信山社、1997年、が有益である。
3) 上海汽車とVWをめぐる動きは、関満博『上海の産業発展と日本企業』新評論、1997年、第6章、関満博・池谷嘉一編『中国自動車産業と日本企業』新評論、1997年、第5章を参照されたい。
4) 90年代末からの、特に日系企業の動きに関しては、関満博・範建亭編『現地化する中国進出日本企業』新評論、2003年、第3章を参照されたい。
5) 最近の中国自動車産業、各社の動きに関しては、横山則夫『激変！中国の自動車産業』日刊自動車新聞社、2004年、丸川知雄・高山勇一編『[新版]グローバル競争時代の中国自動車産業』蒼蒼社、2005年、国家信息中心中国経済信息網編『中国

行業発展報告（汽車業）』中国経済出版社、2004年、中国産業地図編委会・中国経済景気監測中心編『中国産業地図　汽車』社会科学文献社、2005年、が有益である。
6) 花都の汽車城、及び自動車産業全般に関しては、『2005年：中国広州汽車発展報告』社会科学文献出版社、2006年、を参照されたい。
7) 日産をはじめとする、ホンダ、三菱等の日本自動車メーカーの対中展開に至る事情は、関・範編『現地化する中国進出日本企業』第3章を参照されたい。なお、トヨタの事情は、関満博『北東アジアの産業連携』新評論、2003年、第2章を参照されたい。
8) こうした動きの一部は、関満博編『現代中国の民営中小企業』新評論、2006年、第8章で紹介してある。
9) 東北大学の展開に関しては、関、前掲『北東アジアの産業連携』第7章、関編、前掲『現代中国の民営中小企業』第4章を参照されたい。

第3章　花都に集積する部品メーカー

　日産の花都進出以来、日本の自動車部品メーカーはいっせいに花都汽車城に進出を開始している。東風汽車と日産自動車が合弁会社を設立したのが2003年6月、以後、わずか3年の間に、花都汽車城には車体回り、内装部品、シート関係などを中心に多くの部品メーカーが進出してきた。当面、日産系とみられる部品メーカーが多いものの、独立系、あるいはその他の系列企業と見られるメーカーも進出している。中国のデトロイトを目指す花都汽車城は、この数年で一気にその輪郭を見せるものになっているのである。
　このような花都汽車城への部品メーカーの旺盛な進出に関しては、おそらく以下の三つほどの背景があるものと見られる。
　第1は、日産の花都進出は、ゴーン改革以来、復活した日産の本格的な中国進出であり、部品メーカーにとって、中国進出の遅れていた日産のメリハリのあるプロジェクトと映ったこと。特に、積年のトヨタの中国での迷走ぶり[1]を見ていた部品メーカーは、ここが進出のポイントと受け止めたのではないか。
　第2は、花都汽車城の位置的な良さと、理念の明確さ、地元政府の対応の良さも大きい。花都は中国の南の中心である広州のエリアにあり、広州市街地中心に30分ほどの位置にある。香港から深圳～広州に至る港湾の能力は世界的にも図抜けてきていること、さらに、2004年8月に供用開始となった新広州白雲国際空港の存在が大きい。汽車城は空港から12kmに展開しているのである。この広州白雲国際空港は、先の第1章で見たように、物流を意識した巨大空港であり、アメリカのFedExが東アジアの拠点とする。明らかに東アジア全体のハブ空港となる可能性が高い。国際物流という点からしても、広州、花都の位置的優位性は際立っている。
　また、新空港の建設、日産の進出を花都の数百年に一回のチャンスととらえた地元の政府は、50km^{2}という巨大な自動車専用の「花都汽車城」計画を早々

に打ち出し、工場用地の造成、インフラ整備、サービス体制の強化を重ねてきたことも重要である。さらに、地元政府は後発の利益を意識し、全国の経済開発区等の経験を幅広く取り入れ、世界的にも例のない興味深い「花都汽車城」計画を推進しているのである。一度、花都汽車城を訪れた部品メーカーは、その構想の雄大さと具体的な取り組み、そして、地元の意欲を深く痛感するであろう。

　第3は、従来、中国の自動車生産基地は長春、天津、武漢、上海など北に傾斜していたのだが、1990年代中頃の政策的な制約から広州に進出したホンダが意外な成功を収めている事情が広く伝わってきたことも大きい。そして、ホンダに続き、日産が広州花都に進出、また、紆余曲折を経たトヨタも広州市南沙に進出することになった。さらに、2007年には空港隣接地に韓国の現代が操業開始を計画している。広州市街地から半径40km圏に日本のビッグ3に加え、韓国の現代が進出するのである。近い将来、この4社で年産100～150万台の生産が見通される。さらに、将来、中国が自動車の輸出国になっていく場合、港湾に優れる広州はその最大の輸出生産基地を形成していくことも期待される。

　このように、広州と自動車生産をめぐる環境は、ここに来て一気に開かれ、人びとに限りない可能性を痛感させている。このような大きな枠組みの中で、部品メーカーの広州、花都汽車城進出を見ていかなくてはならない。

1．基幹部品企業の集積

　自動車は現代工業技術の粋を集めるものであり、膨大な数の部品によって構成される。最重要部品のエンジン、トランスミッションから始まり、機構部品、車体の構造部品、電子制御部品、内装部品、外装部品、さらに、エアコン、カーオーディオ、カーナビゲーション、タイヤ、ガラス、プレス用金型、射出成形用金型等から構成される。また、これらに関わる工作機械、金属加工機械、測定器、さらに、切削、プレス、メッキ、熱処理、鍛造、鋳造などの機械金属工業の加工機能の全てを必要とする。

　これらの中でも、最重要部品と言われるエンジン、トランスミッションあた

りは、完成車メーカー自らが生産する場合が少なくない。花都の東風日産においても、エンジン工場（年産36万台能力）は、2006年春に竣工した。

完成車工場が軌道に乗るまでは、一般的には他の地域から部品を投入していく場合が多いが、ジャスト・イン・タイムが求められる中で、その後、次第に近間に部品メーカーが集まってくる。花都の場合は、明らかに2005年の頃から部品メーカーの集積が開始されている。

まず、この節では、基幹部品を生産しているいくつかの部品メーカーに注目し、進出の動機、現状、将来展望にふれながら、現在進められている集積の意味を考えていくことにしたい。

（1）モジュール化によるサポート（カルソニックカンセイ）

近年、先進国の自動車産業では、コストダウン、システム化、省スペース化などを求めて部品のモジュール化が推進されている。日産系部品メーカー最大手といわれるカルソニックカンセイは、コックピット、フロントエンド、エンジン＆エキゾーストなどの領域で先駆的な役割を演じている。

カルソニックカンセイの前身は、日本ラヂエーターとして1938年に設立されている。ラヂエーターの生産から出発し、その後、マフラー、カーヒーターに入り、62年には東証第二部に上場、追浜工場、厚木工場、佐野工場と事業を拡大させ、72年にはロスアンゼルスに駐在員事務所を設置している。73年には東証第一部に上場した。まさに、日本の自動車産業、特に日産の発展と共に歩んできたと言える。

88年には社名をカルソニックに変更、2000年にカンセイと合併し、現在のカルソニックカンセイになった。筆頭株主は日産自動車であり、28.1％の資本を握っている。日産にとってはかけがえのない協力企業ということであろう。2006年3月期の売上高は連結で7155億円、従業員数は連結で1万4954人、単独で5043人を数えている。国内8工場、海外約40工場を展開するわが国を代表する自動車部品メーカーの一つである。

カルソニックカンセイの守備範囲

　主力製品の一つであるコックピット・モジュールは、ステアリングメンバーを核に、インストルメントパネル、メーター、エアコンシステム、エアバック・モジュール、電子コントロール・ユニット、オーディオ、ワイヤリングハーネス、ステアリングコラムなどを結合させたものである。また、もう一つの主力商品のフロントエンド・モジュールは、ラジエーターコアサポートを核にラジエーター、コンデンサー、各種熱交換機など、フロントエンド回りの部分を一体化、複合化するもので、省スペース、コストダウン、車両組立性の向上に寄与している。

　その他、カルソニックカンセイの提供する部品は、コンプレッサー、エキゾートマニホールド、マフラー、センサー、モーターアクチュエーター、モーター、メーターなど実に多岐にわたる。エンジン、トランスミッション等の機構部品、車体、シート、ガラス、タイヤなどを除いたほとんど全ての領域にわたっているのではないかと思う。

　現在の国内の工場は、追浜（マフラー、フレキシブルチューブ）、厚木（ラジエーター、モーターファン、ヒーターコア等）、大宮（メーター）、児玉（電子コントロールユニット）、吉見（内外装樹脂部品）、群馬（カーエアコン、ヒーターコア等）、佐野（カーヒーター、プリントモーター等）、二本松（タンクユニット、各種センサー）の8工場であり、全て関東から東北（福島）に配置されている。

　海外展開も豊富であり、生産工場としては、北米（10工場）、ヨーロッパ（10工場）、南アフリカ、オーストラリア、マレーシア（2工場）、タイ（3工場）、インドネシア、台湾（5工場）、韓国（3工場）、そして中国（2工場）の計38工場を数えている。ほぼ日産の進出に対応した配置が基本だが、取引先としては、日産の他に、富士重工、ホンダ、マツダ、三菱自動車といった日本勢に加え、アウディ、オペル、ダイムラー・クライスラー、フォード、フォルクスワーゲン、プジョー、ルノーなどにも提供している。日産系列の主要部品メーカーでありながら、世界的な規模で活躍しているのである。

中国の配置

ところで、カルソニックカンセイの中国展開は、かなり複雑かつ興味深いものになっている。

カルソニックカンセイの中国進出の第1号であったのは、2002年設立の康奈可科技（無錫）有限公司であった。以来、康奈可科技（上海）有限公司、康奈可汽車電子（無錫）有限公司、康奈可（広州）汽車電子有限公司、康奈可科技（上海）有限公司花都分公司、康奈可科技（上海）有限公司襄樊分公司といった事業所に加え、2005年1月には上海に地域統括会社（傘型企業）として康奈可（中国）投資有限公司を設立している。

要は、上海に統括会社があり、無錫、花都（2カ所）、湖北省襄樊の計4カ所の工場と、研究開発センターが上海に1カ所という布陣となる。無錫は上海から南京の自動車メーカーを視野に入れ、襄樊は東風汽車、そして、花都の2カ所は当然、東風日産に対応するものになる。

ラインサイドを借りて、「倉庫」から投入する

花都汽車城第2期に設立されている康奈可科技（上海）有限公司花都分公司は社名が示すように、上海有限公司の分公司（支社）の形をとっている。分公

写真3—1　カルソニックカンセイ（花都）の正門

司設立は2004年4月、建物の竣工は2004年8月であった。納入先である東風日産までは6kmの位置にある。2006年3月現在、従業員数は140人（男性100人、女性40人、うち、日本人は6人）であった。当面の主力はコックピット・モジュールであり、その他に一部、ラジエーター、モーターファン、コンデンサー、エキゾートシステムなども手掛けている。

　ただし、この分公司は生産工場ではない。中国各地の協力工場から集められた部品をアソートし、東風日産のラインに投入する役割を担っている。そして実際に東風日産の工場内のラインサイドを借り、賃貸料と動力費を支払い、35人×2直＝70人を構内作業員（社内外注）として投入している。花都分公司はそのための準備の「倉庫」ということになる。70人のメンバーは、分公司から送られてきた部品群をラインサイドで受け取り、モジュールにまで組み立て、ラインに投入していくことになる。日本の場合も、日産向けのコックピット・モジュールに関しては、同様のやり方をとっている。

　ただし、日本の場合には、この花都分公司のような「倉庫」は必要なく、各部品はジャスト・イン・タイムで送られてくるのだが、部品環境の未発達な中国ではダイレクト供給は難しく、このような対応をせざるをえない。日本の場合には部品在庫は半日から1日程度なのだが、花都の場合は5日程度、また、

写真3—2　カルソニックカンセイの部品倉庫

日本から調達する電子部品の場合は1カ月の場合もある。

なお、部品の協力企業は中国に広範に拡がっている。広東省恵州の住友電工（ハーネス）、福州のナイルス（スイッチ）、東莞のヨコオ（キーレス受信アンテナ）、上海のアルプス（商社機能）、天津の松下（オーディオ）、重慶のTSK（キー・ケーブル）、深圳の広沢精機（プレス、鈑金）など、広東省ばかりでなく、全国的な拡がりを示している。

なお、花都分公司への最大の部品供給者は恵州の恵州東風易進（従業員750人規模）という企業であり、部品調達の80％を依存している。この恵州東風易進とは、東風汽車の関連会社である東風置業（23％出資）と日産と関係の深い台湾企業5社（77％出資）との合弁企業であり、インストルメントパネル、HVAC、ラジエーター、コンデンサー、エキゾートなどを生産している。この東風置業とは、東風汽車100％出資の深圳企業であり、不動産、自動車部品生産、自動車の販売、貿易、ソフトウエア開発、物流、広告などの業務を行っている。

2005年3月には、同じ花都汽車城第2期の中に、康奈可（広州）汽車電子有限公司が設立され、2006年春には190人規模でスタートする。花都分公司からは2kmほどの場所である。ここはコンポーネント工場として位置づけられ、マフラー、インストルメントパネル等の生産に従事することになる。当然これらも東風日産向けであり、花都分公司に集められ、アソートされて東風日産のラインサイドに送り込まれていくことはいうまでもない。花都分公司の一つの協力工場ということになろう。

このように、日産の有力部品メーカーであるカルソニックカンセイは、花都汽車城の中で、興味深い取り組みを重ねているのであった。

（2）　基幹部品のプレス加工（ユニプレス）

ユニプレスは日産系プレス部品の最大手とされ、車体部品のプレス、トランスミッション部品等の製造に従事している。日本国内の工場は車体プレス部品が神奈川県大和、追浜、栃木県真岡、小山、それに九州にある。トランスミッション部品の工場としては静岡県富士、富士宮、山梨に展開している。特に、

車体プレス部品は日産の工場の近くに配置している。また、海外展開はイギリス、アメリカ（2カ所）、メキシコ、それに広州の花都など、やはり日産の工場を意識した配置となっている。

従業員数は2006年3月末現在、連結で5145人、単独で2055人を数える。2006年3月期の売上高は連結で1613億円、単独で1121億円を計上した。日本の自動車関連プレス専業の代表的な企業の一つと言える。

会社設立は戦時中の1945年3月とされるが、98年4月1日に、富士市の山川工業と神奈川の大和工業が合併し、現在のユニプレスとなった。日産系のプレス、熔接関連企業の合併とされている。筆頭株主には日産自動車（14.6％）が就いている。日産にとっても基幹的なプレス企業ということになる。2003年には東証第二部に上場、2005年9月には東証第一部に上場した。本社も以前は富士市に置いていたが、2004年に新横浜に移転している。

日産系ということで、日産関係の比重が80％程度を占めるが、残りの20％はマツダ、ホンダ、いすゞ、スズキ、ダイハツなどにも供給している。

日産を追跡して花都汽車城に進出

花都への進出に関しては、親会社の日産と東風汽車が合弁し、花都で乗用車の完成車組立に入ることが契機となる。当然、日産からの要請もあり、車体の基幹部品を製造するものとして進出を決める。また、ユニプレスの側でも、中長期には中国進出が模索されていた。

現在地は花都汽車城の第1期分の中にあり、東風日産の正門まで2kmほどにある。当初からできるだけ日産の近くという意向であり、地元花都政府の熱意と意欲的な汽車城計画を受け止め、2003年10月に広州優尼沖圧有限公司を設立している。「当方のニーズに合った。この場所を選んで良かった」と振り返っていた。

資本金は1300万ドル、敷地面積15ha、建物面積2万8500m^2が計画されている。設備計画としては、プレスはコマツのトランスファーが3000トン、2000トン、1500トン（2台）の計4台、アイダのブランキングが800トン、600トンの2台の計画である。2006年3月には、以上のうち、第1期分として3000トンと

写真3―3　コマツの3000トンのトランスファー・プレス

写真3―4　ユニプレスの熔接職場

1500トンのトランスファー、600トンのブランキング・プレスが設置されていた。熔接組立部門は、ポータブルスポット熔接機が465ユニット、定置式熔接機276ユニット、アーク熔接機22ユニットであった。その他、工機部門として金型の補修部門が用意されていた。実際の稼働は2005年3月であった。

　操業開始1年にも満たない2006年3月現在、第2期工事に入っており、2006

年後半には残りのプレス機も投入され、さらに、金型部門が充実されることになる。2006年3月現在の従業員は450人、2006年後半には800人に増員される予定である。

現在、金型の95％は日本から持ち込んでいる。中国からの調達は5～6社、上海から広東にかけてのローカル企業であり、各社に2～5型ほどを任せている。今後は、さらにローカル企業の掘り起こし、育成を視野に入れている。

また、隣地には伊藤忠丸紅鉄鋼のコイルセンターである広州紅忠汽車鋼材部件有限公司が立地しており、必要な時に必要な量を直接フォークリフトで供給してもらっている。したがって、ユニプレスの材料置き場には必要な分量しか置いていない。これも計画的に作られた汽車城の一つの優位性であろう。

以上のような枠組みの中で、まだ、立ち上がりであり、増設も進んでいることから、日本人は出向者が9人に加え出張ベースの応援が25人、総計34人で対応している。この応援部隊は立ち上げの半年ほどを予定しており、ユニプレスの言い方では「玉成（ぎょくせい）」、つまり「擦り合わせ」「チューニング」の考え方を植え付けることを主たる目的にしていた。

現状、東風日産からの仕事はティーダ1車種の70部品、2006年後半からは2車種目、3車種目が入る。そのために増設が急ピッチで進められている。さらに、近い将来、東風日産は50万台計画となっており、そこまでユニプレス側も追随していかなくてはならない。当然、増資、新たな第2工場の計画も視野に入っているようであった。

生産体制とローカル企業への認識

現状、プレス機3台を基本とする体制をとっているが、東風日産側の要請に従い、24時間体制、納品は1日8回、多い時には12回になる。それに合わせて、隣の紅忠鋼材からコイル材が投入されてくる。現状、70部品に対してプレスが3日、熔接が2日の計5日かかっている。これをさらに縮めることを進めていた。ただし、進出以前の予想に比べ「嬉しい誤算」と言うのだが、生産性は20％程度高かったとされている。

2006年後半以降、金型部門の充実を図り、月20型程度は内製していく予定で

ある。他方で、中国ローカル企業の掘り起こしも進めていく。将来は中国で作った金型を日本、アメリカ、メキシコの工場に持っていく構えであった。

内製型については「ウチの息がかかっているから大丈夫」との認識だが、中国ローカル企業への依存については、実際にはかなりの負担と時間がかかりそうであった。指導の責任の位置にあるベテランの石田工場長によれば、「形はできるが、技能、日程管理といった全ての力量が足りない。特に、スピードがネック。試作は情報戦のようなもので、開発、改善のスピードが要求される。このあたりが、中国ローカル企業に経験がない」と評価されていた。

数年前までは中国ローカル企業は「形も危なかった」状況からすれば、日本の自動車産業が求めるスピードを身に着けるのも時間の問題ではないかと思う。中国の最近の民営中小企業には、それだけの能力と意欲がある[2]。新たな力を身に着けていくためには、いましばらくの時間が必要となろう。

新たな可能性に「視線」を

ユニプレスも中国に進出して、実質的にはまだ1年、駐在する日本の管理者の方々の苦労は大きいようだが、明らかに、中国市場の魅力、中国ローカル企業の可能性を痛感しているようであった。今後は「中国で拡販したい」との声も聞こえていた。

私自身、ほぼ20年にわたって中国の製造現場を見続けてきた。日本の自動車メーカーの生産の仕組みをそのまま持ち込んでも、なかなか難しいと痛感していた。事実、90年代中頃、日系メーカーの息のかかった自動車工場をいくつか視察したが、時間の流れが全く異なり、日本の自動車工場とは全く別の世界のように思えたものであった。

だが、それから10年、日系自動車メーカーが本格的に中国に進出し、部品メーカーも追随するという構図の中で、新しい流れが生じてきているように思える。一つは、市場の飛躍的拡大と高度化であり、中国の人びととの目線が高くなったということに関連する。消費においても、生産（モノづくり）においてもである。

さらに、従来、自動車部品メーカーが中国に進出する際には、地元の国有企

業との合弁が求められていた。老朽化した設備と国有企業に慣らされた従業員をあてがわれ、苦労を重ねていた。この点、現在は完成車メーカーの場合は依然として国有企業との合弁は必修のようだが、部品メーカーに関しては独資が認められるようになってきた。この点は、大きな変化である。余分なパートナーがなく、部品メーカーのペースでコトを運べるようになってきたのである。

その結果、ユニプレスが言うように「予想よりも生産性が20％高かった」「中国ローカルは形はできる。スピードが問題」というところまで来ているのである。当然、ここまで来る道筋と、これからの道筋はレベルが異なるかもしれない。それでも、ここまでの20年の歩みを見てきた側からすると、乗り越えられないものではないように思う。時代は大きく変わってきたのである。そのことを冷静に受け止め、次の可能性に向けて取り組んでいって欲しい。ユニプレスが経験した意外な「思い」が次の可能性を示しているのである。

（3） サスペンション最大手の進出（ヨロズ）

ヨロズはクルマの重要保安部品であるサスペンションの日本の最大手として知られている。北米、アジアにも広く展開し、「小粒な会社でもグローバル規模のエクセレントカンパニー」を掲げて、2003年11月に花都に進出、2005年3月から量産を開始している。また、日産系として育ったヨロズは、その後、日本の有力各社ばかりでなく、世界の各社との付き合いを深め、「サスペンションのヨロズ」と言われるほどになっているのである。

町工場から世界企業への歩み

ヨロズの前身の萬自動車工業の設立は1948年、町工場の集積する横浜市の鶴見であった。創業まもなくの49年には、シャーシー関係部品、各種エキゾーストチューブについて、日産自動車との間で納入契約を結んでいる。50年代に入ってからは、日産ディーゼル、日産車体、カルソニックカンセイ等の日産グループの主力企業との取引も開始している。横浜という土地柄からして、日産の歩みと共に発展していくことになる。59年には、横浜市港北区樽町に新工場を設立、併せて本社も移転した。

68年には栃木県小山市に小山工場（ヨロズ栃木）、70年には山形県鶴岡市に庄内工場（庄内ヨロズ）、77年には大分県中津市に中津工場（ヨロズ大分）を設立、さらに、その後、愛知県の企業を買収し（愛知ヨロズ）、国内4工場体制をとっている。
　海外展開は、86年、アメリカのテネシーにカルソニック・ヨロズ（現、ヨロズ・オートモティブ・テネシー）を設立したのを皮切りに、93年、メキシコにヨロズ・メヒカーナ、96年、タイにヨロズ・タイランド、97年、デトロイトにヨロズ・アメリカ、2000年、ミシガンにヨロズ・オートモティブ・ノースアメリカ、2001年、ミシシッピにヨロズ・オートモティブ・ミシシッピと続けてきた。なお、ヨーロッパに関しては、工場の進出はなく、多方面にわたる技術提携で対応している。
　この間、日産以外の企業との取引を拡大させ、81年にはマツダ、84には富士重工、86年にはいすゞ、90年にはGM、92年にはフォード、99年にはホンダ、2001年にはトヨタ、2002年にはルノー、2004年には、ダイハツ、スズキとも取引開始している。現状、日産圏への依存は、依然として70％を占めているが、「サスペンションのヨロズ」が次第に世界に浸透してきたことを象徴している。
　94年には東証第二部に上場、95年には一部に上場している。2006年3月期の連結の売上高は1096億円、従業員数は連結で3710人、単独で300人とされる。なお、国内の従業員はほぼ1000人プラス派遣人員である。

多様なユーザーを意識して、合弁の形態をとる
　中国進出に関しては、中国の自動車市場が見え始め、また、日系の有力企業が進出を開始したことを受けて、2002年から調査に入った。当初、候補地としては華北、上海、華南の3カを視野に入れていた。2002年9月に東風汽車と日産が包括的提携に入ったことから、主力である日産の動きを注目、東風日産の拠点となる広州か、あるいは湖北省の武漢に絞った。ただし、武漢は様子がわからず、広州に決定。さらに、ホンダに近い広州経済技術開発区か、あるいは、日産のいる花都汽車城に絞っていく。最後は、地元政府の熱意とサービスにより、2003年9月には花都汽車城に決定した。

写真3—5　ヨロズのプレス金型

写真3—6　ヨロズの熔接職場

　中国に進出するに際し、日系以外のメーカーとの取引も意識し、当初から多方面にわたる合弁を意識していた。最終的には、ヨロズ（51％）、三井物産（24％）、宝鋼（25％）の3社合弁による「広州萬宝井汽車部件有限公司」を資本金9936万元で設立している。敷地面積は6.4ha、建物面積（一期工事）は1万2600m²で、2005年3月に操業開始している。

職場は大きく分けて、プレス、熔接、金型から構成され。2006年7月現在の従業員数は約200人、フル稼働時でも250人を想定していた。
　プレス機は、1200トンのトランスファー、600トンが主力。いずれも佐藤工業の設計で台湾の金豊が製作したものを使っていた。熔接機は熔接ロボット23機（フル稼働時で96機）などが装備されていた。金型部門は現状では補修レベルだが、いずれ内製していく構えであった。現状では金型の大半は日本から送り込んでいる。ただし、小物は現地の金型メーカーにテスト的に出し始めていた。
　材料の鋼板については、次の節で検討する宝井（宝鋼と三井物産の合弁）を通じて、日本製を入れている。足周りの重要保安部品であることから、現状では中国材では不安が大きく、パートナーの宝鋼製はテスト中であった。
　これだけの事業に対して、日本人は5人、その他、三井物産から1人（中国人）、宝鋼から1人の構成になっていた。

人材調達と定着の課題

　2006年7月は、まだ立ち上がって1年の段階であったが、工場内の動きはかなり落ち着いたものになっていた。現在のユーザーは、東風日産が全体の80％（襄樊を含めて）であり、その他としては、長安スズキ（重慶）、南沙のトヨタ発動機であり、さらに、武漢ホンダ（CRV）の準備に入っていた。
　ただし、事業拡大のテンポは速く、2008年には建物が足りなくなる見通しであり、2008年末までには現在と同規模の工場を完成させていく必要がある。中国自動車産業は、そのぐらいのスピードで進んでいるのである。
　この1年の経験を振り返り、人材が悩みとされていた。花都で採用した人の定着が悪いことが実感され、人材市場を通じ、遠方からの採用を重視している。
　できれば、30歳代の家族持ちを希望していた。現状の200人のうち、地元の花都からの採用は2人だけ、広東語を話す人材は全体で10人ほどであった。
　自動車産業の場合、これまでの華南を彩っていた「電気、電子の組立」とはかなり異なり、男性型、熟練型の部分が多く、従業員の定着がカギになる。それは、ヨロズだけの問題ではなく、自動車産業全体の課題となろう。日本企業

の中国経験の長い大連などでは、かなり定着が良くなってきているが、そのポイントは「住宅」にあるとされている。家族の不安のない環境を提供していくことが、これからの中国進出自動車関連産業の一つの課題となりそうである。

（4） 初の海外進出を花都汽車城に（三池工業）

　日本の国内には、町工場から発展し、堅実な中堅企業として自動車産業の一翼を担っている企業が少なくない。特に、日産を焦点とする神奈川県、トヨタを中心にする中京地区、三菱を取り囲む岡山地区、マツダの広島地区などに顕著に見られる。ここで検討する三池工業もそうしたもの一つであり、1940年の鶴見での設立以来、日産圏の中で確実な仕事を積み重ねてきた。

日産に追随して発展

　三池工業の自動車産業への参入は、戦時中の1943年に遡る。日産の協力工場となり、以後、日産の発展と共に歩んできた。65年には横浜市内の戸塚工業団地に移転、生産基盤を確かなものにしていく。

　その後は、日産の全国展開に追随し、76年、福岡県勝山町に勝山プレス工業（現、ユニプレス九州）を設立、95年には栃木県足利市に栃木三池を設立している。いずれも日産への納入を視野に入れたものである。

　また、三池工業の考え方としては、これまでは「堅実」であることに置かれ、従業員規模は「人の顔の見える300人程度」としており、海外進出への誘いにも応ぜず、従業員約300人、売上高136億円（2005年度）規模の優良企業として歩んできたのであった。

　主要な業務は、自動車車体並びに自動車部品の製造、プレス加工、鈑金加工、金型・治工具の製造としてきた。主要取引先は、日産、日産車体、日産ディーゼル、カルソニックカンセイ、三桜工業などであり、いわゆる日産圏で売上高の95％を依存してきた。先のユニプレスとは競争関係にあると同時に、協力関係でもある。ユニプレスは大物を得意とし、三池工業は中小物を得意にし、補完関係にも立っている。ユニプレス九州は元々、三池工業が設立したものだが、その後、ユニプレスの資本（80％）を受け入れたものである。

横浜工場は日産関連の南関東への供給、栃木工場は日産の栃木工場対応、そして、九州工場であるユニプレス九州は日産九州への対応というフォーメーションになっているのである。

急速な拡大を計画

　初めての海外進出となった花都への進出は、日産の要請によるところが大きい。最近の日産の方針は「グローバルに購入する」というものであり、三池工業としても、国内だけにとどまっているわけにはいかなくなった。また、花都の近くにはホンダ、トヨタも進出しており、日産依存からの脱却の可能性も展望された。

　2004年9月に初めて花都を訪れた三池工業社長の小林暢比古氏は、花都区政府の対応に感心し、即、3000万ドルの投資を決定している。また、これも中堅規模の企業の良さと思うが、小林氏自ら董事長を務め、ほぼ毎月、花都を訪れているのである。

　2004年10月には、三池工業の100％独資（資本金1200万ドル）の広州三池汽車配件有限公司の設立登記、その後、建設に入り、2006年4月、竣工の運びとなった。私たちが訪問した2006年7月には一部の機械が搬入され、テスト生産

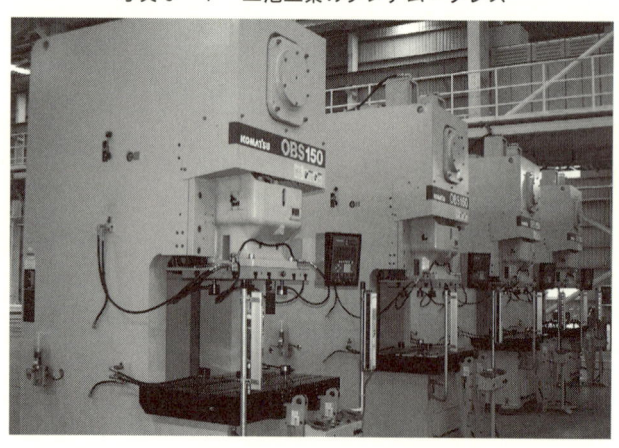

写真3—7　三池工業のタンデム・プレス

写真3－8　三池工業のブランキング・プレス

が行われていた。量産開始は2006年9月とされていた。2006年7月の段階では、従業員は18人、日本人3人が駐在していたが、2009年のフル稼働時には、従業員100人が予定されていた。

主要設備は、エイチアンドエフ（日立造船＆福井機械）のタンデム・プレス（1000トン1台、600トン3台）、トランスファー・プレス（500トン1台）、ブランキング・プレス（400トン1台）、コマツのタンデム・プレス（150トン4台）、ブランキング・プレス（400トン1台）の編成であり、その他、熔接機、金型補修用の工作機械群が用意されていた。

量産はこれからだが、日産の増産にしたがい、計画では2008年の売上高は6億5000万円、2009年には15億円、2010年には30億円が予定されていた。受注状況によっては、2009年には新工場も視野に入っていた。当面の納品先は花都と襄樊の東風日産であることはいうまでもない。襄樊への納品は、日産の輸送グループが引き取りに来るとされている。

なお、2006年7月現在、トライの段階であったが、金型に関しては100％地場で調達する形になっていた。当面、6部品用だが、東莞に進出している金型専業の台湾系の久和から入れている。この久和は日産も起用しており、その紹介から付き合いを開始している。将来的には、三池工業自身、金型の内製を意

第3章　花都に集積する部品メーカー　121

識し、中国から日本への供給も考えているが、しばらくは近くに進出している台湾系金型メーカーを利用していくことになる。

このように、三池工業の花都進出は開始されたばかりである。これまで、国内に閉じこもっていた三池工業が、初めての海外事業である花都でこれから何を見ていくのか、ここ数年の歩みが注目される。

(5) 台湾企業との合弁進出(キリウ)

花都汽車城には、台湾系企業の進出も見られる。それは、台湾の裕隆汽車が早い時期から東風汽車との間で合弁の風神汽車を設立し、ブルーバードの生産に踏み出していたなどの事情による。現実に、花都汽車城には、2006年7月現在、台湾系企業8社を数えている。その中でも、5社は日本企業との合弁のスタイルをとっていることも興味深い。ここでは、台湾最大の機械工業企業である六和集団と日本のキリウによる合弁企業の六和桐生機械有限公司を取り上げていくことにする。

織物産地から生まれた自動車部品メーカー

日本側のキリウの前身である桐生機械は、織物産地であった群馬県桐生市で1906 (明治39) 年に設立されている。織物準備機械の製造に従事していた。1913 (大正2) 年には、鋳造品製造の部門にも参入している。さらに、1937 (昭和12) 年には工作機械の製造にまで踏み出していった。日本の多くの工作機械メーカーは、繊維機械、鉱山機械の修理、製造から入った場合が多いが、キリウは、戦前期の桐生織物産地の繁栄の中で興味深い歩みを示してきたのであった。

戦後は、60年から自動車部品の領域に入り、66年からは日産グループの各社と取引を開始している。68年には栃木県足利市に自動車部品工場を建設、次第に足利が拠点になっていった。73年には山形県最上郡舟形町に進出、78年に伊勢崎市にキリウ興産を設立している。また、このキリウ興産から工作機械部門を切り離し、キリウテクノとしている。その結果、キリウの国内のフォーメーションは、自動車用鋳造部品製造、部品加工の足利の本社工場、各種工作機械、

フォークリフト用キャリッジ、各種アタッチメントを製造するキリウテクノ、本社工場と同様の自動車用鋳造部品製造、部品加工のキリウ山形、ホットブリケット製造、各種保険代理業務のキリウ興産という布陣になっている。

海外展開は、94年にメキシコでの資本参加に始まり、その後は、台湾に桐生技術（台湾）を設立（2000年に解散）、98年にインドネシアで資本参加、2001年にはアメリカのケンタッキーでキリウUSAを設立した。現在動いている海外工場は、各種鋳物部品を製造するインドネシア工場、部品加工に従事するキリウUSA、そして、ここで検討する中国広東省花都の六和桐生機械、そして、建設中のタイ工場ということになる。

キリウ全体としての製造品種は、一つはブレーキローター、ブレーキドラム、オイルポンプ、シリンダーブロック、フライホイール、プーリーといった自動車部品、スクロールコンプレッサー、ハウジングなどの空調機部品、一般機械部品等である。

特に、目指すところは、一つに、世界屈指のブレーキドラム、ブレーキローターの専門メーカーであること、二つに、オートマチック・トランスミッションのオイルポンプ専門メーカーになること、三つ目に、高品質、低コストのダクタイル鋳鉄メーカーになること、とされている。

取引先は、過去の経緯から日産の比重が高いが、その他としては、富士重工、スズキ、ホンダ等の完成車メーカー、JATCO、日産工機、リズム、フジユニバンス、キーパー、住友電工ブレーキシステムズ、曙ブレーキ等の自動車部品メーカー、さらに、ダイキン、日立空調システム、三洋電機等の空調機メーカーなどとなっている。

なお、日本のキリウの従業員規模は700人ほどとされている。

六和の鋳造、キリウの機械加工を組み合わせる

中国展開については、日産からの強い要望があった。当初、ためらっていたのだが、他方で、中国市場が急拡大の様相を示しはじめたこと、また、日産、ルノーが「グローバル調達」の方針を強めてきたことから、2004年になり、急遽、中国進出を決定した。中国経験が乏しいことから、ブレーキドラム、ブ

レーキローター等に関心を抱いていた台湾の六和機械との合弁に踏み込み、2004年4月、資本金1200万ドル、六和機械（55％）、キリウ（45％）による合弁で六和桐生機械有限公司を花都汽車城の中に設立した。六和は裕隆との付き合いが深く、このような流れとなった。この間、六和が現地との交渉の前面に立ち、スムーズに進められた。

六和機械とは台湾最大の機械工業集団であり、フォードと合弁で自動車も生産している。日本企業とはトヨタとの関連が深く、早い時期から江蘇省の昆山でアルミホイールの工場などを展開していた3)。現在では、六和グループの中国工場は25工場にのぼっている。大陸の鋳造工場だけでも7工場を数えている。

2005年5月には工場建設開始、同年10月には機械加工工場が竣工、2005年11月には生産を開始している。敷地面積は7万3800m²、建物面積は加工工場4640m²、鋳造工場は1万1700m²となっている。従業員は2006年6月までは85人であったが、鋳造工場がスタートした2006年7月からは130人体制になっていた。

製造品目は、一つに、東風日産のサニー、ティアナ用のブレーキドラムの生産であり、2005年は27万個（クルマ1台に4個）を生産した。2006年は42万個、2007年は72万個が予定されている。二つ目は、ブラケットであり、日産のグローバル調達に呼応し、北米を除く日産の全てに供給することになる。年産31万個（クルマ1台に1個）からスタートする。三つ目は、フロント部品のナックル・ステアリクングであり、アジア地域向けに年産40万個を計画している。なお、東風日産の花都工場のティーダのブレーキドラムに関しては、天津の六和が入れている。六和桐生は、花都のサニー、襄樊のティアナという分担になっていた。

現在、花都の六和機械には日本人2人、台湾人6人が駐在している。六和が鋳造、キリウが機械加工を見ている。さらに、品質は日本側、労務は台湾側、そして、資金は出資比率に応じて日、台が分担している。

本格的な鋳造工場と機械加工工場の編成

2006年7月にスタートしたばかりの鋳造工場は投資額20億円という本格的な

写真3―9　六和桐生の鋳造工場

ものである。造形ラインは日本の新東工業、砂処理設備は台湾新東、熔解設備（3基）はアメリカ製、中子造形機（9台）は台湾製とアメリカ製などとなっていた。この鋳造設備ができるまでは、鋳物は福州六和から入れていた。なお、造形ラインはもう1ライン増設する予定になっていた。現状の能力はラインあたり月1万8000個とされていた。また、金型は上海の日系メーカーから入れていた。

　ドラム、ローターの機械加工ラインは、4ライン。マシニングセンター（MC）、NC旋盤（4台）、穴あけ機、塗装機、計測器から編成され、1ライン3人で運転されていた。鋳造品の旋盤加工から始まり、バランス測定、マシニング加工、穴あけ、鋳造面の仕上げ、刻印、精度の計測、マーキング、洗浄、塗装がライン化されていた。これらの設備のうちで日本製は塗装機械、その他は台湾製が採用されていた。

　現状、ドラム、ローター用の機械加工工場と鋳造工場が動き、さらに、ナックルステアリング加工の工場は2007～2008年に建設される予定になっていた。

　ブレーキドラムに関しては、元々、キリウの得意とするものであり、鋳造技術の安定化技術、導入設備もキリウが担当した。それ以外の製品は、キリウと六和の技術を総合するものとして推進されている。

写真3—10　六和桐生の機械加工工場

　また、鋳造工場の新入社員の教育研修に関しては、福州六和、昆山六和に依存している。六和グループの中国進出の経験は深く、キリウはそれに多くを依存しながら立ち上がったと言ってよい。
　また、ようやく鋳造から機械加工までの流れができ始めたことから、次のターゲットとして、他の外資系企業への関心を深めているのであった。中国経験の深い台湾企業と組むことにより、興味深い流れが形成されているのであった。

(6)　シートメーカーの進出（タチエス）
　クルマのシートは搭乗者に安全性と快適性を提供する重要保安部品として位置づけられている。世界的にはアメリカのリア（LEAR）、JCI、フランスのフォレーシア、ベルトランフォール、日本のトヨタ系のアラコ（旧、豊田紡織）が抜け出ている。5番目以降は混戦状態であり、当面、タチエスは第8位あたりに位置している。
　日本ではシートメーカーは完成車メーカーの系列下にある場合が多いが、タチエスは異色であり、トヨタ、日産、ホンダ、三菱、マツダをはじめ国内有力7社と取引する独立系部品メーカーとされている。

2006年3月期の売上高は連結で2108億円、従業員数は連結で3709人、単独で1273人を数えている。

独立系部品メーカーとして展開
　このタチエスの創業は1954年、東京都立川市に立川スプリングを設立している。59年には昭島市に移転。以後、シート専門メーカーとして歩んできた。69年には青梅工場、77年には安城市に愛知工場、80年には入間市に武蔵工場、82年には栃木工場、平塚工場、84年には鈴鹿工場、さらに、2000年には横須賀に追浜工場と建設を重ねていった。国内7工場体制をとっている。まさに、日本の自動車工業の発展に歩調を合わせるものであった。
　海外進出も早く、86年にはアメリカのミシガンに進出、現在ではアメリカ5工場、メキシコ3工場、中国4工場を編成、さらに、フランス、イギリスのシートメーカーのいくつかに資本参加している。また、世界のシートメーカーとも幅広く技術提携を重ねてきた。
　シートはかさばることから、完成車工場の近くに立地することが不可欠である。また、近年、モジュール化が求められているが、シートは金属部品、ウレタン、表皮など約400部品から構成され、従来からモジュール化されて完成車組立ラインに投入されていた。さらに、重要保安部品として指定されていることから、完成車メーカーとの関係は長期にわたる場合が少なくない。
　日本の自動車部品メーカーの多くは系列化されているため、独自の判断で先行的に海外に進出するケースは非常に少ない。親企業の進出に追随していくことになる。そのような意味で、最近になって親企業が中国進出の構えを強めたため、系列部品メーカーもようやく中国への関心を高めているという段階であろう。電気・電子の部品メーカーは90年の頃から中国進出を開始しているが、自動車部品関係の進出が本格化し始めたのは2000年を過ぎてからである。早い段階から進出し、一定の成功を収めたケースとしては、89年にスタートしたトヨタ系の上海小糸ぐらいではないかと思う[4]。

タチエスの中国展開

　この点、独立系のタチエスは、95年にトラック、バス用シート生産を目指して地元国有企業との合弁（上海泰曄汽車座椅有限公司、投資額1600万ドル）で進出している。だが、この合弁は思い通りには進まず、2～3年前に閉鎖している。タチエスは大きな授業料を払ったことになろう。このような苦い経験はあるものの、2000年代に入ってから一気に4カ所の合弁工場と上海事務所（2001年3月）を設立している。90年代中頃までと2000年代に入ってからとでは、自動車産業をめぐる環境は劇的に変わってきたのであった。

　体制を建て直しての中国展開の第1号は、2001年3月設立の西安秦泰汽車座椅有限公司であり、その後、鄭州泰新汽車内飾件有限公司（2001年7月）、江蘇厰太倉の泰極汽車内飾（太倉）有限公司、そして、2004年11月には花都汽車城に広州泰李汽車座椅有限公司を設立している。西安は従業員100人規模でローカルメーカーを対象にしている。鄭州は進出している日産（ピックアップ）向けであり200人規模である。太倉は300人規模で日本向けの縫製を中心に行っている。そして、花都は当然、東風日産向けであることは言うまでもない。

　広州泰李汽車座椅（TACLE）の資本金は800万ドル、投資総額は2000万ドルとなる。出資者はタチエス（51％）、東風LEAR（40％）、それに台湾の信昌

写真3―11　タチエスの工場内部

(9％)となっている。LEARとは世界市場で競合しているが、パートナーの関係も形成している。また、信昌は2次サプライヤーの位置にあるが、次第に1次サプライヤーとして育ちつつある。この3社はグローバルに交流を重ねてきた。

2005年8月に工場は竣工。その後、設備の据え付け、試運転を重ね、本格稼働は2006年6月以降となる。年生産能力は当面、完成車20万台分、2～3年後には30万台をイメージしていた。また、本格稼働後の従業員は約250人になる。

4社による「シート城」の形成

なお、約400点の部品から構成されるシートの場合、当然、部品の調達がカギになる。現地調達の難しいものは日本から送り込むが、基本的には中国国内での調達を進めていく。金属部品、発泡スチロール、表皮の三つのうち、金属部品は日系、ローカルを含めて、ほぼ現地調達が可能。表皮のうち、革は近間に後に検討する（2—（5））北洋が以前からホンダ向けに進出しており、そこに依存する。繊維については日系のメーカーが近くに進出しているのだが、現状、まだ不十分との判断であり、2年後ぐらいを期待している。

なお、このタチエスの場合、関連部品メーカーを帯同する興味深い展開に

写真3—12　タチエスの従業員の研修風景

なっている。当初、花都汽車城の11.7haの一体の用地を取得することで進め、その中でタチエスは5.3haを取得した。そして、残りの用地には関連部品メーカー3社を呼び込んでいく。

第1は、日本で資本提携している静岡県湖西市の富士機工であり、2haの土地を割り当てた。富士機工は台湾企業と合弁し、ここでタチエス向けの金属部品を生産する。

第2は、川越のTQ1（東洋クォリティワン）であり、1.2haの用地を割り当て、ウレタンの供給をしてもらう。この2社はすでに操業している。

第3番目は2006年3月現在、未操業だが、土地を1ha割り当て、表皮の縫製に従事してもらうことになる。なお、この企業は日本のタチエスの100％出資（泰極［広州］汽車内飾有限公司）となる。

本格操業後は、この4社で東風日産向けのシートを生産していく。この4社は一体の用地の中にあり、最適な物流システムを形成することになる。いわば「シート城」ということになろう。

2000年代に入り、中国の自動車産業をめぐる環境は劇的に変わってきた。中期的には過剰生産の懸念はあるものの、明らかに一つの階段を登り、外資企業が不安なく操業できる時代になってきた。かつて上海で辛酸をなめたタチエスも、2000年代に入り新たな可能性を深く実感し、興味深い取り組みに踏み込んでいるのである。

（7）　台湾部品メーカーの進出（吉昇機械）

台湾は人口約2300万人、域内の乗用車市場は60万台程度（近年は台湾人の大陸移住により市場は縮小、40万台程度に減少している）であるのだが、自動車の完成品メーカーが10社ほどひしめいている。大半が日系自動車メーカーとの合弁で推進されてきた。三菱自動車が資本参加（20％）している中華汽車、日産が資本参加（25％）している裕隆汽車などが知られる。特に、日産の裕隆との関係は1953年に遡るとされている。日産と裕隆の付き合いは50年以上にわたることになる。

ただし、台湾ではわずか60万台市場にもかかわらず、輸入車の比重が3分の

1程度を占めるとされ、トップメーカーでも年産10万台前後しか作れていない。裕隆にしても年産12万台程度で推移しているのが実態である[5]。台湾だけにとどまっている限り、大きな飛躍は期待できない。特に、90年代に入ってから、台湾の軽工業品、電気・電子関係、IT関連部門はいっせいに大陸に展開し、飛躍的な発展を勝ち取ったのだが[6]、自動車関連部門はその恩恵に預かることができなかった。

台湾裕隆を追って大陸進出

このような事情から、90年代中頃以降、水面下で興味深い動きが開始されていた。一つは、三菱関連の中華汽車と福建省福州の福州汽車との合弁事業の東南汽車（95年設立）であり、三菱モデルのクルマ4車種を現地ブランドで生産している。もう一つは、先の第3章で見たように、日産関連の裕隆であり、2000年の頃から東風汽車が資本参加する広州の風神汽車と技術提携し、風神1号という日産のブルーバード・モデルを生産していた。2000年11月には、この技術提携が裕隆の資本参加に発展していく。

このような流れの中で、台湾の裕隆関係の部品メーカーも広州花都に進出していくことになる。この花都汽車城のエリアの中だけでも、台湾系の部品メーカーは、ここで検討する東昇機械の他にも、六和桐生、南條全興、河西工業、富士機工など8社が確認される。これらのうちの5社は台湾と日本企業との合弁である。

この東昇機械は、台湾の吉昇機械（60％）、東風汽車の全額出資の深圳の東風置業（40％）の合弁企業であり、2002年6月に設立されている。董事長は東風側、副董事長は吉昇側、総経理は吉昇側、副総経理は東風側とたすき掛けの形になっている。

吉昇の設立は69年であり、三十数年にわたり台湾裕隆の部品サプライヤーとして働いてきた。事業分野としてはプレス、部品の熔接であり、車体の構造部品の生産に従事していた。2000年前後からの主力ユーザーである裕隆の広州への進出に伴い、2002年という段階で広州に進出している。日産の進出よりも早い段階の出来事であった。

だが、その後、東風日産が成立、動きが本格化し、生産台数も2005年には16万台レベルに上がってきている。すでに、当方も台湾の本体よりも事業規模が大きなものになっている。なお、東昇の東風日産への依存は80％程度であり、一部は他のメーカーの仕事を受け入れている。その結果、台湾の吉昇の従業員約200人に対し、花都の東昇は272人を数えるものになっているのである。
　さらに、湖北省の襄樊にも分公司を出し、160人規模で花都と同様のプレス部品を生産している。また、上海にも上海吉昇を設立し、そこでは180人規模でアメリカのアフター部品市場を対象にした機械加工工場を展開している。大陸事業は従業員規模で見て600人を超えるものとなってきたのである。狭い台湾に閉じ込められてきた部品メーカーも、ようやく大陸に新たな可能性を見出したということであろう。

大型プレスが展開する職場

　ところで、この花都汽車城の東昇機械、台湾人は総経理1人だけ、また、東風側から工場長以下3人が派遣されている。一般的に、台湾企業の場合は、台湾本社のオーナー経営者かその親族が駐在する場合が多いのだが、東昇の場合は、オーナーとは縁戚関係のない人物が総経理に就いていた。オーナー経営者

写真3—13　東昇機械の大型プレスライン

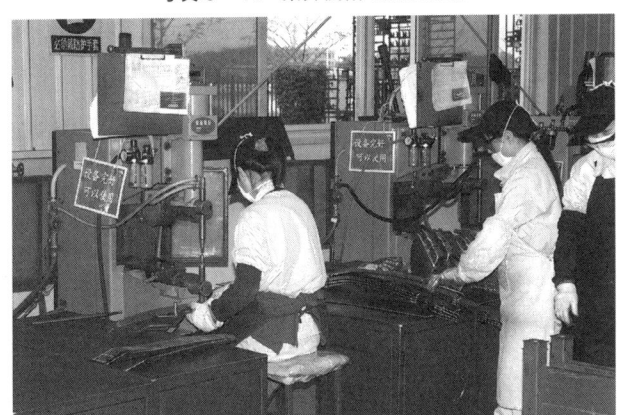

写真3—14　東昇機械の熔接職場

は月に1回、1週間ほど滞在している。主力取引先が東風日産に固定していることからオーナー自身が常駐する必要を感じていないのかもしれない。

なお、この東昇の生産現場はなかなか見応えがあった。台湾製の1300トンプレスが1台、800トンが2台、600トン2台が連結され、ボディ部品をプレスしていた。その他のプレス機としては、250トンから16トンまでが28台、熔接機はロボット熔接機4台をはじめ38台が編成されていた。材料の鋼板は東風日産の指定材だが、上海の宝鋼製が多かった。なお、ボディのプレス金型は日本の富士テクニカ製が使用されていた。

大型のプレス金型以外の金型は、内製が80％、ローカルが20％ということであったが、金型職場を観察する限り、補修もどうかというレベルの設備体制であった。おそらく、内製部分は台湾から持ち込んでいるのであろう。アメリカ製の三次元測定器（Status）は恒温室に設置されていた。工作機械群は、アメリカ製のタテ型マシニングセンター（MC）が1台、その他は中国製の汎用の円筒研削盤（雲南第2機床廠）1台、平面研削盤（杭州機床廠）1台、その他国産のフライス盤1台、ワイヤーカット放電加工機2台という編成であった。

金型部門の将来

近々、敷地内に金型工場を設置するとのことだが、相当の設備改善が必要に思えた。先方の意識としては、800mm以下の金型は内製できるが、ボディ用の800mm以上の大型ができない。その部分で日本の金型メーカーと技術提携、合弁をしたいと言うのであった。日本でも、そのレベルの金型を作れるのは、「世界の」オギワラ、宮津、富士テクニカなどに限られている。彼らが東昇に関心を抱くのは難しい。

当面、東昇が向かうべきは、中小型の金型の領域で、設備改善と日本の中小のプレス金型企業と交流し、技術力アップを図ることではないかと思う。

台湾の裕隆が突破口になり、台湾の部品メーカーにもようやく大陸での新たな可能性が見え始めた。東昇の場合は、今後、金型技術のレベルを上げ、東風日産の枠の中での位置をより明確にし、さらに、中国市場の中で新たな可能性を模索していくことが求められているように思う。

なお、2006年7月現在、花都汽車城には、基幹的な部品にかかわるメーカーとしては、以上の他に、ゴム部品の西川ゴム工業、内装部品の河西工業、電子制御系の日立ユニシアなどが操業を開始しているのである。

2. 関連部門の集積

以上のような基幹的な部品メーカーが集積を開始すると、それに伴ってさらにそれを支える関連企業群も集まってくる。その典型は材料部門であり、また付帯の加工部門等であろう。その場合、先の節で見たタチエスのように加工部門を帯同してくる場合もあるが、発展が見通されるならば、新たな事業機会を求めて、多くの加工部門が集結してくるであろう。

この花都の場合は、第2期計画で日本の中小企業を大量に呼び込む貸工場計画もあり、今後、興味深い集積を形成していくものと見られる。ここでは、材料部門としてコイルセンターとシート用皮革材料、そして、クルマのキー、把手などに展開している企業、さらに、一次協力企業に追随してきた企業に注目

郵便はがき

169-8790

260

料金受取人払

新宿北局承認

3362

差出有効期限
平成19年7月
○日まで

有効期限が
切れましたら
切手をはって
お出し下さい

東京都新宿区
西早稲田三―一六―二八

株式会社
新評論
読者アンケート係 行

読者アンケートハガキ

名前		SBC会員番号	年齢
		L　　　　番	

住所
〒　　　　　　　）　　TEL

職業（または学校・学年、できるだけくわしくお書き下さい）

E-mail
所属グループ・団体名　　　連絡先

本書をお買い求めの書店名
　　市区　　　　　　　書店
　　郡町

■新刊案内のご希望　□ある　□ない
■図書目録のご希望　□ある　□ない

- このたびは新評論の出版物をお買上げ頂き、ありがとうございました。今後の編集の参考とするために、以下の設問にお答えいただければ幸いです。ご協力を宜しくお願い致しま

本のタイトル

- この本を何でお知りになりましたか
  1. 新聞の広告で・新聞名（　　　　　　　　　）2. 雑誌の広告で・雑誌名（　　　　　　）3. 書店で実物を見て
  4. 人（　　　　　　　　）にすすめられて　5. 雑誌、新聞の記事で（その雑誌、新聞名　　　　　　　　　）6. 単行本の折込チラシ（近刊案内『新評論』で）7. その他（

- お買い求めの動機をお聞かせ下さい
  1. 著者に関心がある　2. 作品のジャンルに興味がある　3. 装丁がよかったので　4. タイトルが良かったので　5. その他（

- この本をお読みになったご意見・ご感想、小社の出版物に対するご意見があればお寄せ下さい（小社、PR誌「新評論」に掲載させて頂く場合もございます。予めご了承

- 書店にはひと月にどのくらい行かれますか
  （　　）回くらい　　　　　書店名（

- 購入申込書（小社刊行物のご注文にご利用下さい。その際書店名を必ずご記入下

書名	冊	書名

- ご指定の書店名

書店名	都道府県	市郡

していくことにする。

(1) 商社系コイルセンターの展開（伊藤忠丸紅鉄鋼）

日本の独特の存在とされる「総合商社」は、世界の至る所に進出し、日本企業進出の露払い的役割を演じてきた。その役割は、産業情報、政治社会環境情報の収集から始まり、ビジネス環境の整備、貿易、投資、開発輸入、そして、ファイナンス、債権回収に至るまで実に多種多様な仕事に従事してきた。

伊藤忠商事、丸紅は、その中でも果敢に途上国に乗り込み、多くの成果を上げてきたといってよい。

コイルセンターの事業

その伊藤忠と丸紅の鉄鋼部門の中でも、特に、新日鉄とJFEのコイル材を扱うものとして、2001年10月、両社の当該部門が合併、新たに伊藤忠丸紅鉄鋼が形成された。これは、両社の全体的な統合に向けての第一歩とされた。全世界に展開しているコイル事業部門は約100事業所。それらを統括する本部は東京に置かれた。

また、コイル材の中国事業に関しては、旧伊藤忠、旧丸紅時代の事業所が5カ所あったが、それらは上海に置かれた統括会社（傘型企業）の伊藤忠丸紅（上海）に管轄されるものとなった[7]。その5カ所とは、大連、上海周辺3カ所（松江、嘉興2カ所）の電機向けのコイルセンターに加え、もう一つ、上海の台湾企業との合弁でモーター関係の企業である。

以上のような枠組みの中で、2004年4月、広州紅忠汽車鋼材部件有限公司が設立されていく。伊藤忠、丸紅の鉄鋼部門が統合されて以降、2社目の事業会社となった。資本金は530万ドル、伊藤忠丸紅鉄鋼の100％出資、敷地面積5.8ha、建物面積6500m²、倉庫の保管能力2万5000トンである。機械設備はスリッター1台とクレーン5台のみ。加工能力は月8000トンとされている。スリッターの能力は、板厚0.6〜6.0mm、外径900〜2000mm、幅450〜1600mmまでというものであり、自動車鋼板用となっている。

実際の稼働は2005年4月からであり、従業員60人（事務関係20人、工場関係

写真3―15　紅忠のコイル材の在庫

40人）体制をとっている。日本人は4人である。加工能力8000トン／月に対して、2006年3月段階の実際の加工は月2000～3000トンにとどめられている。ユーザーの大半は東風日産関連（ユニプレス経由が多い）であり、急激に拡大しているとはいえ、能力に対して現状の30％前後の稼働では苦しい。東風日産がフル稼働の50万台レベルになって、鋼板の使用量は年間8～9万トンということになる。それにはしばらくの時間が必要なようである。

　また、倉庫は2万5000トンの保管能力があるが、現状では2カ月分にあたる5000～6000トンが保管されている。この2カ月分の在庫とは、中国のコイルセンターの標準的な水準とされている。

しばらくの時間が必要

　なお、この華南地区にはコイルセンターは日系だけでも10社以上ある。台湾系、香港系、ローカルの上海宝鋼系などを合わせると20社以上になる。日系ユーザーは日系のコイルセンターを使うなど、一応の棲み分けはされているが、競争は激しい。華南地区のコイルセンターの多くは、これまでのこの地区をリードしてきた家電、OA機器関係を視野に入れたものだが、ここに来て自動車用鋼板をスリットする設備を導入し始めている。逆に、当社は優遇措置の

写真3—16　ユニプレスとは道を挟んで隣接

あった「自動車専用」という契約で進出しているため、自動車用鋼板以外を扱うことができないという制約がある。

　このあたりも当社の苦しいところであろう。全世界の伊藤忠丸紅鉄鋼のコイルセンター約100社の中で、利益の上がっていないところは当社を含めて2～3社とされている。業績が上がるにはいましばらくの時間が必要なようである。

　用意されているコイル材は、ユーザーの指定によるものであり、当面は日本の新日鉄、JFE、神戸製鋼所、さらに韓国の浦項(ポスコ)が中心であるが、次第に上海の宝鋼製などに現地化していくことが予想されている。現実に、東風日産のサイドでは、現地材の検討が行われており、2006年後半からは採用されていく可能性が高い。

　ユーザーは、ユニプレスが70～80％、その他は東風日産本体、さらに、一部はホンダ系の部品メーカー（月400トンほど）となる。トヨタが広州市の南沙に進出しているが、花都からは1時間ほどの距離であることから、トヨタ系部品メーカーにも積極的に営業をかけていく構えであった。

　なお、主力のユニプレスは道路を挟んで隣りにあり、カンバンに従い、ほぼ1時間に1回、必要な量をフォークリフトで搬入している。したがって、ユニプレスはコイル材の在庫はゼロとなる。24時間体制で応じている紅忠は、あた

かもユニプレスの倉庫の役を任じているようである。こうした点から、在庫に伴う金利分はユニプレスにみてもらっていた。

進出日本企業の人間模様

この紅忠には4人の日本人がいた。董事兼総経理の藪内茂行氏（1958年頃の生まれ）、副総経理の中野裕士氏（1972年生まれ）、工場長の平山邦昭氏（1944年生まれ）、そして、現地採用の若い女性であった。これらの人びとからは日本企業の現地でのあり方が浮き彫りにされる。

藪内氏は80年に丸紅に入社、鉄鋼一筋で来た。総合商社の社員は若い時期に専門領域を決められて仕事に向かう。このプロジェクトは彼の部下が構想したものだが、一転して、藪内氏が現地の責任者として建設中の2004年8月から駐在している。人事異動はほぼ4年ローテーションであり、「東風日産次第」と言いながら、あと2年ほどの間に見通しをつけていかなくてはならない。

34歳の中野氏は96年に伊藤忠に入社、伊藤忠丸紅鉄鋼成立時に転籍している。初めての海外勤務が花都となった。事業的には苦しいが、ゼロからのスタートとなるこの事業の経験は、彼の将来につながるのではないかと思う。

平山氏はNKK（神奈川）の冷間圧延部門の技術者として働いていた。その後、54歳の時に出向で群馬のコイルセンターに出る。すでに、この時期、群馬への転勤時に夫人を帯同していた。60歳で定年を迎える頃、藪内氏の先輩から「遊んでみないか」との誘いを受け、2004年の8月の頃から毎月花都の建設現場を訪れ、2005年1月から工場長として常駐している。子供2人は横浜に残り、夫人は花都に来ている。現在、花都には中高年の日本人女性は3人しかいないようだが、夫婦共に問題なく生活している。シニアの生き方としてまことに興味深い。

もう一人の社員は30歳前後の若い日本人女性で、中国で語学を学んだ後、現地採用されている。月1万元ほどの給料ということであった。現在、中国のアチコチで元気な若い日本人女性が活躍しているが、そうした方の一人とお見受けした。

このように、新たなうねりを引き起こしている花都の汽車城の中に、多様な

思いを抱いた日本人が興味深い生き方を見せているのであった。

（2） 宝鋼のコイルセンターを形成（三井物産）

　90年代の中頃から、日本では軽量化、環境対策の必要性から、板厚の異なる鋼板を熔接し、それをプレスするという方式が採られていった。TWB（テーラード・ウェルディング・ブランキング）という方式であった。2002年9月の東風汽車と日産の包括的提携を受けて、TWBを中国でも行いたいとの意向の下で、2004年3月、花都汽車城にて、三井物産が2haの土地を取得し、100%独資で設立した。600m²の工場を建設、2005年にYAGレーザーによる熔接工場をスタートさせた。設備は日本のエイチアンドエフ（日立造船＆福井製）のものであり、0.65mmの鋼板の熔接が可能というものであった。なお、この熔接機の本体部分はドイツのトルンプのものを使っている。

　他方、三井物産は中国で宝鋼と全社ベースでの合作を推進しており、中でも、各地にコイルセンターを展開してきた。上海、杭州、青島、福州、重慶の5カ所に展開してきた。

　さらに、宝鋼が花都の東風日産に関心を深め、花都においては宝鋼のコイル材を三井物産が独占的に扱うということになり、事態は急転していく。

　早速、増資が行われ、資本構成は宝鋼65%、三井物産35%という形に切り換わり、現在の社名に変更される。そして、2005年には7000m²のスリッター工場が建設され、日本製のスリッターも投入された。レーザー熔接工場から一転して宝鋼のコイルセンターとなった。2006年4月には熔接工場も倍増し、設備も追加された。さらに、2006年8月には、ドイツ製のレーザー切断機も導入することになっていた。

　宝鋼とすれば、この花都から広州全体の自動車産業の高まりに関心を深め、一気に乗り込んできたということであろう。ただし、2006年7月現在では、TWBに使用される材料（月間、400トン）は日本の新日鉄、神戸製鋼所のものである。スリッターで切断される部分は月間3000トンほどだが、宝鋼材は2000トン、その他の1000トンは日本材である。この宝鋼の多くはエアコンのケース等に使用されているのが実態である。

写真3―17　三井物産と宝鋼の合弁

写真4―18　宝井の切断工具

　2006年7月現在の従業員は68人、レーザー熔接と鋼板のスリット事業に振り分けられている。2006年末には従業員規模は100人になる見通しであった。
　現在、三井物産からは、総経理、工場長、営業の3人、宝鋼からも3人が派遣されていた。かなり集中力の高い事業が推進されているように見えた。
　ユーザーである東風日産からすれば、鋼板の現地化要請は強く、現在、検討

中であり、2006年の後半には採用される見通しである。現在、すでにユニプレス、東昇機械、東風日産本体にも納入が始まっており、今後、一気に拡大していく可能性が高い。

　宝鋼の鋼板については、花都地区ではこの宝井が独占することになり、先の紅忠との間で激しい競争が繰り広げられそうである。それは、日本の総合商社間の競争であると同時に、中国市場をめぐる日本、韓国の鉄鋼メーカーと新興の中国の鉄鋼メーカーとの競争である。今後、どのような採用のされ方をするのかは、市場が決めていくことはいうまでもない。

（3）　キー・メーカーの進出（アルファ）

　以上のような鋼板などの材料部門に加え、付帯の関連する部門のメーカーも進出してくる。2000年代に入って、中国の投資環境も劇的に改善され、これまで逡巡していた日本の中堅どころの特色のある企業群も、続々と広州、花都に参集してきている。

　ここで検討するアルファは、大正時代に創業した南京錠の名門であるが、その後、自動車のキーセット、サイドハンドル（把手）等の領域で興味深い発展を示し、独立系メーカーとして世界に、そして、広州花都に着地したのであった。

　2006年3月期の連結の売上高は480億円、従業員数は連結では1994人、単独では581人となっている。国内の従業員は600〜700人ほどを数えている。

特殊領域で独立系部品メーカーとして展開

　アルファの前身である国産金属工業は東京大田区の梅屋敷で、1923（大正12）年に創業している。建築金物、南京錠の生産販売を開始した。当時、鍵は注文生産であったのだが、国産金属はシリンダー錠を量産し、金物店に卸すという画期的なビジネス・モデルを展開し、大きな成功を収めた。さらに、1933年、ダットサン誕生時に国産初の自動車用キーとして採用されていく。この自動車への採用が、その後のアルファの方向を決定していった。また、64年には日本で初めてコインロッカーを開発し、JR新宿駅に設置した。この「コイン

ロッカー」という商標は、現在では普通名詞になっているのである。アルファは長い歴史の中で、興味深い歩みを示してきたのであった。

現在の主力の事業分野は、自動車関連65％、建築金物、ロッカーである。また、自動車関連の主要製品は、キーセット、アウトサイド・ハンドル、インサイド・ハンドルの三つの製品領域である。

90年には現在の社名のアルファに変わり、2004年には東証第二部に上場、さらに、2005年には東証第一部に移った。本社は93年には現在地の横浜の金沢工業団地に移転している。横浜本社は研究開発機能を保有しており、200人ほどで構成されている。また、国内の工場は、群馬県館林に2工場、山梨の南アルプス市、さらに、九州日産対応のための福岡県行橋市にも保有している。これらの中で、メイン工場となるのは館林工場であり、従業員規模も中南米人の派遣社員を含めて500人を数えている。

また、海外工場としては、アメリカ（87年）、タイ（98年）、韓国（技提、2001年）、メキシコ（2002年）、そして、2004年には、広州花都の汽車城に展開している。

主要取引先としては日産の比重が高いが、独立系部品メーカーとして、日産系以外にも、ホンダ、いすゞ、三菱自動車、富士重工にも納入している。アルファは自動車関連の特殊領域で興味深い発展を示したということであろう。

即断で進出決定、急拡大を確信

タイ、韓国とアジア展開を重ねたが、日本もタイも特にメッキが忙しくなり、中国市場も視野に入れながら進出を検討していった。当初から広東省と見定め、広州の花都、南沙、あるいは中山と考えて調査を進めた。南沙は「メッキはダメ」と言われて断念した。中山を考えたが、地盤が悪く、水質にも問題があり諦めた。花都は主力の日産が近い上に、日本で親しい企業も多かった。2004年6月に初めて訪れ、8月には進出を決定、8月31日には進出の仮調印、10月には設立登記まで進んだ。資本金は2200万ドル、アルファ90％、丸紅輸送機10％の日本独資とした。総投資額は4000万ドルを計画している。敷地面積は7ha、建物は3期に分けて総面積2万7000m^2となる。

写真3—19 アルファのメッキ工場

写真3—20 アルファのメッキプラント

　2004年12月には起工式、2005年7月には第1期工事が竣工、同年11月には日産の検査が通り、生産に入っている。2006年3月現在、第2期まで完成、第3期は2006年7月に完成予定である。
　最大の難関であったメッキに関しては、元花都区共産党副書記が広州市環境局長に就いており、大きな支援を得ることで実現に至った。それでも、メッキ

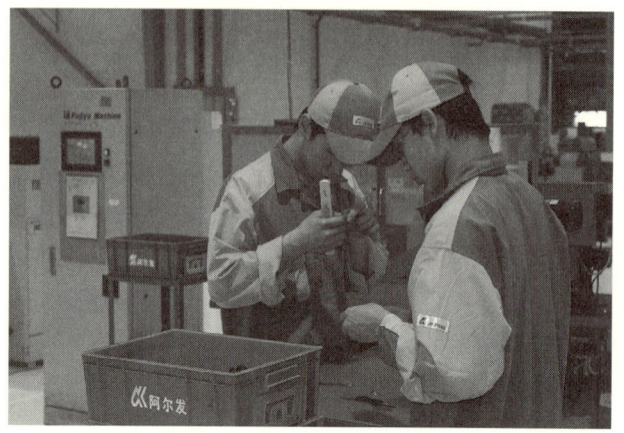

写真3—21　アルファの検査職場

の許可を得るまでには半年間ほどかかった。現状、日本もタイもメッキはフル稼働の状況であり、花都のプラントが軌道に乗ることが急がれている。

　ここまで、設備投資は15億円ほど実施したが、そのうち、メッキ装置（荻原ユージライト製）で7億5000万円、給排水装置2億5000万円ほどかかった。これだけの投資をしなければ許可にならない。

　キーセットは、ダイキャスト、キー溝切り、キー山切り、シャッター組立、タンブラー組立、総組立を経て出荷される。

　ドアハンドルは、ダイキャスト、あるいは樹脂成形で母材を作り、塗装、あるいはメッキを経て組み立てられる。特に、樹脂メッキについては、電気と薬品で表面をエッチングし、数ミクロンの穴をつけ、化学的にニッケルを付着させ、通電性を持たせて、銅、ニッケル、クロームでメッキしていくことになる。

　2006年3月現在、メッキ設備は試運転をしている。射出成形機は現在、4台だけだが、近々、上海の東芝機械製の電気式を36台まで増やしていく計画であった。

　2006年3月現在の従業員数は102人、日本人駐在は5人。近々、東風日産の新車が立ち上がり、また、ホンダの仕事が取れたことから、急拡大は必至であり、2006年4月には、日本人を2人増員し対応していくことになる。2006年の

売上高の予想は1億3000万元、2007年は2億4000万元、2008年は3億4000万元が確実である。2000年代に入って、中国進出日本企業も、このような見通しの立った仕事をすることが可能になってきたのであろう。不確実性の強かった90年代までのことを振り返ると隔世の感を抱かざるをえない。

協力企業を帯同進出

アルファは日本でもそうなのだが、基本的に一貫生産のスタイルを基本にしているが、金型、さらにプレス、ダイキャストの一部は外部へ依存している。例えば、金型は日本でも依存している石場金型が東莞に出ていることから、一部を任せている。石場金型は来料加工（広東型委託加工）の形で東莞に進出していたのだが、日本のユーザーでもあるアルファが花都に進出してきたことから、急遽、別会社の現地法人を設立し、その要求に応えている。

また、アルファの敷地の中には、日本から連れてきたプレスと亜鉛ダイキャストのメーカーが立地している。プレスは川崎の第一金属（現地名：華思特、従業員15人）、ダイキャストは葛飾区の星ダイキャスト（現地名：星光、従業

図3—1 アルファの完成予想図

員50人)である。これらの協力企業に関しては、アルファに限定することなく他の企業の仕事もとらせている。第一金属の場合は、ヨロズ、三池工業、ユニプレスなどの小物部品を引き受け、星ダイキャストの場合は、三洋電機の仕事を受注しているのである。

先のタチエスの場合は、帯同してきた3社はタチエスの用意した土地を取得し、自前で建物を建てたが、このアルファの場合は、アルファ側が用意した建物を借りて入居していた。いずれにおいても、まだ集積の途上にある花都では、協力企業の帯同進出が行われている。そして、このような形で進出してきた中小企業が、花都の地で力を蓄え、新たな方向に踏み出していくことを期待したい。そうしたところから、集積がさらに高度なものになっていくのである。

(4) 2次協力企業として進出(富士機工)

2006年7月現在、花都汽車城において自動車関連の2次協力企業の進出は少ない。アルファ関連の2社に加え、シートのタチエス関連の3社が観察される。花都汽車城の第2期計画では大量の貸工場が用意される予定であり、その頃には、2次、3次の協力企業が進出してくるものと見られる。

ここで取り上げる富士機工は、ステアリング、シート機構部品のメーカーであり、2次協力企業といいながらも東証一部上場の中堅企業であり、海外展開も活発であるなど、興味深い歩みを示している。

富士機工の輪郭

富士機工の前身である富士兵器は、1944年に静岡県湖西市の富士紡績鷲津工場を兵器工場に転換して成立している。戦時中は銃砲弾を製造していた。戦後の45年10月には、社名を現在の富士機工に変え、生産品目を機械及び器具類の製造とし、次第に自動車部品の領域に移っていった。

54年には日産との取引が開始される。このころから日産の協力企業としての色合いが強まっていくが、73年にはスズキ、そして、99年からはトヨタとの取引も開始される。現在の主要取引先は、日産、トヨタ、スズキ、ホンダ、三菱自動車、いすゞ、富士重工、日産ディーゼル等の完成車メーカーに加え、日産

車体、愛知機械、ジェイテクト（旧、光洋精工）、タチエス、JATCO、日本発条、ユニシアジャックス、しげる工業、NTN、カルソニックカンセイ、東海ゴム工業等、自動車部品産業に幅広く展開している。

むしろ、全体の傾向としては、日産系からトヨタ系に移りつつあるといってよさそうである。その最大の要因は、光洋精工が2006年1月、トヨタ工機と合併し、ジェイテクトとなり、トヨタ系への納品が増加していることによる。

主力の製品分野は、ステアリング部品（40%）、シート機構部品（35%）、残りはプーリー、ドライブプレート、ミッション部品等の機関駆動部品、シフター、アクセルペダル等のシフター部品の領域である。

国内の生産拠点は、本社工場の鷲津工場の他に、埼玉県本庄市の本庄工場（59年）、静岡県浜名郡新居町の新居工場（77年）、静岡県磐田郡竜洋町の竜洋工場（89年）にあり、関連子会社を全国に数社展開している。この国内の生産拠点で従業員規模はほぼ1000人を数える。

海外工場は、台湾（89年）、スウェーデン（89年）、アメリカ（92年）、インドネシア（96年）、アメリカ（2000年）、チェコ（2003年）、中国（2004年、協富光洋機械工業有限公司、厦門）、フランス（2004年）、ブラジル（2004年）、そして、2005年1月に広州花都汽車城に「広州富士機工汽車部件有限公司」を設立している。これらの海外工場の従業員数は全体でほぼ1000人に達する。

この間、99年にはタチエスと業務提携、資本提携、2001年には光洋精工（現、ジェイテクト）と業務提携、資本提携を結んでいる。なお、現在の富士機工の筆頭株主はジェイテクト（33.4%）であり、二番目がタチエス（24.4%）となっている。2006年3月期の連結の売上高は935億円、従業員数は、連結で2710人、単独で966人である。

ユーザーとの合弁で進出

中国への進出は、光洋精工に伴った2004年の厦門が最初だが、特に、2000年代に入ってからの中国自動車産業の発展に刺激されたこと、また、有力取引先であり、株主でもあるタチエスから広州花都への進出を要請されたことによる。タチエス1社では量が足りないが、近くにホンダ、トヨタも進出していること

写真3—22　富士機工の工場

写真3—23　富士機工の検査職場

から、意思決定に至った。最近の自動車産業については、米欧亜の3極に生産拠点を持たないと立ちいかないとの判断であった。全体的な傾向として、日本でユーザーと共同開発し、量がまとまれば海外進出という流れになっているようである。

　花都進出に関しては、ユーザーであるタチエスが先行的に進出しており、タ

チエスが確保していた花都汽車城の土地1万6664m²を取得、そこに、第1期分として4765m²の工場を建設した。広州富士機工の設立は2005年1月、資本金は500万ドル、出資者は富士機工（51％）、タチエス（34％）、上海明芳（15％）となった。なお、この上海明芳とは親会社が台湾の信昌機械であり、裕隆との関係も深い。また、上海明芳は上海で92年からシート機構部品の生産を行っている[8]。

　量産のスタートは2006年7月からということであり、私たちの訪問した7月初めには従業員の訓練が行われていた。事業分野としては、タチエス、及び中国国内、海外のシートメーカーにリクライニング、シートスライドの機構部品を提供することとされていた。当面の従業員数は40～50人でスタートするが、2007年末の軌道に乗った頃には185人が計画されていた。

　工程的には、プレス、ファインブランキングを行い、バネ、樹脂材、シャフトを熔接、カシメをして組み立てるというものである。そして、機能保証を加え、納品していくことになる。2006年7月現在では、日本人は3人駐在、タチエスから2人、富士機工から1人の陣容になっていた。

　以上のように、広州富士機工の活動はこれからだが、「シート城」と言われるタチエスとの一体的な立地の中で、今後、興味深い取り組みを重ねていくことが期待される。

（5）　独自進出のシート材料メーカー（ホクヨー）

　ホクヨー（広州北洋皮革製品有限公司）は、クルマ用シートの生産に従事し、花都の自動車産業集積において興味深い位置を形成している。広州北洋の設立は2000年8月、先行して広州に進出していた日本におけるホクヨーの親会社のミドリ安全が、新規事業分野として自動車に注目、広州ホンダ向けのクルマのシート生産を開始したことに始まる。

　ミドリ安全（本社：渋谷区広尾）とは、安全靴、ヘルメット、作業着等の安全衛生関係の用品を生産するトップメーカーであり、「働く人の安全と健康をトータルに考え、明るく豊かな社会づくりに貢献する」ことを掲げ、近年は、環境改善機器、健康医療機器、皮革製品製造などの領域にまで事業領域を拡げ

ている。

　このミドリ安全の前身は、1952年設立の安全靴製造の緑災害防具であった。50年前、この企業が経営悪化し、債権者会議で現在の会長である松村元子さんが若干30歳で経営を引き継ぐことになった。以後、再建はもとより、ミドリ安全は興味深い歴史を刻んでいくことになる。

ミドリ安全グループ

　現在のミドリ安全グループは、電子機器製造から環境まで実に幅の広い事業展開になっているが、主たる事業は大きく三つにまとめることができる。

　第1は、ヘルメット、メガネ等安全衛生防護具の領域であり、主として子会社の埼玉県加須市のミドリ安全用品で生産している。

　第2は、作業服等のユニフォームであり、埼玉県越谷に本拠を置く子会社のエムシーアパレルが中心になり、岩手県久慈市、石川県浅川町、さらに、広東省花都の広東東方友誼服装有限公司（1988年設立）、浙江省嘉興市海塩県の嘉興緑安全制衣有限公司（1995年設立）で生産している。

　第3は、安全靴等の皮革製品関連であり、68年に買収した山形市のホクヨーを中心に、皮革材料のブラジルのサンパウロのアトランティカ皮革工業（1973年に買収）、2000年設立の広州花都の広州北洋皮革制品有限公司から形成されている。

　現在、国内の従業員数は関連会社を含めておよそ1300人、海外は数千人の規模になっているのである。

　このミドリ安全の中国への進出の第一歩となったのが、88年設立の東方友誼服装であり、当初の株主はミドリ安全（35％）、西武百貨店（15％、その後、ミドリ安全が買い取る）、広東省紡織輸出入公司（25％）、地元の花都区新華鎮政府（25％）というものであった。従業員100人ほどでユニフォームを生産していた。経営期間は16年で契約されており、満了時の2004年、ミドリ安全は継続を放棄し、前花都区副区長であり、体調を崩し退職し静養中の謝東志氏[9]に譲っている。現在は謝氏の夫人が経営にあたっている。

　なお、この東方友誼服装からは、花都区の対日関係の重要な人物が育ってい

ることも興味深い。例えば、日本からの進出企業の誘致、その後のサービスを一人で取り仕切っている花都汽車城発展有限公司副総経理の揚美華さん、本書第4章―3―(4)で登場してくる広州雙鑽皮具製品の胡秋寶氏などが注目される。松村元子会長の「母の経営」の中で志を高められたのであろう。

そして、長年経営してきた東方友誼服装が収束する頃に、新たに広州北洋皮革制品を設立するのであった。

ブラジルと花都を連結して差別化

この日本のホクヨーの前身は、山形市の皮のなめしと紳士靴製造を行っていた。それをミドリ安全が68年に買収し、安全靴製造に転換させていく。現在でも300人規模を維持している。

また、73年のオイルショックは皮革原料の価格高騰、材料不足を招き、海外に原材料基地を保有しておくことの必要性を痛感させた。北米、南米を調査し、ブラジルに後継者のいない従業員150人規模のタンナー（皮のなめし業者）をみつけて買収、建て直しに入った。このブラジル企業の買収はしばらくはたいへんであったが、現在は立ち直り、従業員1300人規模となり、材料の直接供給先としてホクヨーの大きな差別化要因になっている。

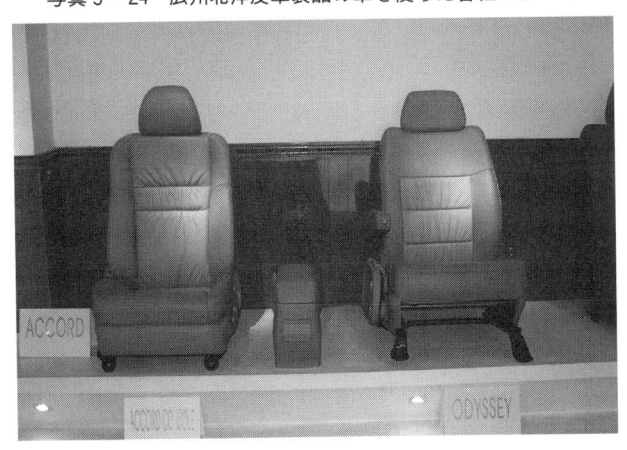

写真3―24　広州北洋皮革製品の革を使った各社のシート

このような背景の中で、花都に出入りしていた松村元子さんは、広州に進出してきたホンダに関心を寄せ、ミドリ安全グループの新規事業としてクルマのシート部門に参入していくのであった。それが、2000年設立の広州北洋皮革制品ということになる。当初はホンダをターゲットとするものであった。

　参入当初は「中国で高級な革シートは大丈夫なのか」との不安もあったようだが、99年発売開始のアコードは爆発的に売れた。その後、販路は拡がり、中国に進出している日系の自動車メーカーのほとんど全てに納入するまでに至った。

　この間、工場も次々に増やし、現在5工場となった。工場は全て地元の新華鎮政府の管轄下にある会社にオーダーメードで作ってもらい賃借している。このあたりは、ミドリ安全以来のノウハウの蓄積と評価することができる。

　材料は基本的にはブラジルのアトランティカから入れる。アトランティカではなめした後、当方の指示に従い染色してくる。花都で受け入れ検査をして、革を等級に分け、ユーザーの要請によって塗料（顔料）で着色する。後は型紙に従い裁断し、縫製していくことになる。現在、花都のいくつかの工場全体で広州北洋皮革の従業員規模は1145人となっている。近年の花都区の納税額順位で、広州北洋皮革はベスト3に入っている。

　広州北洋皮革の5工場は汽車城の中には立地していない。いずれも周辺に位置している。東風日産の進出以前から花都におり、ホンダの進出に刺激されてクルマのシート部門に展開、その後、飛躍的な発展を示し、地元に進出した東風日産の関心を呼ぶなど、異国の地で新たな事業を大きく育てることに成功したのであった。中国に進出する日本企業は、当初事業から飛躍するなど考えてもいない場合が多い中で、このミドリ安全グループのホクヨーの動きは大きく注目される。

3. 部品メーカーの集積の将来

　自動車は走る精密機械と言われ、現代技術の粋が詰め込まれている。あらゆる技術が先鋭化し、高い所で調和して初めて優れた自動車が世の中に登場して

いくことになる。そのような意味では、自動車に関わる部品産業が高密度で集積していくことが、その頂点に立つ自動車メーカーにとっても、さらに、それを空間的に受け止める地元にとっても望まれるであろう。

　花都に進出している部品メーカーのケース・スタディとなった本章を締めくくるこの節では、企業、部品メーカーの集積という側面からいくつかの課題を指摘しておくことにしたい。

　「高み」に向けた「正のスパイラル」を

　現状の花都の場合、明らかに日産の本格的進出が重大なインパクトを与えている。1990年代は、自動車産業をめぐっては政治的な雰囲気が濃厚であり、将来の発展は期待できるものの、何か重々しい雰囲気が漂っていた。進出にも進出後の行動にもあまりにも制約が大きく、「不安」が底流に横たわっていた。

　そのような時代、巨大な投資を必要とする自動車メーカーばかりでなく、それを支える部品メーカーも、重心を中国にかけることはできなかった。中国側が「日本の進出は遅い」と声高に叫ぶほどに、進出意欲が薄れていった。

　だが、それから10年、中国は飛躍的な経済発展を経験し、声高に叫ぶこともなくなってきた。豊かになり、それだけ余裕が出てきたということなのであろう。合理的に対話することが可能な環境が形成されてきた。このことの意味は大きい。2000年代に入ってからの中国では、ようやくお互いに合理的な判断の下で物事が進むようになってきたのである。

　今回（2006年3月、7月）訪れた花都汽車城の日系部品メーカーからは、意外な印象を受けた。90年代に語られていた制度や運営の不思議さ、仕事の遅さ、曖昧さ、インフラの不満、生活の不満などを聞くことはほとんどなかった。中国も外資に慣れ、また、進出企業側も十分に研究してやってきているのかもしれない。

　そうした背景と積み重ねがあるにしても、合理的な判断で物事が進められるようになってきたことは、何よりも歓迎すべきことのように思う。今後も地方政府の指導の下に、そうした環境がさらに整備されていくことを望む。

　当面は、一歩先にいる外国の優れた部品メーカーが「不安」なく、花都に訪

れることができるような環境をさらに高めていくことが肝要であろう。外国の優れた部品メーカーが、気持ちよく仕事ができるならば、地元の人びととの交流も豊かなものになり、そこから新たな若者たちが「希望」を抱き、花都の人的資源の高度化が進められていくことは間違いない。

それが部品工業のレベルの上昇、さらに新たな企業の誕生とつながり、集積の厚みが増していくことになるであろう。そのような「正のスパイラル」が生じるような環境づくりが求められているのである。

そのためには、地方政府とすでに進出している外資企業が、共に「安全」「安心」「居心地の良い」環境を作り上げていくことがなによりであろう。それは、ハードの整備よりも、ソフト、地元の人びととの「こころ」が最大の要素になるように思う。

「マニファクチャリング・ミニマム」

次に、技術的な問題になるが、先にも指摘したように、自動車は現代技術の粋が集められている。特に、機械金属工業に関わる全ての機能を必要とする。それも、それらの要素技術が高いレベルで揃っていることが不可欠とされる。要素技術の一つでも不十分であるならば、優れたクルマ（最終生産物）は生まれない。これを「モノづくり」の「マニファクチャリング・ミニマム[10]」と言う。

例えば、図3—2を見て欲しい。一つの製品を作り上げていくためには、大まかだか、実に多くの機能が必要になることがわかるであろう。基本的には、素材から成形工程、除去工程、仕上げ工程、組立工程を経ていく。さらに、それぞれの工程には、さらに多様な加工技術が埋め込まれている。それらの一つでも欠ければ良質なものは生まれない。そして、これらを担うのが部品メーカーなのである。完成車工場は、これらの中の最終の「組立工程」しか保有していないのである。

集積の始まったばかりの花都の場合、東風日産という完成車メーカーを頂点として、一部の一次協力企業が進出しているにすぎない。エンジンは完成車メーカー自身が担うにしても、そのための金型などはやはり専門の協力企業に

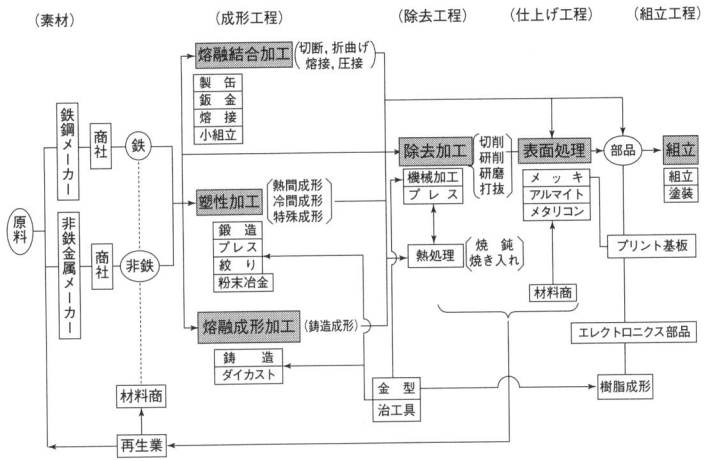

図3－2　機械金属工業の相互関係概念図

(図省略)

依存せざるをえない。そして、優れた金型メーカーを呼ぶにしても、それを支える高度な機械設備、測定器の類、さらに人材が必要になる。「モノづくり」はこのように連鎖していくのであり、その全てが高いレベルで揃っていることが不可欠なのである。

　花都が今後、求めるべきは、このような連鎖を豊かにしていくことであることは言うまでもない。当面は優れた外国の部品メーカー、加工業者を「気持ち良く」大量に呼び込むこと、そして、地元メーカーのレベルを上げていくこと、そして、それらで鍛えられた若者たちが新たな企業を起こして、集積に加わっていくこと、そのようなサイクルが生じるような仕組みを、政策の側が意識的に作り上げていくことが求められている。

　花都の部品メーカーの集積は始まりだしたばかりである。進出してきた部品メーカーも、2000年代に入った中国、花都に高い関心を示し始めている。そうした方々と深い交流を重ね、展開力のある集積をどのように作っていくべきかを論じ、深みのある構想を抱いて、次のステップに踏み込んでいかれることを期待したい。

1) この点については、関満博・池谷嘉一編『中国自動車産業と日本企業』新評論、1997年、第3章を参照されたい。
2) 中国民営中小企業については、関満博編『現代中国の民営中小企業』新評論、2006年、を参照されたい。
3) 上海の六和機械関連の動きは、関満博『上海の産業発展と日本企業』新評論、1997年、第6章を参照されたい。
4) 上海小糸の概要については、関、前掲書、第6章を参照されたい。
5) このような台湾と裕隆の事情は、関満博・範建亭編『現地化する中国進出日本企業』新評論、2003年、第3章を参照されたい。
6) 台湾企業の大陸進出については、関満博編『台湾IT産業の中国長江デルタ集積』新評論、2005年、を参照されたい。
7) 統括会社、傘型企業に関しては、関・範編、前掲書、第3章を参照されたい。
8) 上海明芳に関しては、関、前掲『上海の産業発展と日本企業』第6章を参照されたい。
9) 謝東志氏は1968年、花都区生まれ。95年、若干26歳で花都区炭歩鎮長に任ずる。その後、新華鎮長に転じ、新華工業団地を成功させ、さらに、当時の花都区共産党書記の陳国氏（現、広州市秘書長）の指示の下に、新華鎮に珠宝（ジュエリー）城の建設を推進する。その実行力を認められて、2003年7月、若干35歳で汽車城担当の花都区副区長に抜擢される。以後、獅子奮迅の働きをみせ、多くの企業誘致を成功させる。珠宝城、汽車城の成功は「陳国氏の政策と、謝東志氏の迫力」と言われている。また先の第2章で見た広州汽車学院も、謝氏のアイデアであった。花都が数百年に一度ともいうべき発展の時、重大な貢献をした人物の一人として、謝東志氏を顕彰していかなくてはならない。

   だが、謝氏は積年の無理がたたり、健康を害して辞任を申請、一年かがりで、ようやく2005年8月23日に許可が下り、2006年3月現在は静養中であった。静養中にもかかわらず、当方の面談要請にも応えていただいた。

   健康を回復されて、一線に戻ってこられることを願う。
10) 「マニファクチャリング・ミニマム」の考え方の詳細は、関満博『現場発ニッポン空洞化を超えて』日経ビジネス人文庫、2003年、を参照されたい。

第4章　世界に向けた集散地市場
——獅嶺（国際）皮革皮具城——

　1978年末の経済改革、対外開放への転換以降、中国経済は劇的な発展を重ねてきた。特に、90年代に入って以降の「社会主義市場経済」のスローガンの下に、市場経済化が一気に進んできた。大量の外資企業の受け入れ、国有企業の民営化、民営中小企業の登場など、産業問題、企業問題に従事する者にとって、この四半世紀の中国は心ときめかされるものであった。

　ただし、このような中で、物資流通に関しては依然として国有経済、統制経済時代の「配給」の名残が強固に横たわり、全国流通の仕組みが十分に形成されてこなかったことが指摘される。中国が市場経済化を進めながらも、当面、この点が最後に残された最大の課題の一つではないかと思える。

　それは、八路軍以来の軍事組織の基礎となった「単位」思想、さらに、安全保障上の問題から形成されたと言われる「省別フルセット主義」、また「諸侯経済」ともいうべき問題とも深く関連しており[1]、物資流通を全国的な規模にまで高めていくための制度的機構がなかなか形成されず、中国は「地域的市場圏」にとどめられてきたということなのであろう。

　北京の天津シャレード（現在では北京現代のエラントラ）、上海の上海フォルクスワーゲン（VW）のサンタナ、重慶の長安スズキのアルトの採用にみられるような各都市を走るタクシーが象徴的であるように、各都市（地域）は地域企業の製品を保護することを当然としてきた。

　また、大都市の周辺には巨大な家具、内装材等の市場が形成されているが、それらは卸売市場というよりは、小売市場としての役割を演じてきたのであった。

　むしろ、以上のような制約の中で、ある程度の集散機能を備えた市場としては、浙江省温州などに象徴的に見られた「専業市場」が、その役割の一部を

担ってきたと言ってよい[2]。ただし、温州型の「専業市場」は「集散」機能の「散」の機能を保有するものの、全国の物資を集める「集」の機能を果たすには地域的条件は乏しかった。温州型の「専業市場」は、地元の生産（産地）を背景にする産地市場というべきであり、全国流通が未発達な中で、全国からの買付人を引きつけたということであろう。

　ところで、以上のような枠組みの中で、2000年代に入り、広東省広州市周辺で興味深い動きが生じつつある。広州市内の桂花崗、梓元崗に自然発生的に生じてきた皮革製品市場、広州市花都区の獅嶺鎮の皮革材料市場、同じ花都区新華鎮の珠宝首飾（ジュエリー）市場、また、仏山市南海区のアルミ建材市場、江門市古鎮のシャンデリア市場などが注目されるべきものであろう。

　これらの市場は生産者を周囲に生み出し、あるいは全国から引きつけ、その生産力を背景に卸売市場を形成し、全国、世界から買手を呼び込みつつある。広州周辺の港湾、空港の充実がそれに拍車を掛けているようにも見える。中国において、ようやく本格的な集散地市場[3]が形成されつつあると言ってよさそうである。全国、あるいは世界から人びとが集まる環境が、ようやく広州周辺に形成されてきた。今後は、全国の各地に形成されている専業市場が、このような全国のいくつかの大都市周辺の交通至便な場所に形成される集散地市場に統合されていく可能性が高い。その嚆矢を広州周辺に見ていくべきではないかと思う。それは、中国の物資流通の仕組みが劇的に変わっていくことを意味しよう。

　しかも、現在の広州周辺の動きは、中国国内だけではなく、少なくとも東アジア全体の集散地を形成しつつあるようにも見える。中国にようやく世界レベルの集散地市場が登場しつつあるのかもしれない。私たちは、それが形成されていく歴史的な地点に立っているのであろう。

　以上のような意味で、現在の広州周辺の動きは中国が改革・開放に入ってそろそろ30年、物資流通においてようやく全国的なレベルでの仕組みができつつあることを痛感させる。そうした流れを意識し、この章では、広州市花都区獅嶺鎮に形成し始めている皮革関連の集散地市場に注目し、物資流通における中国の新たな可能性を論じていくことにしたい。

1. 全国流通の要となる集散地市場

　製造業、小売業に大企業が登場して以来、物資流通はメーカー主導、小売主導などが議論され、流通の効率化を目指した新たな仕組みの模索が重ねられてきた。特に、日本においては高度成長期末期の昭和40年前後から「流通革命」などのスローガンの下で推進されてきたことも記憶に新しい。そのような取り組みが私たちの生活を豊かにしてきたのかもしれない。

　だが、国民経済の圧倒的大多数を占める中小企業においては、メーカー主導、小売主導というわけにはいきにくく、全国の生産者と小売業者をネットワーク化し、リスクヘッジする別の仕組みを必要とする。それが、製造、卸売、小売という三段階の基本的な構図であり、また、言葉を換えれば、集散地（問屋街）を軸にする物資の全国流通の仕組みということになろう。

　日本の場合、このような集散地システムが形成されたのは江戸の中期の頃とされている。全国各地の物資が江戸（日本橋）、名古屋（長者町）、京都（室町）、大坂（船場）の四大集散地に集められ、需給調整、価格形成、品揃え、製品評価（格付け）され、そして、全国に散っていったのであった。このことにより、全国の生産者は自らの位置を明確に理解し、努力を重ね、自らの特色をさらに深め、レベルを上げていくことができた。まさに、見事な全国流通システムというべきであろう。特に、市場の諸機能の中でも、製品評価機能は全国の小さな生産者を刺激するものであったことが重要である。

　日本の場合は、このような集散機能が底流にあり、その上に、近年の大企業によるメーカー主導型、小売（量販店）主導型の物資の流通システムが重なっていると見るべきであろう。

　この点、中国の場合は、この十数年、集散機能が未成熟のまま、メーカー、小売に大企業が登場し、現代的なマーケティング技術を駆使し、一気に独自な流通システムを形成しつつあることが注目される。そのため、中小企業が健全に発達しうる余地を狭めているようにも見える。大企業主導型流通に加え、中小企業が発展しやすい別の流通のあり方が必要とされているように思える。

この節では、中小企業をベースとして興味深い発展を遂げた日本の集散地市場を紹介しながら、中国の物資流通のあり方を考えていきたい。

(1) 集散地市場の意義

日本の集散地市場の原型は、江戸中期頃に形成されている。江戸中期の頃になると、世の中も落ち着き、各地で新田開発、農具、農法の改善が重ねられ、農業生産力が飛躍的に拡大したとされている。そのため、農民に余剰が発生し、農作以外の副業が一般的になっていった。特に、地元の原材料を利用し、生産物を生産、近間の市（在方市）で物々交換されるなどが広く見られるようになっていった[4]。

優れた物資を生産する地域では、それを支援する「市」が生まれ、それが次第に定期市になり、さらに常設店舗の産地問屋、買継商などを生み出していく。これら産地問屋や買継商が産地の小さな生産者の生産物を取りまとめ、集散地の都市問屋に送り込んでいった。集散地の問屋からすれば、全国の生産者の数は膨大なものであり、とても自らの手で集荷することはできず、仕入代行として産地の問屋、買継商を利用していくことになる。

他方、当然、各地の生産者の規模は小さく、独自の販売機能などを身に着けてはいない。また、地域的な原材料の制約により、一つの地域から出てくる品物は同質的な物になっていく。例えば、織物の領域でみると、結城織物、桐生織物、伊勢崎織物、八王子織物などの特色が次第に際立ち（地域ブランド化）、産地モノどうしの競争も厳しくなっていった。産地や在方市の盛衰が重ねられていった。早い時期に歴史の彼方に消えていった産地や市場も少なくない。日本の物資の生産、流通には、このような歴史が積み重ねられてきたのであった[5]。

問屋街の形成と意義

東京の日本橋や大阪の船場には、現在でも広大な問屋街が形成されている。例えば、東京の日本橋から浅草にかけては、日本最大の問屋街（集散地市場）が形成されている。各町別に特定製品領域の問屋が軒を連ねている。日本橋堀

留町は織物、横山町はニット製品、岩本町は紳士服、合羽橋は厨房用品、浅草橋は人形、袋物、御徒町はジュエリー、浅草の花川戸は靴などとなり、いずれも数百軒の問屋で編成されている。

　これらの問屋街には全国各地からの物資が集結する。ここで全国的な品揃えが行われ、需給調整、価格形成、製品評価がなされる。全国各地の小さな生産者たちは、この集散地の評価を目標に努力を重ねていくことになる。

　他方、全国各地の地方問屋や有力な小売商は、シーズン毎に問屋街を訪れる。そこには全国の品物が揃っている。その中から、自分の商圏のユーザーに相応しい品物を見つけ出していくことになる。

　このように、膨大な数の小さな生産者と小売商を媒介していくものとして大都市の集散地市場（問屋街）が機能していた。大企業や量販店が登場する以前の時代には、このような全国流通の仕組みが強固に形成され、興味深い機能を担っていたのであった。

　だが、日本の場合には、高度成長期を過ぎ、人びとは「基礎的消費」の時代から、差別化されたモノを求める「選択的消費」の時代に入っていく。その場合、地方の原材料基盤などをベースにする小さな企業の製品は飽きられ、大企業が主導する差別化された商品に目を奪われていく。明らかに昭和40年代中頃以降、ファッション性が求められる領域から順次、日本の物資流通は大企業主導型に変化していく。アパレル産業などはその先端に位置し、日本の流通システム全体に重大な影響を与えたのであった。

　その後、日本橋や船場の問屋街はかつての勢いを失っていく。地方問屋や有力小売商で賑わっていた問屋街は息を潜めるものになっていった。だが、物資流通の全てが大企業ペースになっているわけではない。「基礎的消費」に関連する部分は、依然として、集散地システムが基本になっている。

　日本の場合は「基礎的消費」を担ってきた集散地システムを乗り越えるものとして、アパレル、量販店などが登場し、新たな仕組みを作り上げてきた。この点、中国の場合は、全国流通を基礎づける集散地システムが出来上がらないうちに大企業が登場し、独自のブランド、販売網を形成するという興味深い展開になってきた。おそらく、今後は、中小企業を軸にした全国流通の仕組みの

形成も急を要しているのではないかと思う。大企業を軸にする独自の販売システムと膨大な数の中小企業を軸にする全国流通の仕組みを両輪として、中国の物資流通が形成されていくことが予想される。その場合、現在の広州周辺に見られる新たな集散地市場の形成の動きは、まことに興味深いものということができよう。

（2） 中国の「専業市場」と新たな「集散地市場」

　現在の中国では、物資流通に関して大きく二つの種類の「市場」が目につく。一つは、大都市周辺に形成されている家具、建材、内装材等の市場である。これらは、相当の物量を用意しているが、対象はあくまでも消費者個人である。特に、家具、建材、内装材が目立つが、中国の場合、マンションは内装無しのままで取り引きされることが多く、購入した人びとが自分で内装等を行わなくてはならない。マンション購入後、郊外の巨大な市場に赴き、建材、内装材、家具等を選択し、工事業者に依頼することになる。このような社会的な仕組みから、大都市郊外に巨大な家具市場等が形成されることになる。

　もう一つの「市場」は、浙江省の温州あたりから目立ち始め、現在、各地に形成されている「専業市場」というべきものである。これらの専業市場は全国流通が未成熟の中で、地方の産地に卸売市場を形成するものであり、全国から買付人を引きつけてきた。特に、交通条件に恵まれない貧しい地域であった温州などの浙江省南部（浙西南）の地域で発達していったことが興味深い。「温州モデル郷鎮企業」で知られる農民個人経営が広範に拡がった浙江省西南部は「市場」形成という意味でも、実に興味深い取り組みを重ねてきたのであった。

温州の「専業市場」

　私自身、1994年から95年にかけて、嘉興、杭州、寧波、金華、温州といった浙江省の主要都市の現地調査を重ねたが、特に、温州、金華といった浙西南といわれる浙江省の南部地域で、中国の他の地域にはみられない興味深い動きがあることに驚愕した覚えがある[6]。

　とりわけ、温州郊外の農山村地域においては、各郷や鎮が「一郷一品」「一

村一品」という標語を掲げ、軽工業品の一大産地を形成していることに驚いた。その代表的なケースは服飾用のボタンで著名な橋頭鎮であり、また低圧電器（弱電）の柳市鎮であった。そして、それらの鎮の中心部には巨大な専業市場と呼ばれる産地卸売市場が形成され、数千のブースが展開、全国から買付人を引きつけていた。また、94〜95年の頃には、そのような産地や専業市場が温州だけでも500カ所前後もあると言われていた。

さらに、温州の隣の金華市の県レベルの市である義烏市では、市街地の中心に「中国小商品城（94年6月オープン）」という多様な軽工業品を集める巨大な市場が形成され、周辺の郷鎮や村は「一郷一品」「一村一品」に向かい、義烏の市場に持ち込んでいたことも興味深いものであった。94年当時の義烏の「中国小商品城」は建築総面積22.8万㎡、2万4000店の卸売業者が入居していた。なお、現在、この「中国小商品城」は、日本の「100円ショップ」の仕入先とも言われていることも興味深い。

「一郷一品」「一村一品」の地場産業の形成

温州の地場産業が始まり、発展していく経緯については、いくつかの言い伝えがある。耕地が乏しく人口過剰であった貧しい温州の人びとが、行商や出稼ぎにより各地の情報を仕入れ、地元で簡易な加工から始め、また全国に売り歩いたなどのストリーがよく語られている[7]。温州の人びとは解放以前の頃から、果敢に全国に行商、綿打ちなどの出稼ぎに行っていたとされるが、とりわけ新中国成立（1949年）以降、人の移動の管理が厳しく、また、物資の流通が滞っていた文化大革命の時期に、全国に旅立ち、物資流通の円滑化の担い手としての役割を演じていた。全般的なモノ不足の中で、必要とされるものを探し出し全国を御用聞きしながら小まめに動いていたのであった[8]。

このような行商人の中から、地元で簡易な製品の生産を始める人が生まれ、また、行商人の勧めにより生産に踏み出す農民も増えていった。おそらく、試行錯誤を重ねながら、一つの村や郷鎮は次第に特定生産物の生産に向かっていくことになる。身近な人びとによる特定生産物の生産は情報の共有化、販売ルートの共有化、技術の共有化を深め、行商人を媒介に次第に産地化を促して

いく。このあたりは、江戸中期以降の日本の農山村の地場産業の形成の過程とよく似ている。

ただし、日本の近世農村の地場産業化の多くは地元の原材料に立脚する産地化であったが、温州の場合は原材料基盤にはとらわれず、交通条件の不利性を乗り越えるために、小物、軽量が求められたことも興味深い。ボタン、皮革製品、服装、靴下、ボールペン、メガネフレーム、ボルト・ナット、木ねじ、低圧電器（弱電部品）などの製品が選好されていった。

そして、このような「温州型」ともいうべき「産地化」と「専業市場」の形成は、その後、他地域にも波及していく。その代表的なものとしては、本書で取り上げる広東省のいくつかのケースに加え、江蘇省丹陽市の「メガネフレーム市場」「車灯市場」などが知られるであろう。

産地市場と集散地市場の機能を持つ

また、日本の農山村から発生した地場産業がそうであったように、取り引きが活発化してくると、自然に地元に「産地市場」が形成されてくる。定期市が常設市になり、店舗を構えた産地卸売市場が形成されていく。ただし、日本の場合には、江戸中期以降、これらの産地市場に加えて、江戸、名古屋、京都、大坂に全国流通を視野に入れた集散地市場が形成され、全国の産地市場は次第に統合されていく。この点、計画経済体制の下で配給制度を採用していた中国では、これまで、全国流通を視野に入れた集散地市場が大都市に形成されることはなかった。

この点が、交通不便な浙江省の温州に、独特の専業市場が形成されていく背景になったものと考えられる。近年、広東省広州周辺に陶磁器、家具、皮革製品、アルミ建材、宝飾品、シャンデリア等の巨大な集散地市場が一気に形成されつつあるが、ごく最近までの中国では大都市に全国流通の要となる集散地市場が形成されてこなかったことは重要である。そのため、全国のユーザーは販売に訪れる温州商人に依存するか、あるいは温州などの専業市場を訪れるかのいずれかで対応せざるをえない。このような産地「専業市場」の仕組みが、改革・開放後の80年代末以降に突然現れてきたことも興味深い。温州の特定生産

物産地化と専業市場は「一夜にして出来た」とさえ言われているのである。

　周知のように、市場には品揃え、需給調整、価格形成など多様な機能があるが、もう一つ重要な機能として製品評価機能がある。市場に持ち込んだ農民の製品は市場で評価され、自分の製品を客観的に見ることができる。意欲的な農民であれば、当然、製品の質的向上のインセンティブとして働く。要は、大都市に十分な集散地市場が成立していなかったという構図の中で、温州は行商と専業市場を媒介に、地域産業の興味深い発展を促したのであった。

市場間の競争と広州の優位性

　その後、温州にもようやく96年に金華に通じる約250キロの鉄道が敷設され、高速道路が開通した。陸の孤島と言われた温州の地域条件も次第に変わってきた。このことによる一つの大きな変化は、すでに橋頭鎮のボタン専業市場に起こっている。閉塞された地域ゆえに成り立っていた辺境の専業市場は、他の市場との競争に立たされることになった。特に、中国最大の小商品市場とされる近隣の義烏との時間距離が劇的に改善されたことは大きい。そのため、橋頭鎮のボタン市場の機能が次第に義烏に吸収されつつある。市場間の競争と再編・統合が行われ始めたということであろう。

　また、本書のケース・スタディの中でも見られるように、温州の生産者たちは大挙して広州、花都に移りつつある。明らかに温州に比べて広州、花都の地域条件は優れている。交通体系上では比較にもならず、市場は全国から世界に開けている。また、近年、そのような地域条件の良さから、関連産業の集積も一気に進んできた。広州、花都はここにきて世界を視野に入れる本格的な集散地市場を形成しつつある。その吸引力は今後、さらに高まっていくことは疑いない。中国全土から、さらに世界からの買付人が訪れ、ビジネスはさらに活発化していくことになろう。

　そして、おそらく、広大な中国の場合、この広州を突破口にして、全国のいくつかの大都市に全国の物資が集まり、適切に評価され全国、及び世界に散っていく集散地市場が形成されていくことになろう。華北から東北にかけては北京周辺、華東から全国にかけては上海周辺、華南から全国、世界に向けては広

州周辺、そして、内陸に向けては西安か成都、武漢あたりに、そのような集散地市場が形成されていくことが予想される。それらの中でも、中国全体とASEANの結節的な意義を帯びてきた広州の優位性は際立っていることはいうまでもない。そして、広州白雲国際空港の充実が、それに拍車を掛けていくことになろう。広州、花都における「集散地市場」形成の意義を、そのようなところに求めていかなくてはならない。

　現在、広州周辺に形成されつつある「集散地市場」は、中国の物資流通をめぐる新たな世界を切り開いていくことになろう。しかも、それは世界に向けられているのである。

2. 獅嶺（国際）皮革皮具城の形成と輪郭

　花都区北部に位置する獅嶺鎮は、現在、「中国皮具の都」と言われるようになってきた。鎮の郊外に新たに建設された近代的な「獅嶺（国際）皮革皮具城」は、敷地面積40ha、建設面積約50万 m^2 にも及び、約3000の店舗がひしめいている。この皮具城は広州における四大卸売市場（他の三つは、江南野菜果物卸市場、広東金属物資市場、黄沙水製品卸市場）の一つと言われ、興味深い発展過程に入りつつある。

　特に、広州白雲国際空港まで10km。また、内河港湾の花都港にも15kmに位置し、全国から世界に向けた大きな可能性を秘めた皮革関連製品の集散地市場を形成している。現在、すでに皮具の取扱量は中国全体のおよそ3分の1を占めるほどになってきた。

　かつて花都郊外の貧しい地域とされていた獅嶺鎮が、どのようなプロセスを経て、現在の繁栄を勝ち取ってきたのか、さらに、これから向かう方向が興味深い。この節では、全国から世界に向けた集散地市場を形成しつつある獅嶺（国際）皮革皮具城を中心に、獅嶺鎮の発展方向をたどっていくことにする。

（1）　獅嶺鎮と皮革産業

　獅嶺鎮は花都区西北部に位置し、広州市街地まで34km、新広州白雲国際空

表4−1　獅嶺鎮の皮革関連企業の状況（2004年）

区分	企業数（件）	従業員数（人）	生産額（万元）
合計	4,551	106,180	1,154,300
設計、研究開発	38	150	1,500
皮革材料製造	13	680	19,500
運輸	45	450	2,500
加工、製造	2,345	91,000	620,000
関連機械器具等の製造	260	2,800	10,800
販売	1,850	11,100	500,000

資料：獅嶺鎮

表4−2　獅嶺鎮の皮革関連製造業の従業員規模（2004年）

区分	合計	10人以下	10～20人	20～100人	100～200人	200人以上
企業数(件)	2,345	402	1,168	698	45	25
構成比(%)	100.0	17.1	49.8	29.8	1.9	1.1

資料：獅嶺鎮

港まで10km、広清高速道路（107国道）と京広鉄道が南北に貫通するという位置的条件の中にある。総面積は約116km²、2004年末の総戸籍人口は約6万人、さらに外来人口6万人（実際には10万人は超えている）を数える[9]。2004年の総生産額は19.25億元、前年比13.2％の伸びであった。2004年の工農業生産額は67.02億元（前年比18.9％増）であったが、うち、工業生産額は64.19億元（同、19.9％増）と全体の95.8％を占めている。また、輸出額は3687万ドルに達し、前年比20％の増加であった。

　2004年末の獅嶺鎮で皮革皮具関連の事業に従事している事業所は4195とされ、そのうち、皮革製品、金属製品等の生産加工業には2245、皮革皮具、原材料等の商売をしているところが1850であった。人口6万人の鎮で、4000を超える事業所が皮革関連事業に参加していることになる。地元では、住民の大半は農業から離れ、皮革関連に従事しているとされている。まさに、獅嶺鎮は皮革関連産業の地場産業都市ということができそうである。

皮革関連産業の生成（2000年まで）

　獅嶺鎮の皮革関連産業は、文革時代に都市から技術者が下放されてきたことが契機とされている。1970年代に種が蒔かれたということであろう。このよう

に、文革期には知識人が農村に下放され、新たな地場産業が形成されたことが各地で報告されている。ただし、その多くは改革・開放以降、下放知識人が都市に帰ったため、継続していない。この獅嶺鎮の場合は、地元にそれを受け継ぐエネルギーのある人物がいたということであろう。

　この獅嶺鎮の皮革産業化の拠点となったのは、鎮の西端に位置する義山村とされている。80年代にはハサミ、ミシン、自転車の3点セットで家庭工業が鎮の各地に拡がっていった。貧しさへの反発のエネルギーが、地域をあげて新しい産業の皮革関連産業に向かわせたのであった。そして、これらの製品は70年代末の頃から広州市街地に自然発生的に成立していた卸売市場（桂花崗、梓元崗）に持ちこまれていった。

　80年代初めから90年の頃までは、農村の副業的な性格が強く、各地に自然発生的に事業者が生まれていった。現金収入を得られるものとして農民の関心を呼んだのであろう。この頃までは農民の副業、小規模家庭工業のレベルであった。この90年頃までが、発展の第一段階というべきであろう。

　だが、90年になる頃には、獅嶺鎮の皮革関連産業の知名度が広東省の中で高まり始め、原材料基盤、副資材等の環境も次第に整いだす。そのため、獅嶺鎮だけではなく、上級の花都区政府からの関心も呼び、皮革関連産業発展のため

写真4―1　広州市内の皮革製品市場（桂花崗）

表4−3　獅嶺鎮皮革関連製造業の推移

区分	企業数 (件)	従業員数 (人)	生産額 (万元)
1996	1,906	54,733	110,000
1997	1,878	58,233	136,000
1998	1,943	61,733	175,000
1999	2,013	64,567	234,000
2000	2,115	67,710	300,000
2001	2,165	72,715	450,000
2002	2,205	76,780	500,000
2003	2,251	80,710	550,000
2004	2,306	84,906	600,000
2005	2,345	91,000	620,000

資料：獅嶺鎮

の支援的な政策が打たれるようになっていった。まさに、90年代を通じる中国経済の発展に歩調を合わせ、獅嶺鎮の皮革関連産業は飛躍的な拡大を示したのであった。

　表4−3によると、皮革関連製造業の企業数は96年の1906から順調に増加し、2005年には2345工場となっている。この間、従業人員の増加も著しく、96年の5万4733人から、2005年には9万1000人、生産額は11億元から、2005年には62億元を計上するに至っている。

　ただし、90年代末までの獅嶺鎮の皮革関連産業の基本的な枠組みは、小規模な生産業者、関連業者が鎮内全域に拡がり、原材料から製品までの流れができていたものの、分散的であり、販売も広州市内の卸市場に依存するというものであった。

2000年代の飛躍的発展

　2000以降、花都区政府は獅嶺鎮の皮革関連産業を、自動車、ジュエリーと共に、区の三つの支柱産業（基幹産業）の一つとして位置づけていく。2001年からは国家レベルの「皮革皮具フェア」を毎年（3日間）開催し、世界からバイヤーを集め、地元企業のレベルアップ、世界の企業の誘致にも積極的に踏み込んでいる。

　第1回の2001年のフェアでは、出展数800、来場者1万人、成約額5億6000

万元であったが、第2回の2002年には出展数1500、来場者5万人、成約額10億元と倍増、2003年には出展数2000、来場者8万人、成約額15億元、2004年の第4回には来場者13万人へと増加していった。現在では知名度が上昇し、内外の企業との交流も盛んなものになっている。

2006年3月現在、獅嶺鎮の皮具メーカーは約2700社、原材料関係は2200社、合計で5000社近くにも及び、従業者10万人超、生産量は年産4億個、年生産額は100億元に達し、全国の3分の1を占めるものになった。明らかに皮革関連産業は、獅嶺鎮のほとんど唯一の産業であり、また、花都区にとっても自動車と並ぶ基幹的な産業となっているのである。

そして、このように皮革関連産業の集積と発展は、後にみる「獅嶺（国際）皮革皮具城」を生み出していくが、その発展のエネルギーが中国全土から皮革関連企業を呼び込んでいることも興味深い。2004年だけでも、獅嶺鎮に進出を契約した企業は、内資企業113社、外資企業12社を数えている。その大半は皮革関連企業であることはいうまでもない。現在では累計数千社が全国、海外から進出している。これらの結果、2002年9月、獅嶺鎮は中国軽工業連合会・中国皮革工業協会から「中国皮具の都」の称号を獲得している。

特に、かつて皮革関連企業の本場であった浙江省の温州からは、皮革、ジュ

写真4―2　「中国皮具の都」の称号

エリーを中心におよそ500社が花都に進出している。2003年には花都区の工商連合会の中に「温州商会」が設置され、原材料関係約100社、メーカー約100社によって構成されている。この会員は、年々、猛スピードで増加しているとされている。実際、皮具城周辺の一つの通りである「陽光大道」は大半が温州からやってきた工場で占められているのである。

ソフト、ハードの質的高度化を目指す

地元の獅嶺鎮、花都区の政府は、以上のような状況に対し、先のフェアの開催の他には、デザイン力の強化、ブランドの育成、工業団地の造成、サプライチェーンの構築、人材育成を深く意識している。

デザイン力強化、ブランド育成に関しては、広州交易会、北京皮具フェアといった国内の有力な展示会に「花都獅嶺」ブランドで参加させ、また、国内外（特に、ヨーロッパ）への視察を送り出している。

また、人材育成に関しては、地元だけでは困難との判断であり、北京皮革工業学校と提携し、花都に分校を作ることで合意している。また、イタリアのファッション雑誌と交流し、情報提供、獅嶺のデザイナーの研修派遣などで提携している。

また、工業団地に関しては、2002年から獅嶺鎮レベルで推進され、全体では200haが計画されているが、第1期の金獅工業区（67ha）は完売、第2期の閩南工業区（20ha）も完売、すでに200企業が進出している。さらに、第3期の「温州工業区（33ha）」は中国系フランス人が温州企業22社を連れてくることで契約している。

また、これらの事業基盤の他には、獅嶺皮具設計研究センター、博士後工作ステーション（オーバードクターのための研究施設）、皮革皮具博物館、皮革皮具テーマパーク（6.7ha）を計画している。

このように、2000年代に入ってから、獅嶺鎮の皮革関連産業は新たな段階を迎えている。その象徴は次の節で紹介する「獅嶺（国際）皮革皮具城」だが、従来の量的拡大から質的充実に関心が移り、ソフト、ハードの両面から皮革関連産業の高度化を目指すものになっているのである。

(2) 皮革皮具城の形成

90年代の末の頃には、獅嶺鎮の皮革関連産業の集積は深まり、知名度も高まっていった。その全体の枠組みとしては、鎮全体に分散的に関連企業が拡がるというものであった。また、皮革材料から副資材、生産メーカーという拡がりになっていた。その中で、原材料市場は形成されていたのだが、製品市場はなく、広州市街地の専業市場に持ち込む形になっていた。2006年現在の製品の市場は60％は海外になっているが、2000年以前には80％は国内市場向けであった。

このような状況の中で、99年には香港の資本家である張有為氏が獅嶺鎮を訪れた。張氏は獅嶺鎮の皮革関連産業の発展に深く関心を抱き、皮革関連産業のセンターを作ることを構想、わずか2週間で調印している。それだけ獅嶺鎮の皮革関連産業の高まりに可能性を感じたのであろう。全体計画は敷地面積40ha、建築面積50万 m^2、3300店舗を収容し、5期に分けて事業を推進するというものであった。

発展する「皮具城」

張氏の進出形態は100％出資の独資企業、建設した店舗を販売し、2期、3期と続けていく手法をとっている。投資総額は7億元が予定されている。店舗販売後は施設全体の管理運営を事業としていく。皮具関連、金属部品等の副資材部門、ミシン等の機械部門、製品販売部門などから構成される総合的な計画になっている。

表4－4　皮具城の建設計画

開発期	敷地面積（畝）	建築面積（万 m^2）	店舗（軒）	経営範囲	起工	竣工
1	250	8.7	560	皮革、金属製品、皮原材料	2000年	2001年
2		3.5	230	皮革、金属製品、皮原材料	2001年	2002年
3	200	11.2	1,300	ミシン、皮革製品卸売	2001年	2002年
4	200	9.5	610	皮革、金属製品、靴製造機械	2003年	2003年
5	150	17.0	600	皮具、金属製品、ボタン、布等		2005年
合計	800	49.9	3,300			

資料：獅嶺鎮

写真4－3　皮具城第3期の施設

写真4－4　皮具城第3期の内部

　第1期の8万7000m²は調印後、即着工し、わずか半年後の2000年7月に竣工している。2期は2002年1月、3期は2002年末、4期は2003年末、そして、4期は2006年8月が予定されている。第1期、第2期と第4期は原材料、副資材関係の店舗、第3期は製品店舗を構想していたのだが、思惑は外れ、製品を展示する店舗は20店ほどである。その結果、この第3期分にはミシンなどの関連機械部門が入っている。このミシンに関しては、市場が獅嶺鎮にあることか

第4章　世界に向けた集散地市場　173

写真4—5　皮具城で客を待つバイクタクシー

写真4—6　獅嶺と広州桂花崗をつなぐ定期バス

ら、広東工商連合会縫製設備協会ごと、2005年末に進出してきたものである。やはり集積の厚みが関連部門を引き寄せてくるということであろう。

　先に見たように、広州市街地には7000～8000軒の製品店舗が集積する皮革製品の卸売市場が形成されている。それらの店舗をこの皮具城に吸引し、原材料から製品に至る一大集積の形成が目指されていたのだが、現状、獅嶺鎮ではホテル等のインフラが十分ではなく、時期尚早との判断となったようである。現

実的に、獅嶺鎮のメーカーも製品の販売店舗は広州市街地に出している場合が少なくない。

なお、広州市内の店舗で取り引きする場合、獅嶺鎮の工場を確認に来る。現状、ホテルがないなどの不都合はあるようだが、皮具城を見学したバイヤーたちは、いずれも深い関心を寄せているようである。皮具城もスタートしてまだ5年、当初計画が完成するのは2006年8月。今後、ホテル等の基本インフラも一気に改善されていくものと思える。なによりも、巨大な国際空港に近接している優位性は圧倒的なものであり、近い将来、獅嶺鎮が製品も含めた皮革関連部門の一大集散地になっていくことは間違いないように思う。

次第に浮かび上がる「皮具城」

中国のこのような市場の場合、地元の政府が大きく関与し、出資している場合も少なくない。この点、この皮具城の計画は香港資本の独資で推進されている。いわば民間（外資）主導の柔軟な市場経済に立脚したやり方をとっている。鎮政府としては、獅嶺鎮皮革皮具発展弁公室、獅嶺投資促進服務中心を設置し、皮革関連産業の発展に意を尽くしている。先の工業団地計画、皮革設計研究センター、皮革皮具テーマパーク等は地元政府の事業として構想されている。

鎮政府は、当初、皮具城の構想があまりにも巨大であることから、市内の空洞化を懸念していたのだが、現実には想像以上に集積が進んでいると受け止めていた。鎮内の企業が皮具城に移転しても、すぐに後釜が入る状況である。このような事情から、鎮側は皮具城の運営に関しては関知していない。市場経済に従い、自由に運営していくことを歓迎していた。

現状、獅嶺鎮は原材料、製品の一大産地であり、皮具城は原材料の集散地として全国の3分の1を担うものになってきた。こうしたことから、温州をはじめとする全国各地の生産者、関連企業を引きつけている。ただし、皮具城が構想した製品を含めた集散地にはなっていない。その部門は広州市内に自然発生的に形成されてきた。成立して間もない皮具城としては、当面は製品販売の拠点は広州市内と見定め、時間をかけて原材料から製品までに至る一大集散地を形成していくことを目論んでいる。

写真4-7　皮具城に進出している香港企業

　後のケース・スタディでも見るように、進出している企業も、店舗の展開は当面、広州市内としているが、将来的にはホテル等のインフラ整備が急ピッチで進むことは間違いない。そして、獅嶺鎮から花都全体にかけて、これまでの皮革材料、バッグなどの製品に加え、靴関係などの部門までを視野に入れ、空港隣接の世界に向けた一大集散地が形成されていくことが目指されていた。皮革関連を突破口に、花都はジュエリーも含み、ファッション関連産業の一大集散地が展望されているのであろう。広州の北の郊外の花都は、それだけの可能性を秘めているのである。

　なお、日本企業の動きだが、2006年3月現在、獅嶺鎮進出は2件を数えるにしかすぎない。一つは自動車用の熔接材料メーカー、もう一つは財布、ベルトなどのメーカーである。また、日本の皮革関連の企業、ないし業界団体は、2003年に大阪の皮革関連の協会が来たことがある程度で、ほとんど交流がない。だが、その後、この皮具城は急速に整備されてきている。国際空港隣接の地にこれだけの集積が形成されていることに深い関心を寄せるべきではないかと思う。

　すでに、東アジアの皮革関連の一つの集散地を構成する香港旺角の大南街の皮革材料の企業は、第3期施設に大量に進出している。そして、事業規模から

するとすでに香港を超えてきたと報告されているのである。

3. 獅嶺鎮の皮革関連企業

　獅嶺鎮に集結している企業群は実に多岐にわたる。原材料、副資材のメーカーからバッグ、財布などを作り上げるメーカー、それらの卸売業者、また、出身母体からしても、地場の民営中小企業、他地域から進出してきたメーカーまである。それらが、皮具城を軸に一大集積を形成し、興味深い展開を進めている。

　この節では、以上の企業群の中から、民営中小のバッグメーカー、温州から進出してきたスポーツバッグ・メーカー、浙江省の義烏から進出してきたバッグメーカー、そして、花都の日系繊維メーカーを経た後、対日本市場向けに爬虫類のバッグを生産しているメーカーの四つを取り上げ、獅嶺鎮の皮革関連産業の置かれている状況をイメージしていきたい。

（1）　輸出中心のローカル企業（広州花都区鶴紳皮具制品廠）

　中国は90年代に入ってから民営の中小企業が大量に生まれ、激しい競争を演じながら、劇的に発展している場合が少なくない[10]。特に、広東の珠江デルタ地域は2000年の頃までは、外資企業が大量に進出してきたことで知られるが[11]、2000年代に入ってからは外資企業に刺激されながら、民営中小企業が興味深い動きを示すものになってきた。

　ここで取り上げる鶴紳皮具制品廠は、地元出身の王帮紅氏（1968年生まれ）が、地場産業の皮革関連企業の営業員から出発し、経験を重ねた後、1995年、28歳の時に20人の従業員を集めて家庭工業のレベルで独立創業したものである。

輸出主導型に展開

　王氏自身、営業の経験が深いことから、必死に自ら営業を重ね、事業を次第に大きなものにしてきた。特に、2001年以降、事業は急拡大を示し、現在では従業員約500人（男性：女性＝4：6）規模、月産能力6万点の能力を持つに

写真4—8　鶴紳皮具制品廠の縫製職場

至っている。商品の分野は女性用革製ハンドバック、事務用のブリーフ・ケースであり、皮革製品ばかりでなく、合成皮革、布製まで展開している。

　販売先は国内20％、輸出80％と輸出主導型になっている。デザイナーを20人ほど抱え、BANA、千姿鶴という二つのブランドを持っている。特に、BANAブランドはロシアで評判が良い。輸出先としては、アメリカ40％、イタリア40％、ロシア20％ほどの構成である。現在、日本との間では取り引きはないが、商談に入っている。輸出品の製造のスタイルは自社ブランド（20％）、OEM（80％）であり、OEMの場合はユーザーがサンプルを提供する場合と、こちらのデザインから選択していく場合がある。

　輸出品の場合は、注文時に30％の支払いを受け、納品後に残りの70％を受け取る（振込）。1〜2月で売掛は回収される。この点、国内市場の場合には、支払いが悪い。ただし、国内市場は急成長を続けており、当社としても関心は小さくない。

　獅嶺鎮の事業環境は優れており、材料、副資材共に、ほぼ地元で調達できる。革の仕入先は多様であり、現金で仕入れている。副資材は比較的固定している。支払いが現金であるため、それなりの流動資金を保有していかなくてはならない。

写真4－9　鶴紳皮具制品廠の検査職場

　皮革関連産業が基幹となっている地元の獅嶺鎮はそれを育成していく構えであり、当社も鎮が造成した金獅工業区の現在地に2002年に移転してきた。敷地面積は1.5ha、建物の総床面積は1万㎡、4階建てになっていた。しかも、2～4階部分は材料裁断から縫製、検査まで全く同じレイアウトになっていた。新工場に移転し、事業基盤が固まってきた印象を受けた。

　　広州市内と皮具城に店舗
　問屋、卸売業が未発達な中国の場合、メーカー自らが販売の前線に立たなくてはならない。鶴紳皮具制品廠の場合は、広州市内と獅嶺鎮の皮具城の2カ所に店舗を出している。
　広州市内の桂花崗と梓元崗周辺には7000～8000の皮革製品の店舗が集積し、全国からユーザーを集めている。創業早々の97年にすでに店舗を出していたが、2002年に海外のバイヤーが集まる新興ホテルの中に移った。この新興ホテルは当初はホテルであったのだが、次第に皮革関連の店舗が占めるものになっている。自然発生的とされる広州市内の桂花崗と梓元崗周辺は、店舗の集積の効果が強く発揮されているのであろう。この新興ホテルの店舗はうまく機能しているとの評価であった。なお、バイヤーは工場を視察に来て生産能力を確認し、

第4章　世界に向けた集散地市場　179

それで OK となる。

皮具城は第3期分に2003年に進出した。当面は主として国内市場を意識した進出であった。皮具城第3期の4ブース（1ブース＝25m^2）を借り、100m^{2}の店舗としている。業績はいま一つだが、国際空港に近いことから、将来的にはおおいに期待していた。

以上のように、鶴紳皮具製品廠は地場の皮革関連産業で経験を積んだ地元の若者が独立創業し、主として輸出向製品の生産に踏み込んでいるというものである。そして、販売に関しては、伝統があり海外のバイヤーもやってくる広州市内の新興ホテルに店舗を構え、また、将来を見通して皮具城にも布石を置いてあるというものであろう。まさに、獅嶺鎮と皮革関連産業の発展の基本的な枠組みの中に身を置き、次の時代を見据えているのであった。それが産業集積がもたらす「地域的な雰囲気」ということになろう。このような「地域的雰囲気」と王氏のような成功する若者がいる限り、次の世代が登場し、集積の厚みはさらに深いものになっていくのである。

（2）温州から来たスポーツバッグ・メーカー（広州奥王達皮具）

獅嶺鎮の陽光大道に位置する奥王達皮具は、元々は浙江省温州のスクール・バッグのメーカーであった。温州も皮革製品の大産地であるのだが、地理的条件に恵まれないことから、90年代中頃以降、積極性のある企業は広東省に移転している場合も少なくない。

2006年現在、獅嶺鎮を中心にした花都に移っている温州企業は皮革関連、ジュエリー関連を中心に400～500社とされている。特に、花都の場合は皮革関連が多いとされる。奥王達皮具が立地し、皮革関連企業の集積する陽光大道の企業の80％は温州出身者で占められている。

温州から来て、地元の看板企業になる

この奥王達皮具の董事長・項積勇氏（1969年生まれ）は、温州の瑞安市出身。元々、父と姉が85年にスクール・バッグの製造を家庭工業のレベルで開始していた。項氏自身も学校に通いながら手伝う毎日であった。結婚して、92年に夫

写真4－10　奥王達皮具の董事長／項積勇氏

人と2人で独立し、50～60人の規模でスクール・バッグなどを生産していた。だが、95年の頃から、温州の周囲の企業が広州に移り始める。項氏もその頃には広州市内に店舗を出し、広州が窓口となり市場は全国から世界であることを痛感する。

　2000年には、管理者とデザイナー1人を連れて獅嶺鎮に移転してくる。200人ほどの従業員を集めてスタートしている。獅嶺鎮は原材料の環境が良く、また、鎮政府も熱心と評価していた。

　現在、従業員規模は約500人（その他、専属下請2社、従業員200人）、スクール・バッグから登山用のバッグまで多様な製品分野に展開している。デザイナーは約20人、自社ブランド「奥王」を持ち、獅嶺鎮の皮革製品メーカーの代表的な企業に成長していた。

　販売先は、国内70％、輸出30％であり、輸出の80％はヨーロッパであった。日本に対しては、以前、2～3社と取り引きがあったが、現在はない。直営の小売店はなく、国内販売は全国の200の代理店を通じている。輸出分は広州の梓元崗の「大世界皮具城」の事務所兼店舗で受け、貿易会社を通じて輸出している。輸出分の90％は自社ブランドであり、10％程度はOEMで受けている。

　獅嶺鎮の皮具城に関しては、第3期分の2ブース購入したが、現在のところ

写真4-11 奥王達皮具の職場

あまり効果はなく、他に貸している。広州市街は歴史もあり、ホテル等のインフラの水準が違うと評価していた。皮具城に製品を展示する店舗が集積するには、いま少しの時間が必要なようである。実際、広州の店で商談が進むと、バイヤーは獅嶺鎮の工場の確認に来るのであり、国際空港近接ということであれば、皮具城の意義は確実に高まっていくことは間違いなさそうである。

地域貢献、人材育成の課題

項氏の名刺を眺めると、本業以外にいくつかの肩書があった。広州花都区工商連合会執行委員、花都区温州商会常務会長兼秘書長、広州獅嶺皮具商会副会長とあった。温州から移転してきてわずか6年、地元産業の重要な企業に成長していることがよくわかった。

温州の人びとは集団で全国から世界の各地に移動し、独特な事業展開を進めることで知られている。この花都にも400～500企業が来ており、2003年には温州商会が設立されている。会員は約200人とされているが、刻々と増加している。項氏は温州商会のナンバー2のようだが、トップには先に見たフランス国籍の温州人が就いている。このフランス人の人望は厚く、貧しい子供たちへの奨学金（12万元）、消防車（30万元）、道路建設（20万元）など70万元を地元に

寄附しているのである。

この温州商会の活動は、会長の指導の下に、管理技術のセミナー、銀行の融資のセミナーなどの開催、婦人会などの事業も行っている。

項氏も人材育成には意欲的であり、中山大学に社員を研修に出している。将来のイメージとしては、企業管理の高度化、ブランドの浸透というところに置いてあり、人材育成に強い関心を抱いているようであった。

以上のように、温州出身の項氏は、より事業環境に優れる広州の花都区獅嶺鎮に進出し、地元の看板企業に成長しながら、地域への貢献、人材育成、ブランドの確立など、まだ経験の浅い中国民営中小企業が多い中で、一つ先の課題に向かっているのであった。従来、地域的な制約が強く、企業が自由に移動することは難しかったのだが、市場経済化の推進、民営中小企業の発展という新たな枠組みの中で、経済活動の重心は確実に移動しているのである。特に、広東省広州、そして花都区はさらに潜在力を高めていくことは間違いなさそうである。

（3） 浙江省義烏人が花都で創業（広州市斐高箱包）

浙江省の義烏と言えば、中国最大の消費財市場の「中国小商品城」で知られている。街全体が消費財の卸売市場と化しているが、特に中心にある「中国小商品城」は圧巻であり、約24万㎡の建物の中に約2万4000の店舗がひしめいている。日本の「100円ショップ」の多くは、そこで仕入れているとされている。

義烏出身の虞興龍氏（1972年生まれ）は、新疆ウイグルの経済系の大専（3年制の短大）を94年に卒業。その後も新疆ウイグルに留まり、スポーツバッグ関係の商売に従事していた。仕入れの関係で獅嶺に来ることが多く、花都には深い関心を抱いていた。「材料の仕入れ、情報収集、国際貿易を視野に入れるならば、花都」と考えていた。

98年には意を決して花都で創業する。26歳の時であった。当初の資金は3万元、30人ほどの従業員を集めて家庭工業のレベルでスタートした。2004年2月には現在の陽光大道の新工場に移り、2006年3月現在、従業員700人に膨れ上

がっているのである。

皮具城のある花都に進出

取り扱っている製品は、布製のバックパック、ショルダーバッグといったスポーツバッグが中心であるが、プラスチック製のスーツケースなども手掛けている。皮革製品はあまり取り扱ってはいないが、中国では布製のスポーツバッグは皮革製品の範疇に入り、花都の「獅嶺（国際）皮革皮具城」でも材料仕入れ、製品販売が可能である。

製品開発は基本的には社内で行い、材料仕入、裁断、縫製の一貫生産を行っているが、内製は3分の1ほどであり、3分の2は周辺の企業に委託している。委託先は固定的なところが12社ほど。大半はローカル企業であるが、中には台湾企業が2社ほど含まれている。生地の仕入は80〜85％は国産品、15〜20％程度は特別な生地であり、主として台湾から輸入している。当方から特注している場合も少なくない。

2001年までは東欧との間で国境貿易（バーター取引）を行っていたが、2001年からは一般の国際貿易に切り換えている。現在、輸出の比重はヨーロッパを中心に60％程度である。なお、輸出の場合は自社ブランド品の方が多くなって

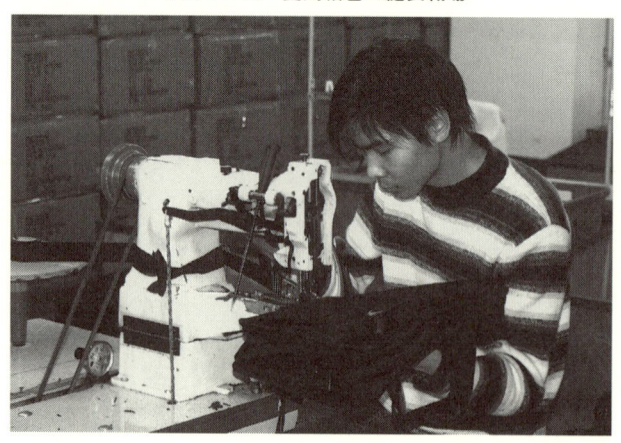

写真4—12　斐高箱包の縫製職場

写真4—13　斐高箱包のショールーム

きた。ブランドは2006年になってもう一つ（威王、Winking）増やし、現在では4種類に増加している。最近の関心は、知的財産権の確保に向いていた。日本との間では、日本の商社〜香港の商社を通じて行っているが、興味深いことに、日本の自衛隊向けのバッグ類100型ほどを商社経由で請け負っていた。自衛隊が採用するほどのものであるとすれば、品質は全く問題ないのであろう。

チャイニーズ・ドリームを実現した若者

この斐高の場合、名刺には「広州市斐高箱包有限公司」と「斐高（香港）国際有限公司」と看板が二つ並べてあった。この香港法人は2000年に開設したものであり、情報収集、営業の窓口としている。従業員は3人の規模である。あわせて、広州市斐高箱包有限公司には香港からの資本も入れてあり、外資企業扱いにしていることはいうまでもない。この広州周辺のローカル企業は、こうして外資企業の優遇を獲得していくのである。

また、この斐高の場合、輸出を重点に事業を進めているが、国内販売にもキチンと対応している。虞氏の縁の深い新疆ウイグルと義烏には直営の営業所を構え、その他全国に約20の代理店を組織している。現在、義烏の「中国小商品城」にも店舗を出している。国内拠点としては花都と義烏、対外的には花都と

香港というフォーメーションは、実に興味深い。広州の花都を媒介に国内と海外が開けているのである。

さらに、2006年6月にはスーツケース用の工場が近くでスタートする。また、皮革関係の研究所を皮具城の近くに設立する計画にもなっていた。斐高箱包への今回の訪問（2006年3月）は、2005年1月に続いて2回目なのだが、確実に進化していた。

今回、斐高箱包を訪れる直前に、獅嶺鎮政府の会議室で地元の紹介のDVDを観たが、画面に何度か斐高箱包が登場していた。明らかに、この若者の経営している斐高箱包は、地元の代表的企業の一つになっていることがよくわかった。皮具城への進出に関しては「計画中」とのことであった。

この虞氏を見ていると、広東は中国の若者の「夢」を実現できる「場」であることを痛感させられる。30歳前後で地方から出てきた若者が、意欲次第で劇的な成功を収めていく。チャイニーズ・ドリームというべきであろう。その受け皿が広州の地に用意されている。このような虞氏のような若者がここには大量に育っているのである。

おそらく、これから日本の中小企業、特に次の時代を担う若い経営者、後継者の方々が交流を重ねるべきは、この層であろう。事業意欲は旺盛であり、世界的な視野を備え、物事を合理的に判断している。この人びとと交流を重ね、停滞気味の日本に活力を取り戻していかなくてはならない。

虞氏に「地元に若手経営者の会はあるのか」と尋ねると、彼は「花都区政府主催の座談会のようなものが時々ある。正式の会はない。広州の範囲では広州青年企業家協会がある」と語っていた。そこにはチャイニーズ・ドリームを実現した若者が結集しているのであろう。日本の若手経営者たちとの交流が行われていくことを願わずにはいられなかった。

（4） 日系企業から転出してバッグメーカーを創業（広州雙鑽皮具製品）

近年、花都には日系の自動車部品メーカーが大量に進出を開始しているが、それ以外の産業分野の企業の進出は少ない。比較的目立つのは、下着のワコールと安全靴のミドリ安全ぐらいであった。ただし、このような進出企業は十数

年の歴史を重ねており、そこで経験を重ねた地元の人材が、新たに独立創業していくことも見られるようになってきたことはまことに興味深い。

ここでは、花都出身で地元の外語大学（広州外国語学院、1995年に広州海外貿易学院と合併し、現在は広東外語外貿大学になっている）で日本語を学び、地元に進出してきたワコール、ミドリ安全に勤め、その後、地場産業の皮革関連で新しい領域を切り開こうとしているケースを見ていくことにする。

爬虫類のバッグで日本市場に参入

広州雙鑽皮具製品の経営者である胡秋寳氏は、1967年、花都区の生まれ。長じて広州外国語学院の日本語科で学ぶ。大学卒業後、花都に進出してきた日系のワコールに入社する。ワコールの中国進出の第1号は北京（1986年）、その経験を踏まえて花都に輸出向け工場を95年に設置したのであった。数年の経験を重ね、その後、ミドリ安全に移籍している。そこで、さらに経験を重ね、2004年、夫婦2人と中国系シンガポール人の技術者の3人で独立創業している。37歳の時であった。出資者はこの3人である。2000年代に入ってから、辺境の地と思えた花都も賑やかになり、胡氏の独立創業意欲が高まったものと見られる。ただし、広東省の最近の動きを見ると、胡氏の30歳代後半になってからの独立はやや遅い部類に入る。

広州雙鑽皮具製品の事業はハンドバックの生産だが、その中でもクロコダイル、オーストリッチ、ヘビなどの爬虫類の革に特化する特殊な領域に入っていった。この領域に入るキッカケは、夫人が友人と爬虫類等の皮革材料を扱う貿易会社を経営しており、材料の調達ルートを持っていたことが大きい。また、胡氏自身、友人から地場産業のバッグのメーカーになることも勧められていた。日系企業に長年勤め、日本の事情に明るい胡氏は、このような事情を背景に、日本市場向けの爬虫類のバッグという特殊な領域に踏み込んでいったのであった。

創業してわずか2年だが、従業員規模は110人になっている。作業工程はほとんど手作業であり、月の生産能力は2000～3000個程度である。材料はオーストリッチは中国でも養殖されているが、クロコダイル等は主としてインドネシ

写真4—14　胡秋寶氏

写真4—15　雙鑽皮具製品の現場

ア、マレーシア、シンガポール経由でアフリカから直接輸入している。
　爬虫類のバッグは特殊な市場を形成しており、値段の高いものは最終小売価格で180～250万円もする。ユーザーの80％は日本であり、一部、ロシア、アメリカへの輸出もある。中国国内には一切販売していない。国内にも需要はあるが、売上の回収の問題、偽物の問題があり、当面は参入する気持ちがない。現在のところ、国内市場に耐えられる体力が備わっていないとの判断であった。

特殊な市場で存在感を高める

　ユーザーとの接触は皮革関連のフェアが主体であり、特に、香港の展示会（春、秋）は効果的である。この香港の展示会には、世界中から皮革材料商、バッグ屋、ファースナー、裏地、機械設備業者などまでが参集する。

　特殊な市場だが、日本市場はかなり大きい。この領域は一部に世界的なブランドもあるが、日本の場合、特殊な専門店のブランドも少なくない。東京の銀座などには爬虫類のバッグ専門店がある。当社の場合は、それらの専門店に卸す卸売業者からの受注となる。そのような卸売業者は小規模のものだが、東京大阪、京都、岐阜などにある。

　バッグのデザインはユーザーからのサンプルによる場合もあるが、大半は社内で行っている。社内のデザイナーは技能を高めた職人から選抜し、デザイナーとしての技量を身につけさせていく。現在、4人のデザイナーがいる。ただし、彼らは特別な教育を受けてはいるわけではなかった。

　日本国内でも爬虫類のバッグを作っているところはある。ただし、若い人は少なく、職人の高齢化が著しい。将来の供給力に不安がある。爬虫類のバッグとなると、日本全国でも職人の数は200人程度しかいない。今後、ますます減少するものと見られている。胡氏とすれば、自分たちと提携していくことを提案していた。当社の場合は31歳の中国系シンガポール人の技術者が指導にあたり、従業員の平均年齢は22歳であり、将来的な不安は少ない。

　また、従業員の定着率は高い。この業界の場合、技術を身に着けても、材料仕入れルートと販売ルートを確保することは難しく、従業員の独立創業は容易ではないようであった。

　現状、全国的にライバルは少なくないが、いずれも規模は小さい。また、地元の花都でライバルといえるのは1社のみであり、従業員規模は170人ほどと当社よりはやや規模的に大きい。

　以上のような点を含めて、花都に立地している広州雙鑽皮具製品の特徴は、夫人の経験から材料調達のルートを保有していること、日本語の堪能な胡氏自身が日系企業での経験が深く、日本のユーザーの指向を理解できていること、

シンガポールの技術者を全体の技術指導の柱にしていることなどであろう。それが、創業2年ほどでそれなりの規模に達してきた最大の理由であるように思う。今後はさらにインターネットを使った直接販売も視野に入っていた。

また、皮革関連業種の揃っている花都では、副資材等の調達は容易であり、さらに、皮革関連製品を生産している地域的な雰囲気も、従業員の確保等にも良い影響を与えているものとみられる。このような条件を組み合わせて、胡氏は興味深い事業に踏み出しているのであった。

4．世界の集散地市場に向けて

以上、見てきたように、花都と獅嶺は実に興味深い可能性を秘めている。香港資本による巨大な皮革皮具城の形成、浙江省から進出してくる企業群の存在など、これからの地域発展の可能性を象徴している出来事ではないかと思う。このように中国を代表する大都市の近郊で、巨大な生産力が形成され、深いサプライチェーンが生まれ、そして、世界のバイヤーを惹きつけているという事実は、産業集積と物資流通という側面から中国の新たな可能性を示唆するであろう。

本章を閉じるこの節では、東アジアの集散地市場を目指す広州、花都、獅嶺の今後の課題というべきものを整理し、そのための発展戦略ともいうべきものを示しておくことにしたい。

中国型の「集散地市場」形成

獅嶺の皮革産業は農民が材料を調達し、鋏とミシンと自転車で創業するというところから始まっている。鋏とミシンで簡易なバッグなどを生産し、自転車で数十キロ先の広州の市場に運んだということであろう。そして、何人かの農民の成功は周囲に刺激を与え、地域をあげて皮革製品の生産に踏み込んでいく。改革・開放以後の中国の市場拡大は著しく、80～90年代は量的拡大が進んでいったであろう。

そして、獅嶺に皮革製品の生産者が増加するにつれ、原材料、副資材を取り

扱う卸売業者が大量に成立していった。彼らは全国の原材料メーカーの直営店か代理店である。特に、後者の場合は、メーカーから現金で仕入れ、品揃えをしていかざるをえない。中国の現状では、小規模卸売業者は現金以外で仕入れをすることは難しい。そのような結果、獅嶺では、現在、皮革製品のメーカーが2700、原材料を取り扱う業者が2200というほどの大集積を形成することになった。

　他方、位置的条件に優れている広州市街地に自然発生的に巨大化した卸売市場は、中国国内ばかりでなく、世界のバイヤーを惹きつけていく。獅嶺のメーカーたちはこぞって広州市街地に店舗を設け、内外のバイヤーたちと付き合っていく。こうして広州市街地は集散地的機能を高めていった。

　ただ一つ日本の集散地と決定的に異なるのは、集散地に有力な問屋、卸売業者といった商業資本が十分に生まれていない点であろう。広州市街地の市場に店舗を設置しているのは大半はメーカーであり、さらに仲買的な小規模卸売業者にすぎない。また、これら小規模卸売業者も工場を保有することに積極的である場合も少なくない。他方、かなりの程度成功したメーカーは、自前で海外営業部門を保有し、外国に営業所を展開していくなどが見られていくのである。

　有力な問屋、卸売業者が成立していくためには、巨大な資本力が形成され、また、信用取引が成立する社会的条件が必要になる。だが、改革・開放後、30年になろうとしている中国では、いまだ信用取引が成立する条件を形成していない。あるいは、今後もこのままで行くのかもしれない。むしろ、その可能性が高い。

　であるならば、中国型の「集散地市場」とは、表面的には、現在、各地の専業市場に見られるような、小さなブースを大量に積み重ねる形となるであろう。ただし、内面的には、従来の地域的な制約の下にあった温州などの「専業市場」とは異なり、全国から売手を集め、さらに、全国、世界から買手を集めるというものになろう。特に、広州エリアの場合は、空港、港湾能力が際立ち、世界から買手を集めていく可能性が高い。この点は、中国の他の大都市より際立っていると言ってよい。

　そうした点を理解するならば、花都、獅嶺の集散地市場化の課題は自ずと明

らかになっていくであろう。

人びとの「思い」を深め、国際水準の空間を形成する

　獅嶺の皮革皮具城は、当然、製品市場の形成も深く意識しているのだが、現状は原材料市場にとどまっている。一部に地元の有力企業が製品店舗を出すことも試みているが、広州市内の市場に比べて集客力が乏しく、今後、さらに空港が充実し、ホテルその他の社会インフラが整うまで難しいとの判断を下している。当面、海外市場対応は広州市街地の店舗に委ね、獅嶺の皮具城は国内の実績を重ね、次につなげていくための店舗と考えているようである。

　空港やその他のインフラが開発途上にある現在、以上のような受け止め方は、極めて現実的なものであろう。地元としては、彼らが指摘するホテルその他のインフラ整備を積極果敢に進めていくことが何よりである。

　ただし、広州市街地の店舗で打ち合わせを重ねた後、ほとんどの買手は工場の確認に来る。その際、外国人のバイヤーを皮革皮具城に案内することは重要である。おそらく外国のバイヤーたちは、皮具城の規模と向かおうとしている未来に驚愕するのではないか。彼らは深く印象づけられることは間違いない。そうした積み重ねが必要なのである。この点、皮革皮具城に進出している企業にも、外国人を幅広く受け入れていくことを深く浸透させていく必要がある。私自身、2005年1月に案内され、驚愕し、一つのテーマとして、この報告を執筆しているのである。

　そして、近い将来、空港がさらに充実し、周辺のインフラが劇的に改善された暁には、花都と獅嶺のポテンシャリティは飛躍的に高まる。現在の輸出は広州市街地、国内は獅嶺という構図は逆転し、花都と獅嶺が輸出、広州市街地は国内ということになる可能性が高い。そのためには、空港から花都市街地、そして獅嶺に至る空間が、世界に通用する高品質なものとして形成されていく必要がある。ホテル、ビジネスサービスのインフラ、ショッピング、レジャー等が国際水準でなくてはならない。花都、獅嶺の人びとの「思い」と現在の勢いからすれば、それは時間の問題のようにも思う。近い将来、花都と獅嶺は確実に世界に向けた「集散地市場」になっていくであろう。

心に響く豊かな「サービス」を

　その場合、地元企業や関係者は世界に通用する「モノづくり」「サービスの提供」に腐心していく必要がある。世界には「ドイツの品質」「中国の価格」「日本のサービス」という言い方がある。各国企業の競争力の源泉を象徴した言葉である。この三つの要素を取り入れたところに、花都と獅嶺の新たな世界が拡がっていくのではないかと思う。特に「サービス」は難しい。中国の企業が「価格」の時代から「品質」、そして「サービス」の時代に向けて、より深い取り組みを重ねていくことを期待したい。

　また、花都の場合には、皮革関連産業に加え「ジュエリー関連産業」の集積も始まり、近々、魅力的な空港に隣接する「交易センター」も形成される。皮革製品、ジュエリーはファッション産業を構成する重要な要素であり、相互に深く関連しながら相乗効果を高め、地域全体をファッション性の高い雰囲気のものにしていくことが必要であろう。この二つの産業が充実し、集散地的性格を強めていけば、世界から人びとが集まってこよう。その場合、市場や生産の現場を公開していくことは、新たな可能性を導くことになろう。企業や関係者においても、訪れる人びとの心に響く豊かな「サービス」を提供していくことが望まれる。

　最後に、以上のような課題を乗り越えていくには、何よりも「人材」が必要になる。政府やサービス機関の人材、企業を経営、管理していく人材、さらに新たな時代を切り開く優れた感性に満ちた人材、真面目にモノづくりを高めていく人材など、求められる人材の幅は広い。

　現在の花都は発展が急速なため、今後、人材の問題に直面していく懸念も大きい。人材育成には時間がかかる。先の章で見た広州汽車学院などは極めて興味深い取り組みである。今後も人材育成のための多様な取り組みを重ね、全国、世界から可能性に満ちた人びとを惹きつけでいくことが求められる。そのためには、まず、現在の花都の人びとが魅力的でなくてはならない。そして、明らかに、現在の花都の政府関係者、サービス機関の関係者、企業経営者たちは希望に満ちた積極的な人びとが多いことが指摘される。

地域を豊かにしていくための取り組みには時間がかかる。花都の人びとが現在の「思い」を持続させ、世界に深く語り続けていくことが求められているのである。

1) この点に関しては、関満博『「現場」学者中国を行く』日本経済新聞社、2003年、第1章、第7章を参照されたい。
2) このような温州型の「専業市場」の状況と、その意味するところは、関満博『中国市場経済化と地域産業』新評論、1996年、第10章、第11章、関満博編『現代中国の民営中小企業』新評論、2006年、第6章を参照されたい。
3) 集散地市場の意義に関しては、関満博『伝統的地場産業の研究』中央大学出版部、1985年、第5章、同「地場産業における流通制度の諸問題」(『成城大学大学院創設20周年記念論文集』1988年)、同『地域経済と中小企業』ちくま新書、1995年、第1章を参照されたい。
4) こうした江戸中期の在方市の状況に関しては、伊藤好一『江戸地回り経済の展開』柏書房、1966年、同『近世在方市の構造』隣人社、1967年、林玲子『江戸問屋仲間の研究』お茶の水書房、1967年、などがある。
5) このような流れの具体的なものとしては、関満博『地域経済と地場産業』新評論、1984年、同、前掲『伝統的地場産業の研究』を参照されたい。
6) この点については、関、前掲『中国市場経済化と地域産業』第10章、第11章を参照されたい。
7) このような温州の産業化に関しては、兪雄・兪光『温州工業簡史』上海社会科学院出版社、1995年、が参考になる。
8) このような具体的なケースについては、関編、前掲『現代中国の民営中小企業』第6章を参照されたい。
9) 以下の獅嶺鎮の統計数字は、『花都年鑑』2005年、『広州市花都区国民経済統計資料』2005年、による。
10) 広東の民営中小企業の状況に関しては、関編、前掲書、第8章を参照されたい。
11) 珠江デルタの外資企業の動きに関しては、関満博『世界の工場／中国華南と日本企業』新評論、2002年、関満博編『台湾IT産業の中国長江デルタ集積』新評論、2005年、補論Ⅱ、補論Ⅲを参照されたい。

第5章　新たな産業集積の形成
——花都（国際）金銀珠宝城——

　第4章で扱った獅嶺（国際）皮革皮具城は、1999年から香港の資本家である張有為氏が建設したものであり、工業団地も2002年から獅嶺鎮レベルで推進されている。しかも、獅嶺鎮の皮革関連産業は、もともと70年代に下放技術者によってもたらされた技術を基盤に、長い時間をかけて培われてきたものでもあった。これに対し、この第5章で扱うジュエリー産業は、花都区の産業としては非常に新しく、戦略的に形成されたものとして注目される。

　現在ではジュエリー産業は自動車産業、皮革関連産業とともに花都区の三つの支柱産業（基幹産業）の一つに位置づけられている。また、2006年3月には、中国軽工業連合会・中国珠宝工業協会から「中国のジュエリーの都」の称号を受けた。

　花都区でジュエリー産業が発達し始めたのは2001年からであり、その後の急速な発展によって花都区の基幹産業になりつつある。さらに、広州白雲国際空港のすぐ近くに整備される予定の交易センターが完成すれば、華南地区の集散地ばかりでなく、中国全体、さらには世界の集散地となりうる可能性を秘めている。この章では、花都区のジュエリー産業集積の基盤となった、花都（国際）金銀珠宝城（ジュエリー・タウン）の歩みと現状、そして将来の課題というべきものを見ていくことにする。

1. 戦略的な新たな産業形成

　珠宝城を語る場合、二人の人物を外すことはできない。陳国氏（1955年生まれ、前花都区書記、現広州市政府秘書長）と謝東志氏（1968年生まれ、前花都区副区長）である。謝氏は花都区出身、短大卒業後に26歳の若さで花都区の炭

写真 5-1　前花都区副区長の謝東志氏

歩鎮長に就任している。その炭歩鎮で1997年から工業団地誘致に実績を重ね、花都区長助理かつ新華鎮長として抜擢された。謝氏は新華鎮の鎮長として98年から新華工業園の整備を行い、アメリカ工業団地と珠宝城を建設していった。

　アメリカ工業団地建設計画のきっかけは、外資系企業を誘致するためにはレンタル工場が必要であると考えたからであった、当時の花都区にはレンタル工場がほとんどなかった。技術はあっても資金力の乏しい企業にはレンタル工場が必要であり、2004年に空港の移転が予定されていたこともあり、レンタル工場は将来的には倉庫としての需要も期待できた。この工業団地を建設するにあたっては、謝氏は各地を訪ね、遠く海南島にまで視察に赴いて現場の感覚を磨いている。また、実際の企業の誘致にあたっては、例えば200社の企業を集めたパーティーを開催し、各企業の代表と1杯ずつ合計200杯の乾杯をしたなどの逸話が残っている。このアメリカ工業団地の成功は謝氏の行動力による部分が非常に大きい。

　次いで珠宝城が建設されたが、これには2000年に陳国氏（1955年生まれ）が番禺市長（当時は番禺市、2000年に広州市に編入されて、現在は番禺区）から花都区長に転身したことが大きく影響している。番禺区は現在では中国を代表するジュエリーの産地となっているが、80年代、陳氏が番禺区のジュエリー産

写真5－2　アメリカ工業団地

業発展の基礎となった企業の工場長をしていたことが興味深い。その後も陳氏は、ジュエリー産業などを管轄する軽工業局の局長、番禺市欖核鎮長、番禺市長などを経ながら、一貫してジュエリー産業の育成に関わってきた。

珠宝城建設の経緯

その陳氏が謝氏とともに花都区の新華鎮に珠宝城を建設しようとした理由は、市場が成長していることに加え、地元経済に貢献できる点にあった。特に、雇用面と輸出型産業としての期待が大きかった。当時はアメリカを中心とする世界的な好況の中で、ジュエリーの輸出の拡大が期待されたのである。輸出拡大は花都区全体の目標でもあったが、その後、実際に新華鎮のジュエリー生産の7割が輸出されていることから、この目標は十分に達成されたことになる。

さらに、広州白雲国際空港の建設も輸出にとって有利に働くという判断もあった。また、国内市場の成長も期待できた。中国の経済成長に伴い国内のジュエリー市場も大きくなっている。中国のジュエリー産業はこれまで輸出が主流であったが、中国の人びとが豊かになることで、ジュエリーの国内販売が増える傾向にある。2005年には中国全土で1300億元（約1兆9000億円）と、同年の日本の市場規模1兆2677億円をすでに上回っているが、今後も急激な成長

が期待される。

地元経済への貢献に対しては、特に雇用創出効果があげられる。ジュエリー産業は加工部門において労働集約的な側面が強く、機械化された産業に比べて地元雇用に貢献できる余地が大きい。2005年末までに1万5000人の雇用を生み出しており、2010年までには10万人の雇用創出が期待されている。このように、直接的にも10万人の雇用が期待されているが、これだけ就労者が増えることで、レストランなどの第3次産業が発展し、さらに幅広い雇用を生むことも期待される。もちろん、就労人口の増加による税収増が地元経済にもたらす影響なども無視できない。

珠宝城への企業誘致

このように、市場の成長が予想され、地元経済への貢献も大きいことを期待して、2001年から陳国氏と謝東志氏は珠宝城の建設を進めていった。この際に役立ったのが、陳氏の番禺時代からの人脈とされる。陳氏は香港ジュエリー協会の会長と旧知の仲であり、そのツテを頼りに香港企業の誘致から始めていった。進出第一号は香港系の来福であった。その後、トルコ、ポーランド、フランス、イギリス、アメリカと世界各地を企業誘致で訪れている。陳氏自身もトルコに1回、台湾に2回と各地に赴いているが、さらに謝氏が細かく企業を訪問することで誘致にこぎつけていった。まさに、陳氏の計画力と謝氏の実行力によって新たな流れが形成されたと言えるであろう。

第1期の500畝（約33ha）は香港企業を中心に、ヨーロッパなど世界各地からの50社が集められた。続く第2期の800畝（約53ha）は「台湾珠宝園区」と名付けられ、台湾企業が集中的に誘致されており、現在では32社が立地している。台湾は半貴石の世界的な加工センターであり、一時は世界シェア80％を占めたが、近年はそれらの企業の大半が中国本土に移転し、特にこの花都に集中している。この台湾系企業の中でも代表的なものが石頭記であり、後のケース・スタディで見るように、中国全土に800店もの店舗を展開するところまできている。

2. 珠宝城の形成と輪郭

　以上に見てきたように、謝東志氏が新華鎮長として工業園を整備していたところに、番禺区で長くジュエリー産業にかかわってきた陳国氏が花都区長として赴任してきたことで、一気に珠宝城の計画が推進されたのであった。そこで、この珠宝城についてより詳細に見てみることにしよう。

（１）　新華鎮のジュエリー産業と珠宝城

　新華鎮は花都区の中心市街地を形成し、面積111km^2、戸籍人口25万人に対し外来人口30万人が暮らす地区である。2004年の工業生産額は104億元（約1520億円）で対前年比16.8％の伸びを示し、同年の納税額は30％増加して6.5億元（約95億円）となっている。このうちジュエリー産業はまだ生産額で2.7億元（約40億円）、納税額で1300万元（約2億円）に過ぎないが、輸出額は2410万ドル（約28億円）と生産額の7割を占めている。また、2005年末の就業人員数は1万5000人と、雇用という面ではすでに新華鎮でも重要な産業になっていることがわかる。2010年までの目標は、生産額30億元（約440億円）、納税額2億元（約30億円）、就業人員数10万人とされている。

珠宝城の概要

　珠宝城の総面積は5000畝（約333ha）、そのうち2300畝（約153ha）は開発済みで、世界各地から82社が進出している。代表的な企業としては、中国全土に800店舗もの加盟店を展開している台湾系の石頭記や、ジュエリー業界では世界のトップ10に入るトルコ系の阿塔賽（ATASAY JEWELRY）などがあげられる。

　この珠宝城のインフラ整備などを行う会社として、珠宝城有限公司が存在する。この会社は政府の出資によって設立され、2006年3月現在で50人の人員を抱えている。工場は土地を分譲する場合とレンタル工場の両方があり、レンタル工場も標準工場とオーダーメードの両方が存在する。香港系企業や欧米系企

写真 5 — 3 珠宝城の模型

写真 5 — 4 中国人民銀行広州分行の許可証

業の場合は、来料加工（委託加工）がメインであるためレンタル工場の利用が多い。他方で中国国内市場向けが多い台湾系は、8割の企業が分譲された土地を購入しているということであった。

　珠宝城有限公司にとってインフラ整備とともに重要な役割として、珠宝城内の人材管理が興味深い。珠宝城内の企業の従業員の個人情報を同社が管理し、

珠宝城内で人材の引き抜きが行われないようにチェックしている。これは、珠宝城内の企業の共存共栄に基づく、珠宝城全体の発展のために必要とされている。

珠宝城有限公司の傘下には、華業金銀珠宝首飾と怡和対外加工装配服務の2社が存在する。前者は貴金属の加工の認可を得るための企業であり、後者は通関サービスを行う企業である。中国では貴金属は戦略物資として国家の厳しい管理化にあり、許可を受けた銀行など以外、本来は自由に扱うことはできない。そこで、華業金銀珠宝首飾が中国人民銀行から貴金属を扱う許可を受け、珠宝城内の企業に貴金属を扱う許可を与えている。また、貴金属の輸出入についても政府の規制があるため、珠宝城内の企業は怡和対外加工装配服務に通関を委ねることになる。

第1期区画

第1期の500畝（約33ha）は香港系企業を中心に、欧米など世界各地の企業や中国国内の企業など50社が集められている。このうち30数社がすでに量産に

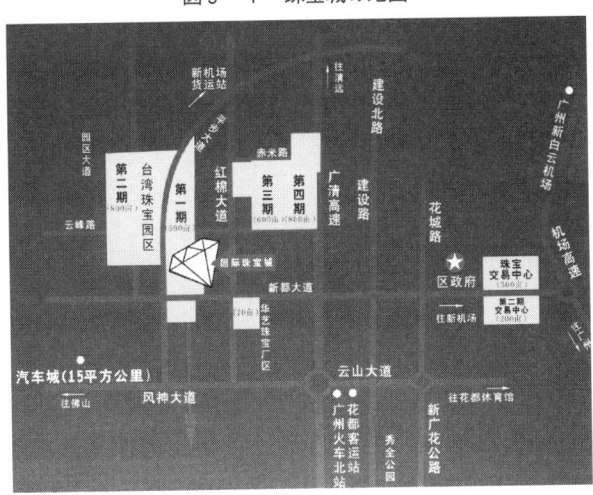

図5－1　珠宝城の地図

資料：『広州花都（国際）珠宝商会』2005年度

写真5—5　珠宝城第2期の建設現場

入っている。欧米系企業はトルコ、ポーランド、フランス、イタリア、アメリカなど様々な地域から有力な企業が進出している。また、中国国内からは、もともと宝石産地として知られていた河南省や山東省の企業や、広東省潮州の企業が多い。

第2期区画（台湾珠宝園区）

続く第2期の800畝（約53ha）は主に台湾企業向けに開発されており、すでに32社が進出の調印をしている。ただし、2006年3月末の時点で量産に入っているのは、石頭記ともう1社の2社だけである。これらの台湾企業は中国国内向けの生産がメインであるため、今後は珠宝城のメインも輸出向けから徐々に国内向けに移っていくことが予想される。2005年末では輸出向けが80％であるが、調印済の32社全てが稼動する2007年10月には輸出向け40％、国内向け60％となる予定である。

（2）　市内のジュエリー・ストリートと交易センター

現時点では花都区の中心市街地である、四つ星ホテルの新世紀酒店や広州市内に本店を持つ広州百貨店の周辺に、宝飾店の集積地ができる計画となってい

写真5－6　六福ジュエリー

る。現時点では20数店舗にすぎないが、六福や周大福など香港を代表する有名宝飾店が立ち並んでいることは興味深い。ここに一大ジュエリー・ストリートを整備する計画であり、最終的には宝飾店だけで1300店舗が立地する予定となっている。

　花都市街地の六福の店内は金・プラチナ・軽金属（合金など）に売場が分かれている。金とプラチナは基本的に重量と価格が比例していることが興味深い。金は1g当たり195元（約3000円）、プラチナは420元（約6100円）であり、この価格は金やプラチナの相場を反映して毎日更新される。実際に商品を購入する場合には、この価格に加え、5gまでは80元（約1200円）、5～10gは120元（約1800円）、10～20gは160元（約2400円）の加工費を支払うことになる。デザイン料という概念はないようであった。また、軽金属の方は400～500元（約6000～7500円）程度が相場であった。

　周大福も一見すると六福と似た内容だが、周大福は真珠を用いたジュエリーも扱っており、プラチナの販売方式も異なっていた。金は六福と同じく1g195元（約3000円）だが、プラチナは2000～3000元（約3万円～4万5000円）など値札がつけられており、グラム単価は表示されていない。実際には、六福のプラチナ製品も5g程度であり、1g420元であれば価格帯として六福も周大福も

図5−2　六福の店舗内の模式図

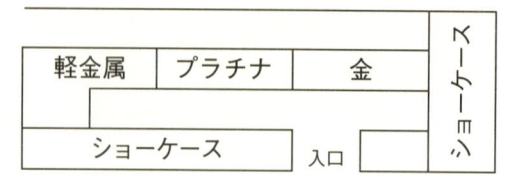

軽金属	プラチナ	金	シ
ショーケース		入口	ョーケース

図5−3　周大福の店舗内の模式図

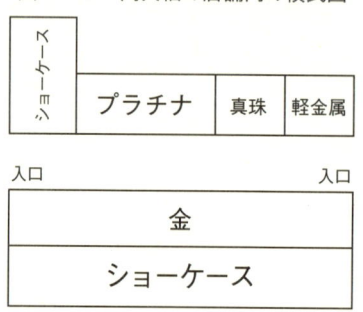

```
ショーケース  プラチナ  真珠  軽金属

入口                入口
        金
      ショーケース
```

同程度であるが、販売方式の違いは興味深い。

　後のケース・スタディで見る東方珠玉首飾廠の彭学新総経理も「若い人は金を俗っぽく思い、プラチナが好まれるようになっている」「特に婚約指輪としてプラチナの指輪を贈るのが流行っている」と語っていたが、中国人の貴金属観が変わりつつある。かつては装飾品であると同時に資産として金製品を購入しており、重量が直接価格に反映されていた。だが、ここに来てプラチナをあくまで装飾品として扱い、重量に直接関係ない値段で購入する傾向が見られ始めている。今後、六福などもプラチナについて同様の方針をとるのか、さらには金製品についてはどうなるのかという点は非常に興味深い。

　　交易センター
　交易センターは空港からわずか数分という好立地に建設が予定されている。第1期が300畝（約20ha）、第2期は当初200畝（約13ha）の予定であったが、その後第2期は400畝（約27ha）に計画が拡張された。第1期と第2期を合わ

せて700畝（約47ha）という、東京ドーム（約4.7ha）の10倍にもおよぶ広大な敷地となる。そこに、大型の展示ホール、ジュエリー関係の店舗、FedExの物流施設など合計60〜80万m²もの広さの建物群が計画されている。さらに周辺は商業地と住宅地として開発され、五つ星ホテル2棟と四つ星ホテル1棟も商業地内に建てられる。交易センターの完成予定は2010年前後であり、珠宝城の第3期と第4期の完成も同時期を予定している。

　交易センターは外国企業が中国市場に参入する窓口でもあり、中国企業が世界中に輸出するための窓口にもなると位置づけられている。中国三大空港の一つである広州白雲国際空港の間近であり、五つ星ホテルも整備されれば、世界中から業者が集まる拠点となることも期待される。さらに、第4章でも検討したように、ジュエリーだけでなく、ジュエリーとも関係の深い皮革製品などファッション関連の一大集散地となる可能性も秘めている。その起爆剤として、この交易センターの整備は花都の将来に重大な影響を与えることになろう。

3．花都のジュエリー関連企業

　珠宝城は第1期、第2期と整備され、第3期の開発へと進んでいる。第1期は香港系企業を中心として世界各地からの企業を集め、第2期は「台湾珠宝園区」と名づけられて台湾系企業が集められている。ここでは、第1期と第2期を代表する企業について詳しく見ていきたい。

（1）香港からの進出企業（東方珠玉首飾廠）

　東方珠玉首飾廠のオーナーはアメリカ国籍の中国人であり、香港系の独資企業として進出している。同社はもともと1979年に香港で創業したが、その後は深圳市、従化市と移り、現在は広州市花都区に拠点を置いている。

　中国大陸への展開は人件費の高騰などの理由からであり、同社は90年に深圳市梅林鎮の珠宝城内に工場を移転している。だが、その梅林の珠宝城は通関業務を2カ月間放置するなど、様々な問題を抱えていた。こうしたことから、96年に広州市北部の県レベルの市である従化市に移転した。従化市では通関業務

を従化人民銀行の傘下の企業に委ねたところ、問題がなくなったため、同社の経営は軌道に乗って成長することになる。しかし、従化市の工場は1階建てで手狭だったために、2003年7月に花都区で会社を設立し、2004年には従化市から移って花都区で生産を開始している。

これらの資金は全てオーナーの自己資金であり、花都区における土地・建物などの総投資額は1000万元（約1億5000万円）にものぼる。もっとも、原料調達にコストがかかるため、運転資金としてさらに1000万ドル（約12億円）を用意している。深圳の工場はレンタル工場であったが、従化市と花都区では自社で土地を取得して工場を建設している。

原材料の調達と価格高騰

運転資金として1000万ドルを用意していると述べたが、在庫としては3カ月分を用意している。なお、注文を受けてからの加工～出荷までのリードタイムは1週間程度である。原材料については、宝石類は南アフリカやタイから、金はスイスから輸入しているが、来料加工（広東型委託加工）であるため全量が香港法人を通じた取引となっている[1]。

同社の最大の悩みは原材料価格の高騰である。製品としては従化の頃から基本的に18金のジュエリーを製造しているが、この間に金が1オンス200ドルから600ドルへと3倍に値上がりしたため、生産数量が減少している。ジュエリー関係のメーカーの場合、資金力により原材料調達が規定される。市場が拡大していても、原材料が値上がりすれば、生産量を減少せざるを得ないという構図の中にある。そのため、同社の場合も従業員は400人から200人へと大幅な削減を余儀なくされた。

販売はアメリカがメイン

同社は来料加工による輸出専門企業である。販売先はオーナーの人脈の関係もあり、アメリカが一番多く、さらにはイギリスなどにも販売している。香港法人に10人ほどの人員を置き、彼らが販売活動や営業活動を行っている。また、ジュエリー・フェアについては、香港法人の名義で欧米のフェアに参加してい

図5-3　金価格の推移
(ドル／オンス)

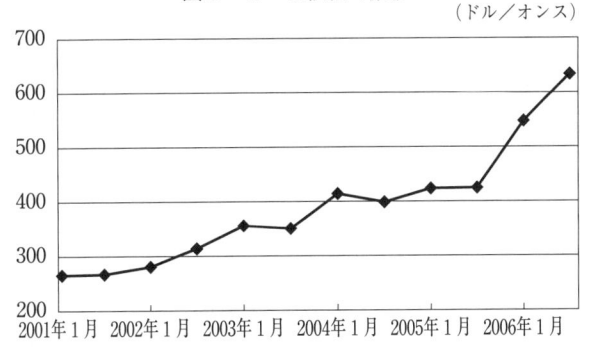

資料：田中貴金属工業株式会社ホームページ

る。

　販売拠点としての専売店はなく、自社ブランド製品を卸販売している。自社ブランドとしては「Eastern Jewelry Mfg（東方珠宝首飾廠）」のロゴを用いており、アメリカではショッピングセンター内の宝飾店で販売される例が多い。なお、製品の価格は数十元（数百円）から1000元（約1万5000円）程度で、300元（約4500円）程度のものが中心である。中国市場への進出の予定は今のところない。その理由としては、中国国内に人脈がないことと税金が高いことが指摘されていた。

主要幹部はローカル人材

　現地をあずかる彭学新総経理は、90年に深圳において7人で設立した時からのメンバーである。設立時のメンバーでもう1人残っている人物は工場長をしている。オーナーは年に4～5回、新しいデザインや工場の運営のチェックのために花都区に訪れるだけである。また、香港人2人が花都区に常駐しているが、彼らは管理部門の人材ではなく、サンプル製造の責任者である。このサンプル製造のスタッフとして、さらに20数人がいる。さらに、デザイナーは花都区に1～2人、香港に2～3人がいる。その他の従業員を合わせて花都区に200人いるが、従業員を減らす際は未熟な者から解雇しているため、残されたほぼ全員が熟練者となっている。なお、加工については全て自社内で行ってお

写真5—7　彭学新総経理

り、外注は利用していない。

ジュエリーの加工と従業員の生活

　同社の特色として、通常は2～3人一組で行う石の選別を、1人で行うというものがある。彭総経理によれば、これも熟練者が多いことが理由である。熟練については特に仕上げの研磨の工程が重要で、最低3年の修業が必要とされている。同社では6～7年のキャリアを持つ従化時代からの従業員が多いとのことであった。

　従業員のほとんどが広東省内の出身者であるが、従業員には寮が用意されている。寮は1m²あたり4元の家賃を支払う。一部屋50m²なので、月の家賃は部屋あたり200元となる。管理者もワーカーも同じ寮に暮らしているが、ワーカーは4～5人で一部屋に住んでいる場合が少なくない。寮は清潔にされており、テレビやステレオ、クーラーなどもあり、なかなかの環境であった。

（2）　トルコからの進出企業（阿塔賽〔広州〕珠宝有限公司）

　ジュエリー企業としてトルコでは1位、全世界でも10位以内に入る ATASAY が、2004年10月に阿塔賽（広州）珠宝有限公司を設立した。工場をレンタルし

写真5-8 宝石の選別作業

写真5-9 寮の内部

て2005年4月から生産をスタートさせ、2006年7月現在の従業員数は250人となっている。すでに80畝(約5万3000m²)の用地を第3期区画に取得しており、2006年下半期にも1500人規模の新工場を稼動させる計画である。1500人体制になれば月産1トンもの18金のジュエリーを生産することになる。現在の花都区で生産しているジュエリーは18金とダイヤモンドであり、今後も18金とダ

イヤモンドのジュエリーを主力製品としていく予定である。

　ATASAYは全世界に250店舗の専売店と500店舗の代理店を有し、主な販売地域はトルコからイタリアなどの欧米地域であるが、アルゼンチンなどにも展開している。創業40年の伝統ある企業で、トルコ国内に1500人規模の本社工場を所有しているが、本社工場の機能を全て2006年下半期スタートの花都区の新工場に移す予定である。

　ATASAYの中国進出の理由としてまず、中国のジュエリー産業は成熟しているため、人材の確保や外注先の確保などが容易なことがあげられていた。その中で花都区に進出したのは、政府の支援が優れているからである。ジュエリー産業は花都区の三大支柱産業の一つであり、新華鎮政府や珠宝城からの支援が多い。インタビューに応じてくれた殷暁春氏は珠海で10年間仕事をしていたが、珠海市に比べて花都区は政府の支援が大きいと感じている。

来料加工による輸出専門企業

　花都区の工場は生産工場という位置づけであり、来料加工を行っている。原材料の調達は今のところトルコで行っており、香港の子会社を通じて材料を花都区に持ち込み、加工済の製品も香港の子会社を通じて輸出している。パッ

写真5—10　阿塔賽の社屋

写真5―11　出入口の金属探知機

ケージは簡単なものであり、正式に販売するためのパッケージはトルコまたは販売先の地域で調達している。

　また、香港を通じた来料加工については、半分は花都区の自社工場で行っているが、残りの半分は青島、汕頭、番禺などに外注に出している。これらの外注先の企業は、香港系や欧米系の外資系企業である。外注先の管理は名義上は香港の子会社が行っているが、実際には花都区の当社を通じて管理している。外注先は当社専門の会社はないが、毎回違う会社を使うのではなく、比較的取引関係は安定している。外注する際には、当社から1人の従業員を派遣して常駐の上で管理させるとともに、当社に納入されてから品質検査を改めて行うようにしている。青島、汕頭、番禺などの違いは技術や製品によるものではなく、納期や仕事の量によるものなので、品質としてはどこもあまり変わらない。

　中国国内市場の開拓は現時点では考えていない。新工場の建設に伴う生産拡大が当面の課題で、その次のステップとしては国内市場の開拓もありうる。ジュエリー・フェアなどは、トルコの本社の名義で香港やミラノ（イタリア）などのフェアに参加している。

総経理はトルコ人

殷氏は人事と財務・経理の担当である。前職は別の業種であったが、財務を担当しており、当社の求人はインターネットを通じて見つけた。殷氏は資金調達なども担当しており、取引先は中国農業銀行と中国工商銀行とのことであった。なお、現時点では外資系銀行を利用していないが、将来的には外資系銀行の利用も検討している。香港上海銀行の保険部門とも交渉中で、輸送中の保険などについては外資系銀行の利用も視野に入れている。

トルコから花都区に常駐している人びとは総勢11人であり、総経理をはじめとして生産部門や管理部門のマネージャーを務め、総経理は輸出入などの管理を主に行っている。デザインについては一部を花都区でも行っているが、トルコ人のデザイナーは常駐しておらず、13～14人のローカル人材が花都区でのデザインを担当している。

写真5―12　トルコ人の駐在者

従業員の確保は容易

250人の中国人従業員のうち、熟練者・半熟練者・不熟練者の割合は3分の1ずつである。このうち最も重要なのは熟練者であり、仕上げ部門に関わる彼らの技術レベルが品質に大きく影響することになる。新工場の立ち上げにともなう1500人への大幅な人員増については1～2カ月で対応可能との判断であった。中国のジュエリー産業は成熟しているため、業界内で人材募集を行うことが容易であるからとのことである。給与や待遇は業界内のほぼ平均レベルだが、同社はジュエリー業界では著名な企業であるため、良好なイメー

写真5—13　阿塔賽の加工職場

ジに惹かれて人材確保には困っていないようであった。従業員の住居は全員分の寮を用意しているが、一部の者は外部に自分でアパートなどを確保している。従業員の平均年齢は23歳で、多くが高卒程度の学歴である。

　優秀な人材の確保が容易で、地元政府の支援も優れていることから、ATASAYは花都区の環境を高く評価している。2006年下半期にはトルコの生産機能を全て花都区に移転する予定で、花都区で新たに1000人以上の雇用を生む計画である。同社の花都区に対する評価は、現段階では生産拠点という見方だが、生産拡大が一段落すれば市場としての中国華南エリアが見えてくるであろう。

（3）台湾からの進出企業（広州石頭記飾品）
　台湾の基隆市において1970年、蘇木卿氏ら3人の兄弟がルビーの加工を始めたことから同社の歴史は始まる。83年には6つの工場を持つようになり、この時期に本社による集中管理と生産の分業の体制を整えた。このことがその後の飛躍につながったとされ、86年には台湾で第1位のジュエリー企業に成長した。その後、90年に広東省東莞市に1000m^{2}の工場をレンタルし、来料加工による生産を開始した。東莞に進出した理由は、ジュエリー工業団地があり、香港系

企業や台湾系企業がすでに進出していたからである。東莞市での事業が軌道に乗ったために工場が手狭になり、93年には広州市白雲区に6000m²の工場を展開した。95年に初の自社ブランド「圓圓」による商品を製造し、翌96年には「石頭記」ブランドを打ち立て、98年1月1日には南京で石頭記の第1号店舗を開設している。

表5－4に示すように、石頭記はその後急速に店舗数を伸ばしているが、同社は文化事業にも力を入れ、2001年には石頭記文化公司を設立して、『美人誌』を2カ月に1号発行している。『美人誌』は石頭記の商品の紹介だけでなく、映画情報や星占いなど、若い女性向の情報誌としての体裁を整えている。

白雲区の工場も拡張余地がなくなったため、花都区政府の誘致の努力もあって、2003年9月1日に花都区の珠宝城の第2期区画に130畝（約8万7000m²）の土地を取得、石頭記工業園区を開設する計画を建てた。2004年4月8日には工場が完成、2005年1月1日に南京での初出店から丸7年で工業園区をオープンした。2005年には1500万元（約2億2000万円）をかけて中国中央テレビ（CCTV）で大規模な広告を行っている。

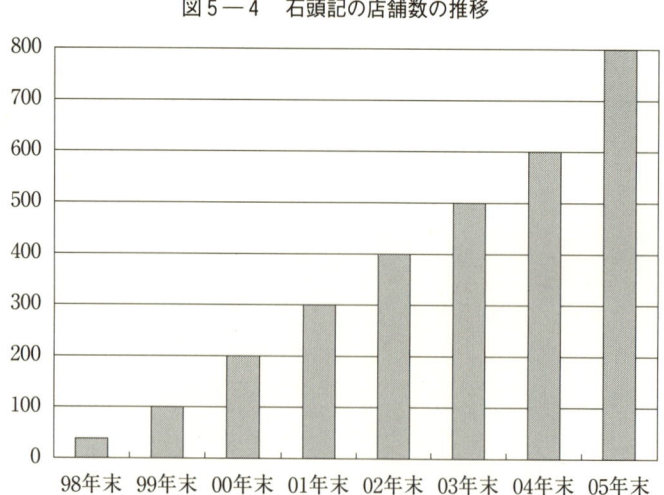

図5－4　石頭記の店舗数の推移

資料：石頭記『The Dreaming Way』

石頭記の店舗

　平均的な店舗の売場面積は70m²、3500アイテム程度を陳列している。今のところ全て専属の加盟店であるが、2年以内には直営店も設ける予定である。加盟店となる条件は、最低30m²以上の店舗と30万元（約450万円）の資金を用意できることである。ただし、この基準は地域によって異なる。店舗は中国全土で展開しているが、売上は華東地区や四川省などの西南地区が多く、華東地区、西南地区に東北地区を加えた地域で70％程度を占めている。商品としては50元（約750円）から500元（約7500円）の品物が売れ筋で、主な顧客は学生やOLである。

　来料加工により生産した全量を輸出している東方珠玉首飾廠やATASAYと異なり、石頭記は輸出をほとんどしていない。輸出については今のところ台湾経由で若干行っているだけであるが、今後は欧米や日本・韓国などに進出したいと考えている。中国国内の店舗数800店を2006年末には1000店舗、2010年までには2000店舗にするとともに、2007年以降は世界展開を行うことで、2010年までに全世界で2万店舗を展開する計画である。その過程で、台湾において2009年に上場する予定である。ただし今のところ全て自己資金で、1億元（約

写真5―14　石頭記工業園区

写真5—15　石頭記のモデル・ショップ

15億円）程度の資金がある。

台湾から家族で進出

　台湾からは幹部のみ9人が来ており、総経理も常駐している。台湾からの9人中5人が家族であり、現在、台湾法人には家族は残っていない。台湾系企業の一つの典型的なパターンといえる。台湾には生産拠点もなく、販売機能のみで、従業員も20人しかいない。

　他方で花都では800人の従業員を抱え、そのうち70％が女性である。人員は全国から集めている。うち営業人員は100人程度で、特定の営業拠点はなく、加盟店やインターネットを通じてアクセスしている。生産機能だけでなく物流機能も花都に集中しており、全国の加盟店への発送も全て花都から行っている。

　材料は中国国内のものもあるが、南アフリカやブラジルなど世界中からである。加工については一部外注もある。例えば、メッキは広東省内だが、花都区以外に出している。

　先のケース・スタディで見た東方首飾廠やATASAYなどの来料加工とは異なり、石頭記は中国を生産拠点としてだけではなく、市場として視野に入れて花都区に進出している。総経理をはじめとして経営に携わる一家が総出で花都

区に住んでおり、腰を据えて事業に取り組む姿勢が印象的である。今後、第2期区画が本格的にスタートすることで、珠宝城は中国市場を目指した新たな段階に踏み込むことになる。

4. 産業集積の形成と集散地市場

　花都区新華鎮の珠宝城にはジュエリーの産業集積が形成されつつあり、さらに、全国市場を視野に入れる集散地市場ができる兆しもわずかとはいえ見え始めてきた。そこで、本章を締めくくるこの節では、日本や中国のジュエリーの産業集積と集散地市場を振り返りつつ、花都区新華鎮の今後の課題を整理し、そのための発展戦略について示していくことにしたい。

（1）　日本のジュエリー産業

　日本のジュエリー出荷額の3分の1を占めるのが山梨県である[2]。山梨県では江戸時代から水晶の採掘が行われており、明治時代以降は政府の奨励もあって、1904（明治37）年には甲斐水晶同業組合が設立されている。さらに、第一次大戦による好景気の波に乗った結果、1916（大正5）年頃から水晶だけでなく金をはじめとする貴金属の加工に重点が移り、「宝石の街甲府」「貴金属の山梨」としての名声を高めていった。

　山梨県のジュエリー加工の技術は世界的に見ても非常に高く、98年まで全世界のプラチナ加工の98％が日本、そのうち80％が山梨県の甲府市内の企業によって担われていたほどであった。近年ではプラチナ加工の世界的な拠点は中国やタイに移りつつあるが、純度が高く硬度も高くて傷つきにくい「Pt950」（プラチナの純度95％）について、甲府をもじった「Koo-Fu」ブランドとして推進していく姿勢である[3]。このPt950に対してはプラチナ・ギルド・インターナショナル（PGI）の後押しもあり、2006年3月の香港ジュエリー・フェアにも山梨県から30社が出展した。その結果、香港のジュエリー販売大手企業の六福や周大福からも問い合わせがあり、山梨県からの企業の中には具体的なOEM契約を結んだものもあった。

第5章　新たな産業集積の形成

ジュエリーの集散地市場としての御徒町

　日本最大のジュエリー集散地は上野の近くの御徒町であり、2000店もの宝飾関連業者が集積している[4]。御徒町がジュエリーの集積地となった背景には、寛永寺や浅草寺をはじめとする寺院が多く、江戸時代から仏具や銀器を扱う業者が多かったことがあげられる。しかし、直接的な要因としては、56年に時計関連卸11社が「仲御徒町問屋連盟」を結成したことに始まる。

　戦前から戦後にかけては時計店がメガネやジュエリーも扱っていた。時計バンドの多くは靴の余り革を利用して製造されており、靴問屋は隅田川沿いの台東区花川戸に集まっていたことから、時計バンドの製造業者や問屋も自然と台東区に立地していった。それでも戦後まもなくまでは、時計関係の問屋が集積するまでには至らなかった。しかし、戦後復興の好景気もあって時計やジュエリーの販売量が急速に伸び、時計問屋の集積地の必要が生じたために、交通に便利な御徒町に時計の問屋街ができていくことになる。その後、次第に問屋の扱う商品の比重が時計からジュエリーに移ったこともあり、87年に宝飾品問屋159社が集まってジュエリー・タウン・おかちまち（JTO）を設立したことで、御徒町はジュエリー・タウンとして有名になっていくのであった。

ジャパン・ジュエリー・フェア

　日本ジュエリー協会が主催する展示会として、93年に始められたジャパン・ジュエリー・フェア（JJF）がある。これは毎年9月の香港ジュエリー＆ウォッチ・フェアの直前に行われている。当初は、香港ジュエリー＆ウォッチ・フェアに世界中から集まるバイヤーが、香港に行く前に日本に立ち寄ることを期待していたのだが、国際的なPR活動の不足などで目的を十分に果たすことができていなかった。

　そのため、香港ジュエリー＆ウォッチ・フェアを主催するイギリス系のCMP社に、2006年からJJFの主催も委ねることにした。これに対してCMP社は、日本唯一の宝飾専門誌である『宝石の四季』の発行業務も獲得し、『ジュエリー・ニュース・アジア』（英語版と中国語版がある）との連携に努めるな

図5—5　御徒町のジュエリー・タウン

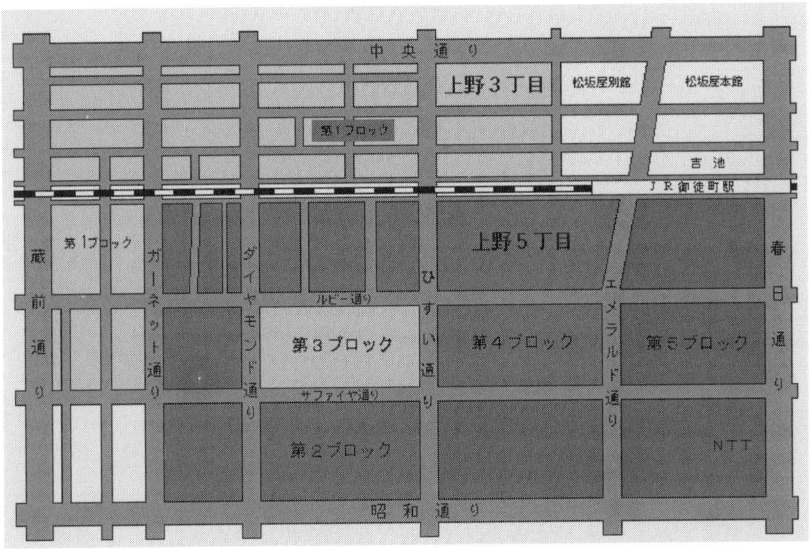

資料：JTOホームページ

ど、メディアとの融合も進めている。その結果、出展者数も2005年の264社から451社に増加し、入場者数も2005年の1万1861人から1万8000人へと50％増を見込んでいる。

(2) 中国華南地区のジュエリー産業

華南地区のジュエリー生産地として最も有名なのは番禺区である。番禺区のジュエリー産業は、陳国氏が工場長を務めた300人規模の企業を中心に発展し、陳国氏らの努力によって華南地区で最も有力なジュエリー産地となっていった。また、広東省東部の汕頭や潮州などもジュエリー産地として知られている。これらの番禺区、汕頭、潮州などは来料加工による生産がメインであり、トルコのATASAYもこれらの地域の企業へ外注を出している。一方で中国国内市場向けの企業は深圳市に見られるが、国内向けのジュエリー産業はこれからであり、生産の規模としてはまだあまり大きくない。

第5章　新たな産業集積の形成　219

ジュエリーの集散地として華南地区で有名なのは、広州市内の荔湾広場である。ここには3200店舗もの宝飾店が集まっており、花都区でジュエリーを製造している企業が荔湾広場に出店している例も見られる。ここは主に国内向けの市場であり、個人客も業者も全国から集まる。荔湾広場は水晶や半貴石の店が主流である。また、半貴石については南海区平州にも1000店程度の集積があり、広東省西部の高州市信宣にも350店程度の集積がある。さらに、問屋街ということでは深圳市が今のところ最大であり、280店舗程の集積がある。一方で番禺区は来料加工が中心であり、番禺区で生産されたジュエリーは基本的に全てが香港経由で輸出されている。

中国華南地区のジュエリーの展示会
　香港では毎年3月に貿易発展局主催のジュエリー・フェアがあり、6月と9月にはCMP主催のジュエリー&ウォッチ・フェアがある。ジュエリー・フェアとしては、香港、バーゼル（スイス）、ラスベガス（アメリカ）が世界三大フェアと呼ばれ、世界中から出展者もバイヤーも集めている。2006年3月の香港ジュエリー・フェアには2000社もの出展者がいた。
　深圳市では3月の香港ジュエリー・フェアの直前に展示会を開き、香港の展示会に参加予定のバイヤーが深圳市の企業を重点的にチェックできるようにしている。広州市でもこれまでは3月の香港ジュエリー・フェアの直前に展示会を開催しており、300社程度の出展者を集めていたが、日程的に深圳市と重なるため、2006年から6月の香港での展示会の直前に変更した。
　なお、深圳市や広州市と同程度かそれ以上の規模の展示会が、北京、上海、成都などでも行われているとのことであった。これらはそれぞれ今後の華北、華南、内陸の各地区の集散地化の動きとも関連して重要であり、華南地区の集散地化を考える上でも展示会との関係を無視できない。

（3）　花都区のジュエリー産業集積と集散地市場
　これまで見てきたように、陳国氏の構想力と謝東志の実行力が結びついた結果、花都区の新華鎮に広大なジュエリー産業の集積が生まれている。珠宝城は

すでに第1期・第2期は整備が終わり、ATASAYのように第3期の開発に踏み出す企業も出てきている。方向性としてはこのまま突き進んでも、2010年の目標である就業人口10万人、生産額30億元（約450億円）、納税額2億元（約30億円）を達成することは難しくないであろう。

しかし、この地域がジュエリー産業の集積地として長期的に発展するためには、誘致企業の発展だけでなく、新たに花都区の中から新たな企業が生まれてくることが必要であろう。花都区は物流条件からして他の地域に比べて競争優位が高いが、それでも誘致企業は他の地域の何らかの優遇策等によって、近隣に移転してしまう恐れもあるからである。

花都区から新たなジュエリー企業が生まれるためには、人材育成が極めて重要である。そのためには、できるだけ早い段階で人材育成のための専門的な学校を作ることが望ましい。日本の場合、山梨県には全国で唯一の公立ジュエリー専門学校である山梨県立宝石美術学校が存在する。そこではジュエリーの加工技術だけでなく、デザインなども学ぶことができ、近年ではジュエリー関連企業のマネジメント人材の育成にも力を入れている。第2章で見たように、自動車産業については華南理工大学広州汽車学院ができたが、ジュエリー産業についてもまずは人材育成のための教育機関を創設することを勧めたい。

集散地市場の形成

国内向けの集散地市場としてのジュエリー・ストリートと、国際的な集積地市場としての交易センターの整備はいずれもまだ始まったばかりである。ジュエリー・ストリートは構想では1300店舗を目指すが、現時点では20数店舗とかなり寂しい状況である。珠宝城の生産がある程度の軌道に乗り始めたにも関わらず、ジュエリー・ストリートが盛り上がらない理由は、第1期で生産をしている企業の多くが来料加工による輸出専門企業だからであろう。

そこで期待されるのは、第2期の台湾珠宝園区であり、これらの台湾企業の8割が中国国内向けで、すでに自社ブランドで荔湾広場などに出店していることである。台湾企業32社のうち量産に入っているのはまだ2社のみであるが、近々、残りの企業も量産に入る予定であり、これらの企業には花都区で生産し

ている以上、ジュエリー・ストリートに必ず出店させるようにしたい。

　それとともに、これまでジュエリー関連企業の誘致が、大きな雇用を生み納税額も高い比較的大規模な製造企業中心であったのを、卸売・小売の販売企業の誘致にも力を注ぐことが重要である。確かに目先のことを考えれば製造企業中心で問題ないが、集散地としての役割を高めるためにはとにかくジュエリー・ストリートの企業数を増やし、人びとの関心を集めることであろう。多数の魅力的な企業が集まることで、市場の多様な機能が高まることになる。まずは100軒以上の店舗を集めることが重要で、それを超えれば、集積地市場に吸い寄せられるようにして企業が集まってくることが期待される。

　また、現在計画されている交易センターは広州白雲国際空港から数分と絶好の立地であるが、それだけでは世界中からバイヤーが集まる魅力的な集散地にはならない。一つには、そこに集まる商品が魅力的であることが重要であるが、もう一つ重要なのはその周辺も含めたサービスである。花都区で初の五つ星ホテルが2棟も交易センター周辺に建つ予定であるが、五つ星ホテルの格式はもちろん、そのホテルが提供するサービスが人を惹きつけるものでなければならない。さらにホテルだけでなく、ビジネスサポートやレジャーなども含めて、花都区という街が提供するサービス全体の質の向上が求められる。

　最後に、以上のような課題を克服するためには、ジュエリー関連産業だけを見ていては不十分で、第4章でも検討したように、皮革関連産業との連携が重要である。ジュエリーも皮革製品もファッション性の高い商品であり、地域全体でそのような雰囲気をつくりだしていく必要がある。このような課題を克服するためには人材が重要であることは言うまでもない。区政府にも珠宝城にも優秀な人びとがおり、個々の企業にも優れた人材がいる。さらに、これらの人材を結びつけるコーディネーター的な人間やデザイン面などで豊かな感性を身に着けている人など、これからは、より幅の広い人材が必要とされているのである。

　台湾系企業を中心に花都区のジュエリー企業が本格的に中国市場を目指す動きが見え始めてきた。これが大きなうねりとなるためには、もう一段、二段の飛躍が必要である。この飛躍を実現させるものとして、ハード面では2004年に

オープンした広州白雲国際空港があり、交易センターなども整備されつつある。それに加えてソフト面が重要であり、地域に優秀な人材が集まり、地域で人材育成がなされる環境が整わなければならない。

　これを支えるのは、花都区の人びとがゼロから出発して現在のジュエリー・タウンを形成した「思い」である。花都区の政府関係者、サービス機関の関係者、企業経営者たちのこうした「思い」を全国、全世界に発信していくことで、新たな集積地として花都が発展していくことが期待される。

1) 来料加工（広東型委託加工）については、関満博『世界の工場／中国華南と日本企業』新評論、2002年、同『「現場」学者中国を行く』日本経済新聞社、2003年、を参照されたい。
2) 山梨県のジュエリー産業の集積についての詳細は、関満博・三谷陽造『地域産業支援施設の新時代』新評論、2001年、26～46ページを参照されたい。また、山梨県のジュエリー生産の経緯については、山梨県ジュエリー協会（http://www.j-gate.net/~yja/）に基づく。
3) 甲府市のジュエリー関連企業の近年の取り組みについては、山藤竜太郎「ジュエリーのブランド化：アリア・ディ・フィレンツェ（甲府市）」『経営労働』2006年9月号、を参照されたい。
4) 御徒町のジュエリー集積の経緯については、ジュエリー・タウン・おかちまち（http://www.ny.airnet.ne.jp/jto/）に基づく。

第6章　花都区のマーケティング戦略

　広州市の中心街の東南、それほど離れていない中州に、ディズニーランドを何十と合わせたような巨大な「大学城」が、突然その姿を現した。わずか2年前の地図には何もなかった島全体が、一つの巨大な学園都市に変貌していたのである。孫文が設立したことで有名で一橋大学とも交流のある中山大学や、中国華南の理工系のトップ大学として知られる華南理工大といった10に及ぶ名門大学を集積して形成されたこの大学城の面積は17km^{2}に及び、地下鉄の駅もまもなく出来るという。中国の学生はほとんどが学生寮に入るが、十数万人の学生が住む無数に立ち並ぶ真新しい学生寮や巨大なスーパーマーケットは、さながら一つの都市が出現したような景色である。
　ここまで見てきたように、広州市は質的にも量的にも生産能力の急速な増強に成功してきた。中心街にそびえる高層ビル群は、経済的な発展を誇示している。「大学城」は、しかし、外資頼みではなく自らの力でこのような生産力や経済力の成長を維持し、未来を拓くために必要となる有能な人材を育成するために、量ばかりでなく質的な能力の開拓にも国をあげて取り組み始めている証である。
　最先端の産業用ロボットや巨大なプレスマシーンが様々なモノをつくっている現場を見ると、その圧倒的な存在感に畏敬の念を抱く人は多い。しかし、このような物質的な存在感を誇示する工場やその製品と異なり、これまでに見てきた地元民間資本と華南理工大がつくった広州汽車学院、東北大学がつくった東軟学院（補論Ⅴ）といった教育機関から生み出される人びとの才能は、一般の人びとから注目されることは少ない。
　それは、新しいものを生み出す人間の才能の多くは無形のもので、簡単に測定したり可視化することが困難であり、したがって投資に対する成果を容易に評価することが出来ないからである。人びとの目は生産能力や経済成長率など

のわかりやすいものに向かいがちであり、その背後にある「ヒト、モノ、カネ、情報」といった様々な経営資源間の関係性や、その関係性を生み出す仕組みづくりに関心を持つことは少ない。

　しかし、経営資源を用いて活動を行っている各産業クラスター間には様々な関係性がある。クラスター間で優れたシナジー効果が働けば、プラスのフィードバック・ループにより、その地域の経済成長率はさらに高まることになろう。例えば、大学城といった人材育成の産業クラスターを考えてみたい。人材育成が国家の発展に重要であることはわかっていても、仮に、広州市に人材を吸引する魅力的な他の産業クラスターがなければ、広州市の莫大な教育投資から生産された人材は他の地域に流出してしまう。魅力的な産業を持ち有能な人材を惹きつける他地域から見れば、広州市の人材投資に対してフリーライド、つまりただ乗りすることが出来る。反対に魅力的な産業があって有能な人材が不足する場合には、潜在的な生産能力に見合った成長を達成するのは困難である。人材不足が直接的なボトルネックになったり、有能な人材獲得のためのコストが急増するからである。

　このように地域には、経済主体間に様々な相互依存・互恵的関係が存在する。個々の企業にとっては、材料調達から製品開発、生産、流通、販売、さらにはこれらの活動を支えるための資金調達、人材調達といった多様な課題をすみやかに解決していくことが重要である。それと同時に、企業が集積している地域社会にとっては、個々の企業が成長していくための「ヒト、モノ、カネ、情報」といった経営資源が地域内にどんどん蓄積されていくことが重要である。

　つまり、地域社会にとっては、個々の企業が効率的に活動出来る仕組みづくりが重要であり、そのような仕組みづくりが個々の企業活動を活性化し、経済成長を促し、結果としてさらなる産業誘致を促進するのである。何もなかったところに驚愕するような集積をつくるのは、いかにも大陸的なスケール感がある。そしてこの集積効果を高めるためのマーケティングは、中国の地域振興の特徴である。本章ではこのような視点から、花都区の戦略的なマーケティング活動とその成功の方程式を考えてみたい。

1. 見えない関係性が集積の価値を高める

　マーケティングとは、交換のプロセスであるといわれる。そして、必ずしも利害が一致しない交渉主体間のコミュニケーションがスムーズに行われ、取引が問題なく行われるような具体的な仕組みを整えることが、その目標である。マーケティング活動により、生産されたものが販売され価値を生み出すことが出来る。いかにして市場を創造するか、あるいは売れるための仕組みづくりをどのように構築するかといったことが、いつの時代、どこの場所においてもマーケティングの課題になる。

（1）　地域のマーケティング

　マーケティングは個々の企業の意思決定について語られるのが一般的である。しかし花都区の産業誘致活動も通常のマーケティング理論の応用問題として取り上げることが出来る点が多い。「汽車城」に投資する外資企業が顧客であり、「汽車城」は土地のデベロッパーであり販売事業者という売り手の立場としてマーケティング活動を行うという意味においては、当然といえば当然である。

　どのような人（企業）をターゲットにして、彼らにどのような便益・喜びを提供するかというコンセプトを熟慮し、そのコンセプトを具現化するための具体的なマーケティング・ミックスを考える。すなわち、製品の仕様（汽車城なら誘致するその物理的な空間）、価格、コミュニケーション、プロモーション、販売方法を考えるという点においては、個別企業のマーケティング活動と何ら変わるところはない。さらに、顧客のフィードバックから素早く学習し、現場の課題に対応していくことが重要である点も同じである。

　しかし同時に、地域政府のマーケティングには個別企業のマーケティングではあまり考慮することがない重大な課題がある。以下では、地域経済振興のために地域政府が行うマーケティングに焦点を当てるが、個別企業のマーケティング活動と花都区が行っているマーケティング活動にどのような違いがあるかを確認しておくことは、地域政府のマーケティング行動を理解する上で重要で

ある。それは汽車城といった工業団地の整備、周辺の道路、鉄道、住宅、教育機関といったインフラ整備ばかりでなく、産業間のシナジー効果をいかに高めるかといった地域政府に固有の目標に対して行われるマーケティング活動には、個別企業のマーケティングをはるかに超えた難しさがあるからである。

地域政府のマーケティングの特徴

　地域政府のマーケティング活動には個別企業のマーケティング活動においてはほとんど考慮されることのない次のような特徴がある。第1に、多様な利害関係者の調整がより複雑であり、調整のスピードアップが課題になる。第2に、新たな関係性を模索し、シナジー効果を追及する必要がある。第3に、評価の時間軸を長期にとる必要があるという点である。

　第1の点は、行政には行政の論理があり、民間企業には民間企業の論理があるということである。複数の利害が必ずしも一致しない主体間の関係を速やかに調整しなければならない。行政の場合には、地域住民の生活や人口増に対応するインフラ整備など地域全体のことを考えるのに対して、個別企業は自社の利益を考えるのが普通である。異なる論理をすり合わせ、当事者にとって互いにメリットがあるような関係構築はそれほど簡単ではない。

　このような利害の調整において果たす中国の地域政府の役割は大きいが、それは日本の地域行政に比べて中国の地域行政は強力な権限を有しているからである。地域がかなりの自由裁量権を有しているというイメージは、中国でのビジネスを理解するうえで重要である。

　また、それと同時に、汽車城建設の実行部隊である花都汽車城発展有限公司のマーケティング活動は、花都区、広州市、広東省といった各レベルの政府の方針に大きく制約を受けざるを得ない。行政組織はどこに行っても官僚制の象徴である。すなわち、個別事業は花都区全体の取り組みのなかで位置づけられるし、花都区も広州市、ひいては広東省、中国全体のなかで位置づけられるという構造を持っている。

　第2の点は、一人で勝ち抜けを認めることは、地域全体にとって必ずしも大きな価値を生まないという認識を地域政府は持っているということである。先

に述べたように、教育産業と他の産業の関係が相互に補完的でなければ、地域全体として継続的な経済の発展は望めない。そのために、地域政府のマーケティングを考える場合には、どのような産業クラスター間で Win–Win の関係性を構想しているかを理解する必要がある。

　第3の点は、そのような関係性の構築は短期ではなく長期で評価する必要があるということである。この点については、短期的な経済取引関係を超えた信頼関係の構築やまだ見えない将来の産業クラスターの誕生について、どのように考え、どのように取り組んでいるかといった点が特に重要になってくる。

　例えば、汽車城に進出する日本企業にとっては、どのような事業者が誘致されているかが第1義的な価値となるが、近くに存在していれば便利で汽車城の評価が高まる副次的な産業は多い。駐在員のための高級住宅街や日本食レストラン、日本の食材が調達できるスーパーマーケット、ゴルフ場をはじめとするスポーツ・娯楽施設、日本語の人材等々である。一つひとつの産業ではなく、産業間の関係性まで視野を広げることで、汽車城の魅力をより高める工夫が見えてくる。

　これらは汽車城が直接コントロールできるものではない。しかし、現地で生活し企業を動かしていく日本人駐在員や長期滞在する人びとの生活しやすい環境の確保は、汽車城の成功にとっても重要な問題である。現在は、日系企業の日本人社員の多くは車で1時間程度の広州市から通っているようだが、花都区に生活関連産業が整えば、自然豊かで交通の便に優れ空港からのアクセスも良い花都区に住む人が増えるかもしれない。短期的には、そのような生活関連産業が潤うだけかもしれない。

　しかし、住人が増え、多様な人が集まり、顔を付き合わせて対話する機会が増えれば増えるほど、新しい関係性が生まれる。その中から新しいビジネス・チャンスが出てくるとすれば、長期的には生活環境の充実は、花都区にとって大きな価値をもたらす可能性を高めるのである。どのような新しいシナジー効果が期待できるのか、それはどの産業クラスター間で産まれるか、どのような仕組みが必要かを考えることは、花都区の将来構想に関わってくるのである。

(2) 陳国氏のリーダーシップ

　以上の点を、広州市人民政府秘書長の陳国氏のインタビューから確認してみよう。陳国氏は、2000年から2005年にかけて花都区共産党書記であり、自動車、ジュエリー、皮革という3本柱の構想を立て、2003年に広東省から汽車城の認可をとったまさに立役者であることはすでに述べたとおりである。陳国氏は、花都区の成功要因を落ち着いた口調でつぎのように語り始めた（以下は補論Ⅰからの抜粋である）。

　「産業の発展には、空港のようなハードウェアより、政府の仕事のスピードや考え方、発展方針が重要です。」

　中国でのビジネスで難しいところは、政府の許認可がなければ何も出来ない上に、それがなかなか得られない点であるという話は良く聞く。陳国氏が利害関係を調整し、問題を速やかに解決していくためには、基本理念・ビジョン・考え方の一貫性と、それをステークホルダー間での共有することが大切であるということから話始めている点は興味深い。ぐずぐずしていたらチャンスを逃してしまう。問題解決のスピードが花都区の成功要因であったことを、まず述べている。

写真6－1　陳国氏と楊美華さん

産業クラスターの選択

その上で、産業クラスターの選択について次のように語っている。

「花都区の三つの基幹産業は自動車・ジュエリー・皮革です。さらに、自動車は広州市や広東省の三つの基幹産業である自動車・電子・石油化学の一つにもなっています。そのことを考えると、基幹産業の育成には政府の政策がとても重要です。」

氏は、さらに次のように続ける。

「政府の政策の中でも、自動車産業の育成は特に重要です。自動車メーカーの周りには1次の部品メーカーが集まり、2次の鋳物や化学などの周辺産業も集まります。そのことが工業発展の中心になり、さらにレストランやホテルなどの第3次産業の発展にも貢献します。こうした第2次・第3次産業の発展は、多くの税収を政府にもたらすため、その税収を水利・農業機械・品種改良・技術指導などの農業の発展に振り向けることができます。こうした第1次・第2次・第3次産業の発展は、教育・社会保障・環境の改善など、人民の生活改善に貢献します。」

つまり、自動車産業の誘致は花都区を含む広州市、さらには広東省の基本方針に沿っており、このことがスムーズな許認可にとってきわめて重要であったということである。さらに、自動車産業の持つ裾野の広さが広範囲の産業クラスター間の関係性の構築に有効であることを述べている。現在の中国社会では沿海部の都市住人と農民との豊かさの格差拡大が社会問題となっているが、成長を維持しながら、そこで得られる税収を農業の発展に充てるというのは興味深い。そして、人びとの生活水準の向上が産業誘致の最終的な目標である点を強調している。

大きな構想力

また、汽車城の建設に関して花都区は、中央、省政府、市政府からの資金ではなく、花都区が巨額な資金を借り入れして推進している独自事業であることはすでに述べた。そして、実はこのような試みは大きなリスクを地方行政府が負わなくてはなわないこと、さらに、いっそうの成功のためにはこれまで以上

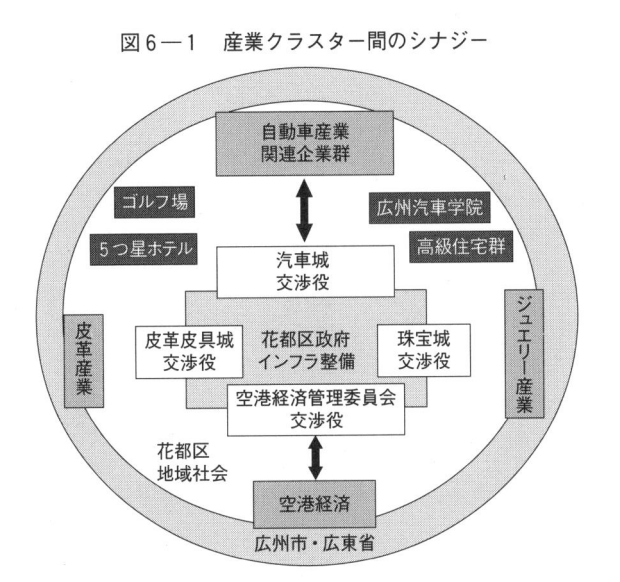

図6−1　産業クラスター間のシナジー

に広範な産業の育成が必要であることを、次のように述べている。

「自動車産業の発展のために、人材・資金・土地など市や区の資源の多くを振り向けています。完成車メーカーの周りには最低3分の1のティア1が集まる必要があるため、第1期分から15km²の土地を確保しました。この土地は、他の産業に振り向けていたらもっと発展するかもしれないという意味で、リスクのある賭け事です。しかし、日産は日本でも実力ある企業ですので、きっと成功すると確信しています。ですから、今後の発展に対応するため、住居や、部品市場や中古車市場などの土地の確保も進めていく方針です。また、人材という面では、華南理工大学広州汽車学院は、広州市周辺の自動車産業の発展に必ず貢献するはずです。」

大きな構想力と緻密な計算がなされていることが、陳国氏の言葉から読み取れる。花都区の産業誘致を見ていると、その優れた構想力と一貫性のあるマーケティング活動に感心させられる。「モノづくり」の背後にある、多様な要素を調整し、新しい関係性を構築していくことがとても上手く行われているように思える。そして次のような言葉で締めくくった。

第6章　花都区のマーケティング戦略　231

「花都の発展の道に空港は関係あるかもしれませんが、空港があるから発展したわけではありません。古い空港があった白雲区には空港がありましたが、経済的には発展していません。珠江デルタは交通が発達していて、空港まで高速道路ですぐに行くことができます。ですから、区内に空港がなくても、空港の周辺の地域が発展することは可能です。」

広州市のような地域は、その成功の度合いこそ違うが中国にはいくつも存在する。これらの地域間の競争は熾烈を極めるが、このような競争は同じ省内でも、例えば、広州市花都区、仏山市南海区といった自動車産業の集積が進んでいる地域間でも見られる。決して、中央政府や広東省がコントロールしているわけではなく、ローカルな地域の人びとがアイデアを競い合い激しい産業誘致合戦を繰り広げる中で、非常にダイナミックで流動的な状況が生まれ、急速な変化が起きているのである。明確な理念やビジョンなしに場当たり的に漠然と産業の誘致活動を行っている地域はそれだけで取り残されていく。反対に、これまで何度となく強調されてきたように、何もない原野が数年のうちに大都会や巨大な産業集積が行われた場所として、私たちの目の前にその偉容を現すことも珍しいことではないのである。

2. マーケティングの基本は「コトづくり」である

「モノづくり」という言葉は良く聞くが、「コトづくり」というのは少し聞き慣れない言葉かもしれない。目標が明確なコンセプトにより表現され、そのコンセプトを実現するためのプロジェクトは、利害が必ずしも一致しない多くの人の関心を呼び込み、彼らのエネルギーを結集し、問題解決のための必要な技術開発を誘発し、新しい関係性を創出しながら進行していく。「ヒト、モノ、カネ、情報」という経営資源が投入されるが、それ以上の経営資源が生み出されることで継続的に経営資源の蓄積を行うことが出来る。

よく例としてあげられるものにアポロ計画がある。人類を月に送るというコンセプトにより無数のプロジェクトが展開されたが、アポロ計画がなければ出会うことのなかった多くの才能が同じ夢に向かって集約することで、それまで

図6−2　組織学習のスパイラル

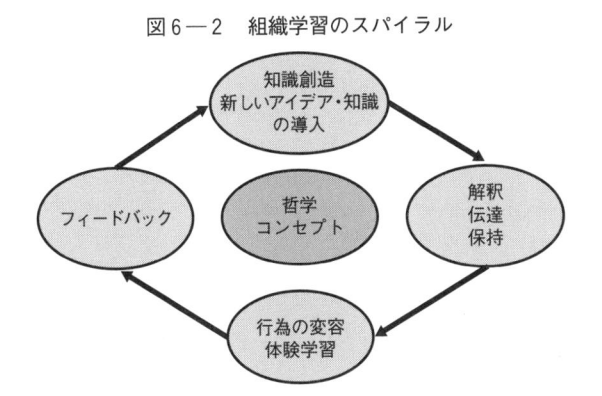

```
        知識創造
     新しいアイデア・知識
         の導入
       ↗         ↘
  フィードバック   哲学    解釈
              コンセプト  伝達
                      保持
       ↖         ↙
        行為の変容
        体験学習
```

解決できなかった問題を乗り越えていった。また、多くのイノベーションが起こったが、それらの中から民生用に転用され、私たちの身近な製品にも利用されているものも少なくない。このような「コトづくり」がうまくいくためには、次のような条件が必要である。

　まず、目指すべき目標が表現されたコンセプトが、必ずしも利害が一致しない人びとを集わせるに足る魅力的なものでなくてはならない。第2に、現場における主体的な判断が可能になるよう、リーダーは優先順序や行動規範を示さなければならない。第3に、関係する人びとの持っているコミュニケーションの前提である暗黙知が実践を通じて共有化されるよう、現場に権限が委譲され、対話が促進されるような仕組みづくりを考えることが必要である。最後に、「ヒト、モノ、カネ、情報」といった経営資源の継続的な蓄積を考えなくてはならない。

　このような条件の下で、図6−2にあるようにスパイラルに組織学習が進むが、その原動力になるのは、参加する人びとのコンセプトの実現にかける「思い」、情熱である。花都区の企業には元気よく伸びているものが多いが、これらの企業に共通しているのは、大きな夢を掲げ、この夢を目指してモノづくりに挑戦していることである。そこでは、働いている人びとの目が活き活きと輝いており、自分たちの掲げた目標に向かって懸命に努力している。

　すなわち、目標達成のために必要な新しい知識や関係性を生み出すために、

人びとが集い、対話が活発になるような適切な状況や文脈、環境といったもの構想し、具現化することに特別の注意が払われている。このように優れたコンセプトにより人びとが集い、対話し、協調して行動する状況や文脈を設定することを、ここでは「コトづくり」と呼ぶことにする。そして、「コトづくり」の中で、必ずしも利害が一致しない人びとが対話し、協調し、鼓舞され、夢に向かって邁進するようになる。目標とする大きな夢の実現に人びとを巻き込み、熱中させるのである。元気な企業は単なる技術だけでなく、このような「コトづくり」を通じて全社の全機能を上手に融合して活動している。

「コトづくり」には、"世界一小さい部品を作る"といった個別企業のものもあれば、アポロ計画のように国家レベルのもの、さらには流通革命といったように生産・販売のシステム全体を作り変え、消費者の意識や行動を変えていくようなグローバル・レベルのものもある。花都区のマーケティングを見ていて感心するのは、実にこの「コトづくり」が上手い点である。汽車城、皮革革具城、そして珠宝城と、非常に明確にわかりやすいコンセプトを打ち出し、多くの人を巻き込み熱狂させていくことに成功している。

3. 各産業クラスターのマーケティングの特性

汽車城、皮革皮具城、珠宝城という三つの産業集積を形成していく中で、それぞれの集積に必要な条件がどのような特徴を持っているかを、生産の仕方、販売の仕方の相違という観点から考えてみたい。生産されたものは販売されなければ価値を実現できないという大原則が、表6—1にあるように、それぞれに固有の特徴を見せるのである。

このような違いが、原材料の調達から、生産から販売にいたるプロセスに大きな違いを見せる。後の図6—3～5の図中の矢印はモノの動きを示す。消費市場からのフィードバックはこの矢印と反対に動くことに注意したい。以下では、このような違いをもたらす要因が、どのように花都区のマーケティング活動の違いをもたらしているかについて考察していきたい。

表6—1　各産業クラスターの特徴

産業クラスター	関連企業の連結度	製品の特性	新規取引関係
汽車城	非常に高い	ブランド重視	困難
珠宝城	高い	ブランドとコモディティ	製品の特性に依存
皮革皮具城	低い	コモディティ	容易

(1)　生産面から見た「汽車城」の成功要因

　花都汽車城のマーケティング活動が成功した最大の原因は、東風日産の誘致を実現させたことにある。そして、日産の誘致には小さな偶然が働いていたことはすでに第2章で詳しく述べられている。沿海部に事業を展開したかった東風汽車であるが、ライセンスがなければ自動車生産を開始できない。そこでたまたま目をつけた相手が、花都区で極々小規模に組立をしていた広州京安雲豹汽車であったという偶然である。

　もちろん、このチャンスをものに出来たのは「汽車城」という「コトづくり」を行い、ティア1、ティア2という日産の関連企業をターゲットに誘致に邁進し成功を収めたからである。各社の生産計画を単純に合計すると、広州市はおそらく数年で100万台を超える乗用車の生産能力を持つ地域になると予想される。ホンダ、日産、トヨタ、現代という世界の巨大自動車メーカーの中国の基地になるのみならず、世界の自動車産業の一大集積地になるのも時間の問題であろう。しかし、このような急速な変化がドミノ現象のように次から次へと自律的に起こっていることはにわかには信じがたいことである。なぜ、急速な変化が連続しているのか、その原動力はどこにあるのであろうか。

　この現在進行型の自動車タウンの形成には、つぎの三つの要因がその成功に関係していると思われる。第1に、自動車は典型的な擦り合わせ型製品であり、その生産には他の産業にない特徴があるという点である。第2に、「汽車城」が政府と外資メーカー（例えば、日本企業）の間に立って、外資の進出のためのサポートに誠心誠意尽くしているという点である。第3に、乗用車は典型的なブランド・ビジネスであるという点である。

擦り合わせ型の設計思想

まず、自動車の設計思想がモジュール型ではなくインテグラル（擦り合わせ）型であるという特性が、その生産基地が形成されるプロセスにおいて他の産業と大きく異なる点が成功の第1の要因である。インテグラル型においては、その生産には中心となる組立工場ばかりでなく、部品産業といった周辺の関連産業がワンセットで整備されなければならない。東京大学のものづくり経営研究センター長の藤本隆宏教授は、もの造りの本質は「ものを造る」ことではなく、設計情報を「ものに造り込む」ことであるとしたうえで、次のように述べている[1]。

「自転車やミシンやパソコンとは異なり、自動車、とりわけ乗用車の主流が『洗練されたオープン型アーキテクチャ』になったことは一度もなく、基本的には、クローズド・インテグラル型を軸に、100年推移してきたといえよう。」

アーキテクチャというのは設計思想のことであるが、乗用車のアーキテクチャは今でもインテグラル型なのである。モジュール型アーキテクチャにおいては、モジュールとモジュールをつなぐインターフェースが標準化されていれば、あるモジュールの機能を独立に改善することが出来る。このような設計思想のもとで開発された商品は、例えばパソコンなどが典型的であるが、CPUという一つのモジュールは、外部記憶装置といった他のモジュールとは独立して進化・性能の向上を行うことが出来る。そして、あるモジュールの性能が向上すれば、製品全体の性能を単純に向上させることが出来ることが多い。

しかし、インテグラル型アーキテクチャにおいては、ある特定の部品の性能だけを上げても、単純にそれを製品に組み込み全体の性能向上につなげることは出来ない。インテグラル（擦り合わせ）型アーキテクチャでは、専用部品を組み込んで製品を作るが、このことは裏を返せば、ある特定の車種でしか使えない部品が多数存在するということである。その場合には、例えば、ブレーキのある部品の性能がアップしたとしても、インターフェースが標準化されていなければ、それを装着する他の部品に対する影響も避けられない。要するに、グローバル・レベルの高品質な乗用車を迅速に効率よく開発し生産し販売するためには、関連部門間の緊密な連携・調整が重要だということである。藤本氏

はこの点を次のように述べている。

「インテグラル（擦り合わせ）型アーキテクチャの製品の開発は、モジュラー型アーキテクチャの製品に比べ、機能要素・構造要素・工程要素の間の相互依存関係が複雑であるため、製品機能達成・顧客満足実現のためには、それら個々の設計要素を開発する企画・設計・試作・実験部署の間で、より緊密な連携調整が必要になるということである。つまり、より強力な組織ユニット間の統合が必要になる。」

インテグラル型製品の代表選手である自動車では、東風日産といった中核となる組立工場が汽車城に進出すれば、プレス加工、内外装材、シート、インパネといったさまざまな関連部品産業がその周辺に整備されなければならないという必然性を持っているのである。しかも、急速に大規模な生産能力を立ち上げ、しかも失敗は許されないという厳しい条件の中では、従来から関係のあった日系企業の誘致が手っ取り早い。この傾向は後発のトヨタや日産では顕著である。中核となる日産の組立工場が花都区進出を決めた時点で、関連部品メーカーが進出することは、このような乗用車のアーキテクチャから避けられない流れであったといえよう。汽車城としては、広大な土地と電力、水、交通といったインフラを整備し、工場群が配置されるプラットフォームを準備すれば関連工場誘致の必要条件は完了ということになるのである。

地元のきめ細かな対応と中間組織

しかし、必要条件が整ったとしても、それだけでは十分条件が満たされないところが中国の面白いところである。今回、花都区および周辺の主要な自動車関連企業を汽車城副総経理の楊さんの案内で見て回ったが、行く先々で、「楊さんには、本当にお世話になったね」「楊さんの頼みなら仕方がないね」と言って、多くの経営トップの方々が笑顔で貴重な時間を割いて快くインタビューに応じてくれた。これが、第2の成功要因である。すなわち、必要条件を満たした上で、中国進出に伴うトラブルに対してきめ細かな対応をしてきたということである。集積させたい産業のコンセプトを「汽車城」というわかりやすい言葉で明確に宣言しただけではなく、地域をあげて積極的な誘致活動を

行っていることが成功に大きく寄与している。

　中国では許認可がなければ、何も出来ないことは何度となく述べてきたが、楊さんをはじめとして汽車城のスタッフが常に顧客の側に立って花都区政府の各部門と交渉し、許認可取得などのサポートをしたのである。当時の花都区書記だった陳国氏、さらに副区長だった謝氏、そして、楊さんをはじめとして全員が同じビジョンを持ち、なんとしても成功させようという意気込みには圧倒される。陳氏、謝氏は何度となく日本を訪れ進出企業のほぼすべてに訪問し、日本企業の経営トップに自らトップセールスを実践したという。そしてこのような努力は、口コミを通じて広がりを見せる。このような一大集積地の形成に花都区政府や汽車城のマーケティング活動が果たした役割は非常に大きい。

　もう一つ興味深いのは、汽車城を花都区から独立した組織にした点である。汽車城発展有限公司が自ら資金調達を行い、土地という資源を提供し、リスクをとってビジネスを展開しているのであるから、スピード重視、顧客志向といったマーケティングの基本が行われるのは当然かもしれない。しかし、花都区政府の一部門として大きな組織の中で運営されていたら、官僚制組織のマイナス面が働き、このようにはならなかったかもしれない。汽車城が花都区と顧客の間の中間組織としてデザインされ、顧客の声を代弁して政府と交渉し、政府とは独立にプロモーションやコミュニケーションなどを行うことが出来るという立場にあることも、その成功に貢献しているように思われる。

（2）　R&D部門が「汽車城」にある意味

　第3の要因としてあげられるのは、乗用車が典型的なブランド・ビジネスであるという点である。ブランド・ビジネスはコモディティ・ビジネスと異なり、付加価値を高めるために原則的に部品の調達から商品を生産し、顧客の手に届けるまでの全てのプロセスに責任を持つのが基本である。逆説的ではあるが、この特徴が生産と販売の拠点の選択において、それぞれ独立に立地条件を考慮することを可能にするのである。すなわち、自動車産業の生産拠点としての立地条件が販売面の問題と関係が薄いことが、汽車城が東風日産の誘致に成功したことに寄与している。需要面での立地条件ではなく、交通の要衝といった利

点がそのまま評価されるのである。

ブランド・ビジネスの基本

　アウディやトヨタに限らず、エルメスやルイヴィトンにしても、ブランド・ビジネスを展開する企業は細心の注意を払って自社で製品の開発・生産を行い、商品の販売も専売の店舗、正規代理店を中心に行っている。店舗のイメージから商品のディスプレイまでグローバルに一貫性を持たせるように気を配ってブランド価値を高めていく。それは、機能的な価値だけでなく、情緒的な価値、ブランドを所有する喜びといったものを顧客に提供しなければならないからである。商品の品質を保証するのはもちろん、購入した店舗に持ち込めば商品の修理をしてくれるのも当然である。したがって、顧客はそれがどこで生産されたかではなくて、ブランドを信用して安心して購入することが出来るのである。

　モノをつくったらそれで終わり、どのように自社製品が売られるかということについては無関心ということは、ブランド・ビジネスにはあり得ない。当然、顧客とのコンタクトポイントの構築は重要である。顧客との対話により、顧客の求めているものを理解しなければならないし、自分たちの考えたことを顧客にわかってもらわなければならないからである。世界の自動車メーカーが自社ブランドのディーラー網の構築に熱心な理由の一つはこの点にある。他社ブランドではなく、自社ブランドの優れている点を熱心に説明してくれる販売員が、顧客との接点として重要な役割を果たすのである。

　さらに自動車産業では、使い終わった商品の廃棄、リサイクルまでをビジネスの視野に入れることも少なくない。メーカーとして環境技術や燃費の良いエンジン、危険を車が事前に察知しドライバーの運転をサポートする技術といったように、新しい技術開発に注力し、未来の車をより良いものにしていく懸命な努力を続けていることは当然である。この点で、日本の自動車メーカーは世界を一歩リードしている。しかし、世界の主要な自動車メーカーは、生産から販売、新車市場ばかりでなく、中古車市場やリサイクル産業の整備まで力を入れている。

　もちろん、これは慈善事業ではない。一台の車が生産されてから廃棄される

までの車の一生における付加価値は、新車が販売された後の方が大きいからである。付加価値は、素材、部品、組立、販売、ローン、修理、保険等々に配分されるが、販売時点後からの付加価値の合計は想像以上に大きい。このことが、生産―販売―廃棄にいたるまでの長いチェーンの中で、自動車メーカーが関連企業を通じてさまざまな関わり合いを模索する理由である。

　もう一つのブランド・ビジネスの特徴は、ブランドとターゲットとなる顧客との感情的な関係性を重視することである。自動車産業は標準化されたコモディティ商品を大量に生産し販売するビジネスではない。細かいセグメントに分割し、その中から選択したいくつかのターゲットに対して、基本的な性能、外見的なデザイン、内装、価格などの要素を慎重に組み合わせて商品を企画し、ターゲットとなる顧客の期待にピッタリとあった様々なタイプの車を市場に投入している。そして、マスメディアやインターネットなどのコミュニケーション・ツールを用いて、各ブランドで訴求したいイメージをターゲット・ユーザーに対して構築するために莫大な資源を投入している。

自動車ビジネスの特質

　このような複雑な仕組みを考えなければならないのは、開発や生産に巨額な投資を要求される自動車産業では、売れない車を作ることは致命傷になりかねないからである。つくったものを売るのではなく、売れるものをつくり、一台の車の販売から可能な限り多くの利益を得ることを考える、可能な限り在庫を持たない工夫を考えるのが自動車産業の基本である。

　このように努力しても、失敗するリスクはある。新しいモデルを市場に導入したら、金型などの設備投資は終っているので、ある程度の生産量は維持して販売不振の車に素早く対応することが求められる。そのための対策としては大きく三つの方策が考えられる。まず、販売時点と生産時点の時間差を限りなく小さくすることである。そうすれば無駄な生産をしなくてすむので、在庫が少なくなる。売れることがわかっている分を素早く生産する、部品産業と一体で在庫を極小化するJIT生産システムの構築が日本の自動車産業の競争力の一因であるが、このようにしてリスクを減らすことが出来る。

第2に、ディーラーにがんばって販売してもらうように依頼することも考えられる。ディーラーとの長期的で強い信頼関係があれば、メーカーが窮地の時には多少の無理は聞いてもらえるはずである。長期的な信頼関係の構築は重要である。

　第3に、市場の反応を見て小規模な内外装のデザインの変更といったマイナーチェンジを試みる可能性がある。市場の反応を見てというのはマーケティングの仕事であり、商品のマイナーチェンジはR&Dの仕事である。したがって、このアプローチには現場にこれらの機能が揃っていることが望ましい。東風日産は80人もの日本人をR&Dセンターに貼り付けている。マーケティング関連の人材と開発関係の人材が同居していることの意味は大きい。エンジンといった車の機能面での中核的な部分の開発が日本で行われる状況に変わりはないが、5年先には内装やエクステリアのデザインの現地化、部品調達のローカル企業への拡大、現地スタッフによる市場調査から中国市場にあった商品企画などが生まれてくるかもしれない。

（3）　汽車城を超えた新しい関係性の模索が始まる

　雪崩を打ったように部品関連企業の広州市への進出が続いている。先に述べたように、このような進出には親会社の意向が強く影響しているものの、進出した関連企業のインタビューから言えることは、親会社は進出に伴うリスクの面倒は見てくれないと判断していることである。したがって、進出する一次協力企業や二次協力企業は、独自の判断で自立的に地域や規模を模索しながら進

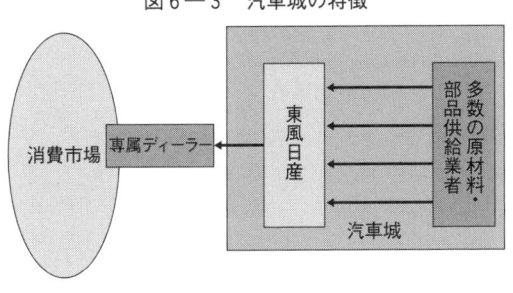

図6－3　汽車城の特徴

出している。

　また、現時点では、図6-3のように、進出した日系企業は生産を急速に立ち上げるために必要な金型や多くの機械を日本から調達し、日本での親会社に製品を納めている。生産の立ち上げが優先され、中国のローカル企業からの部材などの調達は、技術的なレベルに不安があるということに加えて、品質・納期といった点でローカル企業とのコミュニケーションギャップが大きく、当面は見送られるようである。中国には100社を超える自動車メーカーが存在するという世界の常識からすれば異常地域であるが、日系の自動車メーカーが要求する品質でものづくりが出来る企業はまだまだ少ないのである。

　しかし、独自にリスクを負うということは、裏を返せば独自に新規の取引先を開拓してもかまわないということを意味している。このような中で、それぞれの思惑で花都区やその周辺に進出したこれまでに関係のなかった企業と企業が出会うことで、近い将来、新たな結合から新たな価値が生み出される可能性が極めて高い。すなわち、これまで取引のなかった企業への売り込みや、業界を超えた企業間の結合が模索されようとしている。

　例えば、現在では水質汚染の心配からメッキ処理の認可を受けるのは困難であるというが、これは最新の設備を備えてメッキ処理の認可を受けて操業を開始できた汽車城の日系メーカーからすれば、これまで関係のなかった自動車メーカーや他業界の新規需要が見込めるということである。広州汽車学院といった高等教育機関もまもなく開校されるが、このような新たな「コトづくり」から新たな企業間の関係性の模索が始まることは確実であると思われる。

4．コモディティ・マーケティングには集積が効果的

（1）　皮革皮具城の競争優位の条件

　皮革皮具城や珠宝城でつくられる商品には共通点がある。いずれも、ごく簡単な機械設備による労働集約的な手作業による生産工程により、多品種の商品が生産されているという点である。皮革皮具城や珠宝城でつくられる商品は、きわめて多様かつ多品種であるが、このような商品特性に適した生産方式が選

ばれている。皮革皮具城、珠宝城の工場で働き、隣接する寮で生活している何百人、何千人という中国の若者達を見ると、汽車城にある日系の多くの工場で働いている人が驚くほど少ないと感じる。改めて、生産される商品の特性が生産・マーケティング活動を規定することを痛感させられる。

まず、陳国氏の次のような発言から花都区の皮革産業の発展の歴史と現状について確認しておきたい。

「花都はもともと農業が中心で、生産高の7割が農業、人口の7割も農村人口でした。そのため、政府の人間としては農業を発展させなければなりませんでしたが、鉄道・道路・港・空港などのインフラ投資を生かすのは農業ではありません。このインフラも、今は整備されていますが、もともとは貧しい地域でした。そこで、人びとの生活を改善させるのが考え方の出発点でした。先ほどもお話したように、花都には工業の基盤が薄かったのです。その中で、皮革産業には20年の歴史があり、4000軒で家内工業が行われていました。そこで、皮革産業と、機械などの関連産業、ファスナーなどの市場の発展を見込んで、皮革産業の発展に最初に力を注ぎました。」

第4章でも見てきたように、以下のような歴史的な背景があるものの、皮革産業は自然発生的に発生したようである。

「本当は皮革産業よりも先に自動車産業に力を入れたかったのですが、花都には皮革産業の基盤がありました。これには伝説があります。60年代や70年代に（文化大革命の影響で）都会から来た青年が、花都の農民の子供に皮革加工の技術を教え、それが花都の皮革産業の発展の基礎となったというものです。しかも、工業を発展させるためには、皮革産業は適していました。技術や設備があまり必要ありませんし、小規模の投資でも始めることができます。もし大きな皮革工場があれば、周りで下請けとして小規模で始められます。この、小規模からスタートでき、誰でもボスになれるというのは、非常に良いことです。」

皮革皮具城には膨大な数の生産者、材料供給業者が存在し、おびただしい種類の製品を生産している。ただし、皮革製品にも色々ある。そこで生産されているは低価格帯の革製の鞄や財布、ポリエステル製のリュックサックやバック、

小物、旅行鞄等々のコモディティ商品であり、エルメスやルイヴィトンといったブランド品ではない。コモディティ商品では商品の機能的な価値が強調され、エモーショナルな価値はほとんど考慮されることはない。

　これらのコモディティ商品の生産と販売は、ブランド・ビジネスとは全く異なる。コモディティ商品では生産と販売が独立の企業により行われ、問屋や卸売業者といわれる仲介業者が存在するのが一般的である。しかし、このことは生産や販売の機能が必ずしも花都区や広州市にある必要はないことを意味している。

　それでは、花都区の競争力が持続する源泉はどこにあるのであろうか。長期的に現在の競争優位を保つための条件は何なのであろうか。一つには、歴史的に技術者のプールが存在していた点が大きい。あらゆる種類の製品を生産することが出来る企業集団が集積していることは、生産を委託する顧客にとって非常に魅力的である。

　いま一つの点は、皮革皮具城と広州市内にある原材料販売店の集積である。コモディティ商品では、いかに生産性を上げてコストを下げられるかが課題になる。この場合に、さまざまな素材、ファスナーや商品を入れる箱といった部材の供給、ミシンなどの機械の販売・修理、製品の製作といった一連のバリューチェーンを構成する多くの企業が地理的に狭い地域に集積していることは大きなメリットを有する。同じような材料を多くの企業が扱っているので、材料調達などの取引コストを節約でき、品質と価格の情報を容易に収集することができるといった利点である。

（2）　セミオーダー・メイドの商品生産

　生産面のみならず販売面においても、あらゆる商品が狭い場所に集積していることは同様の利点がある。多種多様なものが大量に一カ所に集められることで、買い手はいろいろなものを容易に比較検討することが出来る。その結果、品質と価格との関係が明確になることで取引コストが減少する。いわゆる、ワン・ストップ・ショッピングの利点である。

　しかし、それ以上に買い手にとって魅力的なのは、このような大規模な卸売

市場が花都区の皮革皮具城からシャトルバスでわずか数十分の広州市の中心に近い場所にあることである。各地から集まってくるバイヤーはここで品定めを行い、これはと思う商品が見つかれば、その商品の生産者の生産現場に自ら足を運び、容易に自分の好きな仕様に商品を変更してもらうように依頼し発注することが出来る。つまり、ゼロからオーダーするのではなくて、気に入ったものをベースにセミオーダー出来ること、それもきわめて効率的に行える点がバイヤーにとって大きな利点である。事実、皮革皮具城で訪問したいくつかの生産現場では、ヨーロッパからのバイヤーが生産者と膝をつき合わせて商品の企画を行っていた。

　このような世界中からのバイヤーとの対話は、生産者にとって世の中で何が流行っているかといった重要な情報をもたらしてくれる。この情報が、生産者や原材料業者にとって価値のあるものであることはいうまでもない。将来必要となる人材育成や生産技術の向上も起こるはずである。花都区では生産・販売面の両面における製品の集散地・交易センターを近い将来を空港に近い場所に作る予定であるという。このようなバイヤーと生産者が出会う場が出来れば、コモディティ製品における競争優位をますます強化し持続させることが可能になると思われる。それが第4章で指摘した本格的な「集散地市場」の形成を意味する。

　このように、生産者と原材料業者、販売業者の3者の集積効果がシナジー効果によりプラスのフィードバックを発揮して、「ヒト、モノ、カネ、情報」が地域に蓄積され続けている。空港、ホテル、娯楽施設、地下鉄、新幹線といったインフラの整備が、多くの人が集まるということにプラスの効果を持つことも重要である。個々の企業が意識することはなくとも、皮革皮具城という「コトづくり」により、ダイナミックな変化が連続的に引き起こされ、産業の競争力を高めているのである。以上の点を図示すると図6－4のようになる。

　しかし、花都区の皮革産業にも課題が残る。将来にとっての最大の問題は人材であろう。例えば、現在の花都区の皮革産業にはグローバルに展開できるブランドを持つ企業はない。これまで以上に付加価値の高い商品を生み出すためには、商品企画からデザイン、生産、コミュニケーション活動、販売に至る全

図6―4　皮革皮具城の特徴

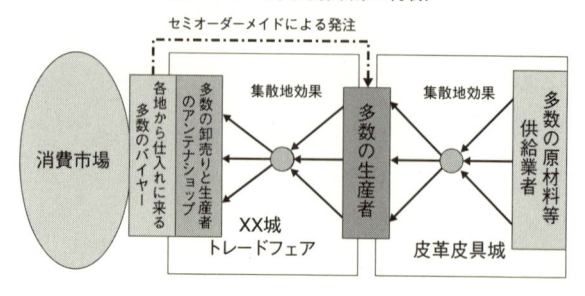

[図：消費市場 ← 各地から仕入れに来る多数のバイヤー ← 多数の卸売りと生産者のアンテナショップ（XX城トレードフェア）← 集散地効果 → 多数の生産者 ← 集散地効果 → 多数の供給業者・多数の原材料等（皮革皮具城）、セミオーダーメイドによる発注]

ての面で、より高度な知的作業が出来る人材が必要である。さらに、その人びとをマネジメントできる人が求められるが、そのレベルの人材をどれだけ早急に確保できるかがボトルネックになる可能性は大きい。

　こうありたいというビジョンと現状にはまだ大きなギャップが存在するように思える。現状では、いわゆる高級ブランドが広州市から生まれる可能性は低い。かりに有能なデザイナーを招いたとしても、ブランドを生み出す神話やエピソードは簡単には作れないからである。

（3）　ジュエリー産業は販売方法が決め手

　陳国氏の次の発言からわかることは、ジュエリー産業はもともと外貨獲得が目標であったということである。進出企業を見ると生産面では労働集約的で大規模な投資が必要でない、宝飾品の技能者が集まりやすいといった条件が珠宝城の進出に有利に働いたことがわかる。また、広大で整備された土地と、金やプラチナという素材を扱える認可を受けている点が珠宝城のセールス・ポイントである。

　「ジュエリー城について、政府の目的は一つです。中国では、中央政府や各レベルの政府が、担当地域の目標を定めます。具体的には、生産高や投資額や輸出額などの目標値を定めます。その中で、花都は輸出額が少なかったので、何か輸出向けの産業を興す必要がありました。しかし、大規模な投資は難しいので、投資が少なく、規模も大小さまざまに可能であり、輸出に向き、雇用も生み出す産業ということで、金銀宝飾に注目しました。」

しかし、これだけでは花都珠宝城の競争優位の源泉の説明にはならない。原材料の調達にしても皮革産業と異なり高価なものであり、仕入先は長期的に関係のある限定された業者からのものが多いはずである。現在珠宝城へ進出している企業を見ると、台湾系の石頭記集団やトルコ系のATASAYなど、大規模な生産を行っている企業が中心になっている。例えば、ATASAYはフルに稼働すれば1500人以上の企業規模となるという。宝飾品としては決して非常に高価格な高級品ではないが、コモディティでもない。この２社に共通する販売方法は自社のフランチャイズで多数の販路を持っている点である。石頭記集団は中国マーケットにフォーカスしているのに対して、ATASAYは欧米が主なマーケットである。これらの企業は、自社のブランドを持っており、自社の販路を持ってビジネスを行っている。

　このような直接販売だけでなく、生産者とバイヤーが直接出会い、取引が行われることもジュエリー業界にとっては一般的である。多数の生産者と多数のバイヤーが効率的に取引するためには、どこかに集合することが便利である。このために年に何回か、世界的なジュエリー・トレードフェアが開催される。実は、香港は世界三大ジュエリーフェアの開催地であり、世界中から数十万人のバイヤーが訪れるという。広州市が香港の非常に近くに立地しているという地理的な条件も、花都区珠宝城に多くの生産者が集積する大きな要因であると思われる。このような構想を花都区が描けたのが陳国氏の次のようなキャリアにある点は興味深い。

　「20年前、私はジュエリー工場とアルミ建材工場の工場長を兼務し、様々な業界関係者に会ったり、協会に顔を出したりしていましたが、その際に香港のジュエリー協会との交流がありました。そこで、花都に来てから、まずは香港企業、次いでトルコのATASAYや台湾の石頭記など世界のトップ企業を誘致してきました。」

　つまり、花都区のジュエリー産業の販路は、香港のジュエリーフェアにも存在する。ここにジュエリー産業で必要とされる全てのもの、材料の仕入れから、生産、販売に関する「ヒト、モノ、カネ、知識」が蓄積されていたことが珠宝城の幸運であったといえよう。以上の点を図示すると図６－５のようになる。

図6—5　珠宝城の特徴

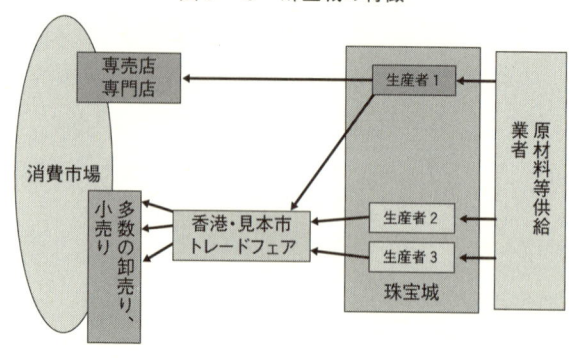

[図：消費市場（専売店・専門店、多数の卸売り・小売り）← 香港・見本市トレードフェア ← 生産者1・生産者2・生産者3（珠宝城）← 原材料等供給業者]

　花都区珠宝城は、まだ始まったばかりである。ここにジュエリー産業の一大集積地も形成されようとしているが、皮革製品と同じような課題が残されている。ここで生産されるのは、宝石としては高価格帯に属するものではなく、デパートの1階で売られているようなレベルの商品が多い。しかも、石頭記集団やATASAYはいわゆる外資であり、消費者にアピールする商品を企画するといった高度な知識を要求される仕事を十分にこなせる人材のプールがない。消費地が花都区になかったからである。
　ジュエリー産業も近い将来に交易センターの建設を予定しているという。空港からもアクセスがよく五つ星ホテルが立ち並ぶようになれば、バックとジュエリーの共創による大規模なファッションショーが世界中のバイヤーを惹きつけるようになるかもしれない。しかし、高価格帯の商品を扱う大規模なイベントの企画や広告には、また別の才能が要求されるだろう。グローバル・レベルの人材のプールが周辺で起これば、華やかなジュエリー産業と乗用車や皮革製品といった産業との新たな関係が、新しい花都区のイメージを創る日が来るかもしれない。

5. 花都区のマーケティングの成功要因

　比較的早くから集積が進んでいた皮革産業に加えて、ジュエリー産業、さらに自動車産業の集積が爆発的なスピードで進行している。このようなことが起こる背景には、①花都区に隣接する広州白雲国際空港の新規開港、②世界的な物流業者であるFedExの誘致に成功、③高速道路網や地下鉄・LRT（軽量軌道交通）などの交通網の急速な整備の進行、④香港や広州関係者にすでに巨大な資本蓄積が形成されており投資家が多数存在する、といったことが背景として存在する。

　しかし、花都区の成功において、汽車城、皮革皮具城、珠宝城という中間組織を用いた産業誘致のマーケティングが果たした役割は大きい。それぞれが、それぞれの産業クラスターの特性にあった「コトづくり」について考え、迅速かつ着実に実行に移してきたからである。

　花都区の構想力の大きさと緻密な計算には驚かされるが、最後にこのようなマーケティング活動を成功に導いたもう一つの要因についてふれておきたい。それは一にも二にも産業誘致に努めている人びとが活き活きと働き、仕事をする中で成長し、自分たちの夢を追求している点にある。

　訪問した先々の「コトづくり」に携わっている人達は例外なく元気が良い。みんなの目が輝いていることがとても印象的である。それ以上に興味深いのは、花都区をあげて産業発展を夢見ており、それぞれの人が自分のやるべきことを理解している点である。自動車、皮革、ジュエリー、空港が競って自分たちが目指すべき企業の誘致に努めている。これは、強力なリーダーシップにより花都区政府が誘致したい業界を明確に設定し、共有できるビジョンを打ち立て、人びとの心をまとめることに成功したから可能になるのである。まさに、「コトづくり」マーケティングの成功例であるといえよう。

　しかし残された課題も、成功の大きさに比例して大きい。ライフサイクルという観点から見ると、広州市は成長期に入ったところであろう。導入期とは異なる競争が成長期に見られるのは歴史的な教訓である。優れたリーダーが継続

的に再生産されなくてはならないが、立ち上げるために必要な能力と、発展させるために求められる能力とは異なることはすでに見てきたとおりである。これまでの人材とは別のより高度な専門知識を持った人材育成も重要になってこよう。環境問題やIT産業の誘致なども視野に入れているというが、急速な変化がどのような思わぬ困難をもたらすかはわからない。より大きく持続的な歴史的成功のためには、グローバル・レベルの人材獲得競争に勝つことが必要である。

1) 藤本隆宏「自動車の設計思想と製品開発」（東京大学ものづくり経営研究センター、ディスカッションペーパー、2000年）。

第7章　広東省の金融システムと花都の発展戦略

　前章まで見てきたように、花都は空港経済を基点に、花都汽車城における自動車産業の集積と、獅嶺（国際）皮革皮具城および花都（国際）金銀珠宝城によるファッション関連産業の一大「集散地市場」の形成を目標に掲げ、驚異的なペースでこれらの目標達成に向けた具体的な施策が実行に移されている。空港経済の目玉としてFedExを、そして花都汽車城は東風日産と一次協力企業層を中心に多くの外資系部品メーカーを誘致し、皮革産業では「獅嶺（国際）皮革皮具城」といったインフラ施設が建設され、また、ジュエリーでは多くの外資系企業の誘致に成功している。そして、次の飛躍のためには、各分野の裾野を拡大する施策に重点を移すべきタイミングにきている。

　各分野の裾野を拡大する施策とは、各分野において企業を誘致し、そして、育成することにほかならない。二次協力企業もしくはそれを支える自動車部品関連メーカー、皮革やジュエリーにおけるいくつかの生産工程を担うメーカー、物流やその他関連業務を担うサービス産業事業者などと参入対象となる分野は広く、事業意欲の高い中小企業が参入することで各分野の活性化が期待される。

　しかし、このような流れを形成していくにあたり、中国の中小企業にとって、資金調達は重い経営課題である。資金調達問題の解決なしに、中小企業が活発に活動し、各分野の裾野が拡大し、花都経済がさらに発展するという構図を描くことは難しい。

　中小企業の資金調達問題の解決には、資金の出し手が資金の取り手である中小企業との間に存在する情報の非対称性を、いかに克服して与信を行うかがポイントになる。これが克服されてはじめて中小企業が事業資金を確保でき、資本蓄積と再投資が円滑に行われる。ところで、この資本の蓄積と再投資への取り組みは、投資規模が比較的小さい軽工業分野で行われやすい。花都では、汽車城とあわせて軽工業の集散地が形成されつつあり、中小企業金融問題を考え

るには格好の存在である。

　中国の中小企業金融問題に関する処方箋の作成にあたっては、全国レベルでの取り組みと、地域レベルでの取り組みが共に行われることが必要である[1]。そこで本稿では、地域における民営中小企業金融の観点から、花都の発展戦略を考察していくことにする。

1. 広東省の金融システムと花都の位置づけ

　以下では、中小企業金融サイドから中国国内で比較的発展している広東省の金融システムの特質を明らかにし、さらに花都の金融の現状について考察する。

（1） 中国金融システムの特徴

　中国のような経済が成長過程にあり、直接金融が未発達な段階であれば、銀行を中心とする間接金融システムが中小企業の成長に果たす役割は大きい。

　中国の銀行システムは、改革開放直後の1980年代同様に、中国工商銀行、中国銀行、中国建設銀行、中国農業銀行という国有商業銀行が中心的な役割を果たしている情勢に変化はない。これら国有商業銀行4行は、計画経済体制下から脱却した商業銀行として新たなスタートを切っているものの、貸出先の大半は国有企業もしくは旧国有企業の民営化企業や外資系の大企業であり、中小企業、中でも民営中小企業への貸出にはいまだ実績をあげていない。

　一方、国有商業銀行以外に、株式制商業銀行（中国語名：股份制商業銀行）や都市商業銀行（中国語名：城市商業銀行）が台頭してきているが、民営中小企業の資金需要を充たすには至っていない。それゆえ、銀行改革が叫ばれているが、中小企業の成長に資する金融機関となるには克服すべき課題が多いのが実情である[2]。

　他方、民営中小企業を訪問すると、資金調達が課題と言いながらも設備投資が行われている。そこで踏み込んでヒアリングすると、実に様々な資金調達機会が存在している。

　表7－1は、民営中小企業の資金調達動向をまとめたものである。各銀行で

表 7-1　民営中小企業の資金調達事例（広東、温州、無錫、大連、北京）

区分		企業名	地域	資料
自己資金				
創業者による資金蓄積	商個人の創業	軽工業品を生産する温州企業	温州	①
		瓦房店日豊軸承製造	大連	①
		深圳市億豊数碼電子製造	広東	①
生産現場からの創業		巴仙奴靴製造品	広東	①
		勇芸達電子［深圳］	広東	①
		広州花都区鶴綿皮革具製品廠　※	広東	②
高学歴者・技術者の創業		無錫瑞新汽車部件	無錫	①
		国有企業技術者の独立創業	大連	①
		広州市海星馬馬電動車	広東	①
政府助成金・優遇税制	（産業政策）	広州市海星大高新材料開発	広東	①
	（雇用対策）	大連市大高新材料豆製品経銷處	大連	①
	（利子補給）	北京浩堂時代科技	北京	①
	（優遇税制）	ハイテク企業認定	各地	①
		外資企業認定	広東ほか	①

区分		企業名	地域	資料
外部資金調達				
エクイティファイナンス	エンジェルによる出資	北京英泰科隆科技	北京	①
		広州名高飛駿馬電子　※	広東	①
		広州恒利達電路	広東	③
	事業関係者向け増資			
	（個人）	広東雪来特光電科技	広東	①
	（法人）	無錫富瑞德精密機械	無錫	①
	（機関投資家）	無錫華特鋼帯	無錫	①
デットファイナンス	商業銀行借入			
	（不動産担保）	江蘇恒鎬鐓絲機	無錫	①
		深圳市億豊数碼電子製造	広東	①
		広州奥来王達皮具	広東	②
	（動産担保）	無錫市清新不銹鋼	無錫	①
	（相互連帯保証）	保一集団、浙江陽康電子 ほか	温州	①
	（信用保証制度）	無錫現宇電磁線	無錫	①
		＜利用者確認できず＞		
商取引に伴うファイナンス	商社金融	勇芸達電子［深圳］	広東	①
	企業間信用	広州名高飛駿馬電子　※	広東	①
	香港現法活用	万信達企業集団	広東	①
	外資企業の資金繰り支援	北京華生悟泰科技 ほか	北京	①

注：※は花都所在企業

資料：①関満博編『現代中国の民営中小企業』新評論、2006年
②本書第4章
③関満博編『台湾IT産業の中国長江デルタ集積』新評論、2005年

は中小企業向け貸出を強化する動きが見られるが、現実には各行が有する信用評価会社から高い格付を取得していないと銀行借入は困難な状況にある。こうした制約の下で、蓄積した資本の範囲内での投資を前提としつつ、エンジェルまたは事業関係者からの出資を得たり、商取引に伴う形で資金繰りをつけたり、政府資金を利用したりすることで、各企業は銀行借入以外の資金調達手段を確保している[3]。

中小企業金融政策の課題

これらに見られるように、中小企業金融向け貸出に取り組むための銀行の内部体制改革を待たずとも、創意工夫をこらして資本金を調達し事業基盤を拡大している中小企業の事例が数多く存在する。その一方で、こうした資金調達の機会に恵まれないために拡大の機会を逸している中小企業の存在も否定できない。言い換えると、中小企業金融がシステムとして広く普及すれば、さらなる発展を遂げられる中小企業が多数出現する可能性がある。銀行内部の改革だけに頼る必要はない。銀行改革とは別に中小企業金融政策に取り組む意義がここにあるといってよい。ならば、政策を実施するにあたり、どのような課題を克服する必要があるのだろうか。

　第1に、中小企業の資本蓄積を支援する環境を整備することである。財政政策による研究開発助成金の交付や優遇税制が該当する。これらは、今までも取り組まれてきた政策であるが、地域毎に振興政策の特徴を出すことも可能である。

　第2に、信用保証制度の確立である。銀行からみて中小企業向け貸出に取り組み難い大きな原因として、中小企業向け与信判断が困難な点があげられる。信用保証制度はこの点を克服できる有効な手段である。また、信用保証に取り組む対象の設定は地域毎に特色の出せる分野である。

　第3に、企業間信用が拡大できる体制の整備があげられる。企業間信用の拡大を支える制度として支払手形の普及があるが、中国の現状下でそれが難しいのであれば、法律知識の乏しい中小事業者が不利益を被りにくい標準的な契約書を行政のリードで制定することや、裁判制度を充実させることが考えられる。

第4に、中古機械市場の整備があげられる。ある程度の参加者によってこうした市場が形成されていれば、中古機械の処分価格をある程度把握することが可能になる。商社であれば販売金融を行うことも容易になり、販売金融事業から発展してリース事業に取り組む企業が出現する可能性もある。

　そして第5に、民間金融を表面に出すことがある。民間金融の多くは中国人民銀行の管理監督から離れたところで活動を行っている。その一部はかなりの規模になっている模様であり、金融政策の有効性を確保するため、および資金の出し手及び借り手の健全な活動を守るためという観点から考えると、中国人民銀行の管理監督下に置くのが適当である。

　以上の課題は、民間金融を表面に出すといった国レベルでの制度設計が必要な分野はもちろん存在するものの、各地域で取り組み可能な課題も少なくない。言い換えると、中小企業金融政策とは、各地域がその気になれば取り組み可能な政策なのである。

（2） 広東省金融システムの特徴

　表7－2は、中国の地域別の金融動向をとりまとめたものである。広東省は、預金残高で13％、貸出残高で12％を占めており、中国の中で比較的金融が発達した地域である。なお、この表7－2には外資系金融機関の計数が含まれていない。2004年末現在で広州に16、深圳に20の外資系銀行支店があることを考えると、ここで示されたシェア以上に、広東省は中国金融システムで大きな位置にある地域と言える[4]。

　その背景には、早期から商業銀行が設立され、現在でも商業銀行の拠点が多く、銀行システムが比較的整備されている点がある。また、表7－1で見たとおり、民間での資本の蓄積が進みエンジェルとしてエクイティ資金を供給する層が出現している。そして、実需に基づく企業間信用が活発なことで企業の運転資金調達が行われたり、商社金融による設備投資資金調達が行われている点も見逃せない。

　こうした広東の金融システムの発展には香港の存在が重要な役割を果たしている。香港を軸とする転廠取引が中小企業の資本蓄積に貢献したことは間違い

表7－2 中国地域別にみる預金・貸出・預貸率・現金増発（還流）・財政収入・支出額比較（2004年12月）
(単位：億元、％)

区分	預金			貸出			預貸率	現金増発／還流	地方財政収入	地方財政支出
	企業預金	財政預金	その他共計	短期	中長期	その他共計				
北京	13,184	241	23,679	4,906	7,387	13,312	56%	▲204	745	863
重慶	1,252	88	4,073	1,378	1,476	3,116	76%	▲24	302	487
天津	2,059	35	5,140	1,923	1,850	4,146	81%	90	502	432
河北	2,116	156	9,387	3,445	2,246	6,234	66%	331	408	753
山西	1,574	139	5,886	2,044	1,603	4,108	70%	30	255	515
内蒙古	700		2,616	1,048	1,126	2,278	87%	158	237	598
遼寧	2,902	100	10,686	4,392	3,113	8,071	76%	▲10	530	921
吉林	815	124	3,804	2,012	1,342	3,564	94%	121	166	508
黒竜江	1,348	76	5,459	2,423	1,440	4,115	75%	31	349	759
上海	9,909	157	19,165	5,185	7,213	13,469	70%	389	1,120	1,396
江蘇	7,142	240	19,013	7,674	5,212	14,247	75%	382	980	1,297
浙江	6,759	317	17,855	8,364	5,615	14,983	84%	403	806	1,063
安徽	1,514	102	5,126	2,259	1,460	4,006	78%	▲257	521	588
福建	1,914	93	6,378	2,360	2,002	4,643	73%	34	333	505
江西	1,005	161	3,823	1,488	1,309	2,913	76%	▲230	205	453
山東	4,019	226	14,905	6,812	4,068	12,219	82%	34	828	1,189
河南	2,018	104	8,779	4,238	2,519	7,243	83%	▲182	429	878
湖北	2,408	155	7,203	2,619	2,558	5,607	78%	▲130	304	642
湖南	1,392	314	5,601	2,380	1,811	4,355	78%	▲273	321	669
広東	10,530	1,013	32,985	9,470	9,637	21,365	65%	1,036	1,417	1,853
海南	374	20	1,159	271	602	920	79%	▲12	69	141
広西	972	84	3,741	1,088	1,590	2,787	75%	▲171	404	505
四川	2,426	139	8,621	3,118	3,053	6,648	77%	▲87	384	881
貴州	847	29	2,342	717	1,271	2,034	87%	47	149	417
雲南	1,705	108	4,474	1,511	1,824	3,449	77%	31	264	662
西蔵	208	10	363	85	83	168	46%	34	12	130
陝西	1,697	156	5,492	1,812	1,752	3,895	71%	▲204	215	510
甘粛	837	53	2,528	1,006	838	1,928	76%	▲30	215	359
青海	214	27	608	218	387	622	102%	52	27	137
寧夏	264	42	851	311	428	771	91%	24	38	123
新疆	839	45	3,003	1,160	1,008	2,267	75%	32	148	410
合計	84,942	4,557	244,744	87,714	77,823	179,483	73%	1,446	12,683	20,641

注：①各省の発表数値を集計しているため、合計金額は、国家レベルの発表数値と一致するとは限らない。
　　②預金・貸出には外貨預金・外貨貸出を含むが、外資金融機関扱い分は含まない。
　　③「現金増発」欄の▲は「現金還流」を示す。
資料：『中国金融年鑑』2005年、を参照して作成。

ない。また、簡易な組立て加工から難易度が増した生産ができる輸出型企業が出現し、その輸出型企業の資金繰りを支える形で発展した信用取引を最終的に担保しているのは香港を軸とする貿易金融である。そして、香港に隣接するが

ゆえに、銀行外にて香港ドルと人民元の現金交換取引が出現し、それを財源に民間金融[5]が拡大していると言われる。

低迷する預貸率と多額の現金増発

このように中国の中では比較的発展した金融システムを形成してきた広東省であるが、預貸率を見ると65％にすぎず、これは決して高い水準ではない。預貸率は中国全体でみても73％と経済成長段階にある国の水準としては高い水準ではないわけだが、経済発展が著しい広東省がその全国平均を下回っていることは興味深い。

その一方で、現金の増発額（還流額）をみると、広東省で2004年に全国で純増した現金の72％が増発されているという興味深い傾向が読み取れる。この現金流出額が大きいがゆえに流動性の確保を強いられ、預貸率の低迷につながっている面は否定できない。また、この多額の現金流出は民間金融の存在にもつながっていると言われる。現金を介した金融システムが銀行以外で形成され、民間金融が拡大するという構図が出来上がっている。したがって、現金流出の引き止めと省内預貸率の向上が、中国人民銀行を頂点とする広東省金融システムを構築するにあたってのポイントになる。

個別銀行の動向

表7－3は、広東省における主要商業銀行の人民元建の預金残高と貸出残高

表7－3　広東省・主要商業銀行の人民元建預金・貸出（2004年12月）
（単位：億元、％）

区分	預金	貸出	預貸率
工商銀行	4,716	3,246	68.8％
農業銀行	3,646	1,982	54.4％
中国銀行	4,009	2,113	52.7％
建設銀行	3,817	1,885	49.4％
交通銀行	830	502	60.5％
中信実業	346	247	71.3％
華夏銀行	221	171	77.2％
中国民生銀行	542	376	69.5％
農村信用合作社	3,802	2,536	66.7％

資料：『中国金融年鑑』2005年、を参照して作成。

を取りまとめたものである。これを見ると、全国でのシェアと同様に、預金、貸出共に工商銀行が頭一つ抜けた存在であることがわかる。それに、農業銀行、中国銀行、建設銀行の国有商業銀行3行が続くわけだが、広東省の場合、農村信用合作社の存在が際立っている。農村信用合作社を合計した規模は、全国レベルで見ても小さくはなく、人民元建貸出残高は中国銀行を上回る。しかし、広東省については、中国銀行のみならず、農業銀行や建設銀行をも上回り、工商銀行に次ぐ勢力となっている。このことは、広東省の経済発展を郷鎮企業およびそこから派生した企業が支えてきたことと関係があると思われる。

　また、預貸率を見ると、工商銀行が68.8％、農村信用合作社が66.7％であるものの、上述の国有商業銀行3行は49.4～54.4％と低迷している。3行共に、全国店舗でみて広東省で多額の預金を調達しているわけだが、60％を割る水準で預貸率が低迷している原因は、この過剰な預金を他省に回金しているためか、あるいは、現金払い出しのための流動性を確保しているためかは不明である。ともかく、これら3行は広東省での資金仲介機能を果たしていないと指摘せざるを得ない。

写真7—1　花都の農村信用合作社の支店

広東省金融システム発展に向けての課題

　以上見たとおり、広東省の金融システムは中国の中で比較的発展しているものの、銀行システムには問題を抱えている。しかし、広東省に金融システムの基盤は存在しており、銀行改革とは別に、地域として中小企業金融政策に取り組み可能な地域であることは間違いなく、（1）で見た中小企業金融政策に関する5つの課題については、この基盤を用いることで次のような処方箋を示すことができる。

　まず、広東省は資本蓄積の進んだ地域である点が、第1と第2の課題に対する処方箋となる。表7－2にあるとおり広東省の財政収入額は全国第一位であり、これを源資に助成事業や信用保証制度に取り組むことが可能と考えられる。

　次に、広東省では、転廠取引[6]という実需取引に端を発して企業間での信用取引が発展している点が、第3の課題に対する解決につながる。転廠制度下では香港での契約締結ならびに資金決済が基盤となっており、中国国内で法体制が整備されていないという弱点を補うことができた。今日では香港を介さない中国国内での取引ならびに資金決済が増加しているが、香港経由の転廠取引で培った信用取引を広東省は導入しやすいポジションにある。

　そして、第4の課題解決については、広東省各地ですでに中古機械市場が発生しており、具体的な進展をみせている。花都皮革城にも中古ミシンを扱う業者が多いと聞く。中古機械市場を利用した金融事業者の出現が期待される。

　最後に第5の課題については、民間の資本蓄積を利用するシステムを構築することが解決につながりうる。すでに一部で出現しているエンジェル投資家の資金を吸収し、リスクマネーの供給者としてプライベート・エクイティ・ファンドが中国の民営中小企業に対して資金を供与することが期待されるが、地域でシードマネーを出資し民間資金を募るファンドを組成するのも一策である。

　冒頭で述べたとおり、中小企業金融のポイントは、資金の貸し手が借り手である中小企業との間に存在する情報の非対称性をいかに克服して与信を行うかにある。このため、上述の課題に取り組むのは、人口1億人前後を抱える「省」という大きな単位ではなく、政策対象である中小企業の顔の見える「市」なり「区」といった個別の行政単位が適当である。上述のような課題解

決につながる処方箋を具体的に示し実行する「市」「区」が、魅力ある中小企業を輩出し、魅力ある地域を創出することになる。

(3) 花都金融システムの現状

(1) では中国の金融システムを概観した後に、地域で取り組み可能な中小企業金融政策が存在することを示した。(2) では、広東省では金融システムが比較的整備されていること、そしてこの基盤を用いて具体的な中小企業金融政策を打ち出せた地域は、企業を引き付けて発展する可能性があることを示した。そこで、本章の目的である花都の発展戦略の検討を進める前に、花都の金融システムの現状を確認する。

急増する預金と低迷する貸出

2003年度の実績であるが、広州市全域での預貸率は70.6％であるのに対して、花都の預貸率は51.0％と低迷している。これは、外資系企業等が持ち込んだ資本金等が花都で預け入れられているため、預金は2000年の134億元から2003年には204億円と70億元も急増しているのに対して、貸出は2000年の87億元から2003年には104億円と17億円の増加にとどまっているためである。このことは、花都に投資された資金が花都で再投資されずに、各銀行の広州市分行または広東省分行に吸い上げられていることを意味する。

個別銀行をみると、広東省全域では比較的高い68.8％の預貸率を2004年に示している工商銀行が、花都では2003年で35.7％、2004年で24.5％と、顕著に低

表7—4　広州市（全域）及び花都区の預金・貸出・預貸率推移

(単位：億元、％)

区分	広州市（全域）			花都区		
	預金	貸出	預貸率	預金	貸出	預貸率
1995／96	2,002	1,312	65.5％	83	75	90.4％
2000	5,545	3,896	70.2％	134	87	65.4％
2003	8,677	6,127	70.6％	204	104	51.0％

注：広州市全域は1995年、花都区は1996年を記載。
資料：広州市は『広州市統計年鑑』2004年、花都区は現地ヒアリングによる。

表7—5　花都区における銀行別の預金・貸出・預貸率推移

区分	預金				貸出				預貸率			
	1996	2000	2003	2004	1996	2000	2003	2004	1996	2000	2003	2004
工商銀行	15	36	60	62	16	20	22	15	102.7%	54.2%	35.7%	24.5%
農業銀行	9	11	30	45	11	12	26	27	123.9%	107.3%	88.7%	60.3%
中国銀行	11	26	27	42	6	8	7	6	54.5%	30.5%	26.1%	14.3%
建設銀行	10	23	40	16	9	13	19	18	89.4%	55.5%	46.8%	113.6%
農村信用合作社	19	29	38	47	15	22	29	38	79.3%	78.5%	76.1%	79.2%
深圳発展銀行	2	1	1	0	1	1	N/A	N/A	61.1%	88.6%	N/A	N/A
広東発展銀行	6	1	2	2	8	7	0	N/A	141.0%	512.6%	0.5%	N/A
その他	11	5	6	21	8	3	2	1	77.3%	72.6%	24.3%	3.0%
合計	83	134	204	235	75	87	104	104	90.4%	65.4%	51.0%	44.3%

資料：『花都統計年鑑』2005年

い預貸率を示している。工商銀行は歴史的経緯から広州市内の国有企業向け貸出が多く、そうした貸出金の調達に花都の預金が充当されていると推測される。

　また、貸出残高に注目すると、花都における工商銀行の貸出残高は第3位に過ぎず、第1位が農村信用合作社、第2位が農業銀行という順序になっている。花都は元来農村地域であったことがこうした結果を生んでいるわけだが、貸出に関していえば、預金残高第1位の工商銀行ではなく、農村信用合作社と農業銀行が主要プレーヤーなのである。第1位の農村信用合作社を見ると、90年代後半から今日までの預貸率は概ね70％台後半と高い水準で推移している。第2位の農業銀行は預貸率が100％超の期間が長く、花都外から資金を回して花都への貸出に充当してきているが、これは花都汽車城のような大型のプロジェクトファイナンスも含まれていたためのようである。

広州市農村信用合作社

　ここでいう農村信用合作社とは、広州市農村信用合作社花都聯社を指す。広州市農村信用合作社は1998年に設立され、花都を含む10の聯社を傘下に有し、広州市内各地に680の営業拠点を構えている。2004年末の預金残高658億元、貸出残高409億元、預貸率62.1％で、国有商業銀行4行に次ぐ位置にある。各聯社は98年以前には各地域で独立した単位であったため、旧来の単位毎に自ら集めた預金を源資に貸出を行うスタンスが定着しているのかもしれない。リスク

管理等で課題はあると推測されるが、地元金融のインターフェイスとしての機能を持っていることには間違いない。したがって、花都区政府が中小企業金融政策を検討するにあたり、その実行部隊として、農村信用合作社を念頭に置いた検討を行うことは一考に値すると言えよう。

以上が花都の金融システムの現状である。企業誘致で集めた預金を地元向け貸出に使えていないこと、地元金融のインターフェイスとして農村信用合作社と農業銀行の存在が大きいことが特徴である。地元で集めた預金の一定額でも地元企業の資金需要を充たすように流す仕組みを作ることができれば、花都から魅力ある企業が多数輩出される可能性がある。

では、「区」として魅力ある企業を輩出するために、どのような政策を検討すればよいのか。そのキーワードは、花都経済の特徴である「集散地経済」と「花都汽車城」にある。

2. 花都経済と中小企業金融の可能性

ここでは、「集散地経済」と「花都汽車城」に着目して、花都における中小企業金融の可能性を考察してみよう。

（1）集散地経済と皮革関連メーカー向け金融

第4章でみたとおり、花都に皮革製品の小規模生産者が増加するにつれ、原材料、副資材を生産者に供給する卸売業者が大量に成立している。中国の現状では小規模事業者は現金以外の仕入れをすることは難しいため、手持ちの資本の範囲内で事業を繰り回さざるを得ない。その結果、皮革製品メーカーが2700社、原材料取扱業者が2200社といわれる小規模事業者の大集積が形成され、皮革製品の生産高および売上高は年々増加している。

この製品を仕入れるべくバイヤーが買い付けに来るが、位置的条件に優れている広州市街地には、中国国内ばかりでなく世界のバイヤーが引き寄せられてくる。花都の皮革製品生産者はこぞって広州市街地に店舗を設け、内外バイヤーたちと付き合っている。

このように広州市街地と連携する形で花都は集散地的機能を高めてきているが、集散地経済が発展した明治大正期の日本と決定的に異なる点がある。それは、小規模な原材料問屋や皮革生産者が集積し、皮革生産者が内外バイヤーに直結しているため、集散地に有力な問屋、卸売業者といった商業資本が出現していない点である。

皮革関連中小企業の成長パターン
　日本では、巨大な資本力が形成されて有力な問屋、卸売業者が出現し、彼らが中小製造業者に信用を与えることで中小製造業者の成長を支援したが、中国ではいまだ信用取引が成立する条件を形成していない。そして、今後もこの有力な問屋、卸売業者といった商業資本が出現しない状態が続く可能性が高い。では、花都の皮革関連中小製造業者は、広州市街地の市場に小さな店舗を設置している現状からどのような成長パターンを遂げるのか。
　第1は、受託生産の拡大である。広州という地理的特性を活かせば、国内企業、海外企業共に受託可能であり、受託先は多岐に渡ることが可能である。
　第2は、海外企業向け受託生産の拡大である。海外向け販売は資金決済が短期間で完了する。国内金融システムが未成熟であっても、貿易金融を使えるメリットもある。また、技術力やデザイン力を向上させることで、OEM企業からODM企業への転換も図れる。
　第3は、受託生産メーカーから自社ブランドメーカーへの転換である。受託生産にとどまっていると、自社ブランド製品を生産・供給する場合に比べて利益率は低い。自社ブランドを生産することは多くのメーカーにとって大きな目標であり、自社ブランドを国内外に供給するメーカーを輩出した地域は、そのブランドメーカーへのサプライヤーである関連中小企業も利益を蓄積できる。
　以上の成長に中小企業が取り組むには資金が必要である。日本では、形成された集散地を軸に中小企業の資金調達を支援するシステムが構築されたが、花都の集散地はどのような役割を果たす可能性があるのだろうか。

花都集散地経済の現状

まず、花都の皮革産業における中小企業の資本蓄積と外部からの資金調達が、現時点でどのように行われているのかを確認しよう。

花都で家内工業として創業した広州市花都区鶴紳皮具製品廠（第4章―3―（1））は、輸出を軸に資本を蓄積し事業を拡大している。創業時の95年には従業員20人程度でスタートしたものの、今日では400人規模の従業員を抱える企業に成長している。輸出の場合、販売代金の回収サイトは比較的短い場合が多いが、鶴紳皮具もこの条件を利用して資金繰りを支え資本を蓄積していたのであった。

また、他の地域で資本を蓄積したメーカーが、花都に移転してきた事例もある。中でも温州企業の移転が多い。80年代初めに温州で創業した家内工業が原点の広州奥王達皮具（第4章―3―（2））は、2000年に花都に工場を移転し、現在下請2社を含めると、700～800人の従業員を抱えるまで成長している。なお、花都工場建設に必要な資金は農村信用合作社から借り入れているという。これは資金調達を当地でアレンジできたからこそ、温州から生産工場移転を果たせた事例である。

成功を収めている企業はこのように出現しているが、前に指摘したとおり事業に必要な資金の調達は個別企業の行動に頼っている。上記2社は自らの資本蓄積もしくは銀行借入で資金を調達している事例であるが、表7―1で見た広州市名高飛駿間電子のように、エンジェル投資家から資本（エクイティ）を調達している事例が存在していてもおかしくない。名高飛は労働集約生産工程を抱えてスピーカーを生産しているメーカーであるが、スピーカー事業の専門家でないエンジェル投資家からも、こうしたビジネスモデルであるがゆえに理解を得て資本を調達している。したがって、皮革産業でもビジネスモデルの説明は可能であり、同様の事例が存在する可能性は高いと言える。

ところで、企業活動に必要な要素をヒト、モノ、カネの三つに集約して考えると、ヒト、モノについては政策的な取り組みが行われている。第4章でみたとおり、ヒトについては、一地域だけで人材育成を行うには限界があるとして北京皮革工業学校と提携が行われている。また、モノについては、イタリア雑

誌と提携して最新の情報を受発信できるようにし、工業団地や皮革城をはじめとするインフラ整備が進められている。しかしながら、カネについては特段の施策は取り組まれていない。

　花都に所在する中小企業の多くは明らかに資本蓄積が不足している。企業間の競争を阻害するような政府の関与は許されないものの、カネについても政府が関与することで、資本蓄積ならびに効率的な外部資金の調達を支援する中小企業金融政策に取り組む意義は大きい。そこで、未発達な間接金融システムを集散地経済が補っていた明治大正期の日本の事例は、中国で初めて本格的な集散地を抱えるようになった花都の中小企業金融を考えるにあたり参考になると考える。集散地という集積を中小企業金融に活用できれば、花都は大きく発展する可能性がある。

日本の集散地経済と中小企業金融

　花都は、内販と輸出を両面展開できる東アジアの本格的集散地になりうる可能性が高い。そこで、日本の集散地経済を検討するにあたり、当時の主力輸出品でありかつ国内需要も高かった絹製品を念頭において考察する[7]。

　集散地を軸とする日本での商流と資金決済を図示したのが図7－1である。集散地でいったん製品・商品が集積することで品質がチェックされると共に、資本力を持った生糸問屋（原料問屋）と集散地問屋（商品問屋）を軸とする信用供与システムが構築され、この信用供与を受けて多様な中小製造者が台頭していった。

　中小製造業者は、生糸を仕入れて織加工等を施して製品化し、織物仲買に販売する。織物仲買は集散地問屋から現金で決済を受けていたため、中小製造業者との決済も現金払いを基本としていた。生糸の仕入代金の支払いは後払いとされていたため、織物仲買向けの販売代金の回収は現金決済が一般的であった。このため、織物仲買から受領した現金を生糸問屋に支払うことで中小製造業者の資金繰りは繰り回されていた。言い換えると、生糸問屋、織物仲買および集散地問屋によって、中小製造業者の資金繰りは支えられていたのである。こうして、事業を継続、拡大していった中小製造業に、少しずつであったと思われ

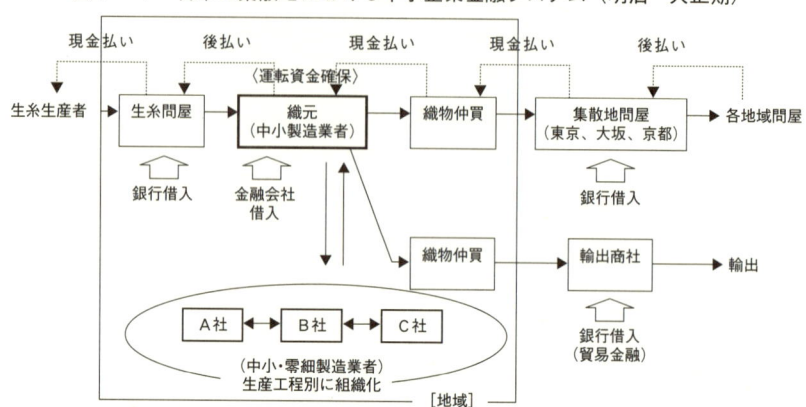

図7—1　日本の集散地における中小企業金融システム（明治・大正期）

```
現金払い      後払い       現金払い      現金払い      後払い
              〈運転資金確保〉
生糸生産者 → 生糸問屋 → 織元       → 織物仲買 → 集散地問屋 → 各地域問屋
                      (中小製造業者)              (東京、大坂、京都)
              ↑銀行借入  ↑金融会社                ↑銀行借入
                         借入
                         ↕
                        織物仲買 → 輸出商社 → 輸出
                                    ↑銀行借入
                                    （貿易金融）
              A社 ↔ B社 ↔ C社
              (中小・零細製造業者)
              生産工程別に組織化
                              ［地域］
```

資料：山口和雄編『日本産業金融史研究　織物金融編』東京大学出版社、1974年、を参照して作成。

るが資本が蓄積されていった。

　明治後期になると国産力織機が普及したため、中小製造業各社は大量導入を図り、生産システムは工場制機械工業へと変貌を遂げる。この段階になると、必要とする設備投資額は大きくなり、上述のシステムで蓄積した自己資本だけで事業資金を確保することは難しくなる。そこで、外部資金の調達チャネルを拡充する必要に迫られることになる。

　不動産、有価証券といった資産を保有していれば、それらを担保に差し入れることで銀行からの借入が可能であった。しかし、中小製造業者の多くは、そうした担保差し入れ可能な資産を保有していなかったため、銀行より金利の高い金融業者から借り入れを余儀なくされたようである。こうした金融業者は、地元の地主といった資産家が営む事例が多かったが、なかには、栃木県の森商店のように、地元銀行とつながりを持ち、銀行の別働隊として中小企業向け与信に取り組む業者も存在した。

　また、明治初期に官営工場の開設・後に払い下げたモデルとは異なり、公的金融も出現した。例えば、栃木県では県庁からの貸出が行われていた。とは言え、公的金融による資金調達は、この時期では一般的ではなかった。

　ところで、織物仲買からの支払いは明治後期にかけて徐々に手形での支払い

が普及し、これに伴い銀行の手形割引も増加した。例えば、中小製造業者が生糸問屋に支払った織物仲買振出手形は、生糸問屋が銀行に持ち込み割り引き資金化された。また、中小製造業者が、金融業者もしくは銀行にて割り引き資金化した後に、生糸問屋に現金を支払う事例もあった。そして、織物仲買が集散地問屋を支払人とする代金取立手形または為替手形を振り出し、銀行で割引資金を確保する事例もあった。こうして、集散地システムの中で、実需取引に沿った形で銀行または金融業者が関与する金融システムが構築されていった。

集散地経済システムにおける信用仲介機能

生糸問屋や集散地問屋といった商業資本の役割を金融面から考察すると、銀行による間接金融システムが発展途上の環境下で、中小製造業向け与信を担っていた点が特筆される。ただし、生糸問屋や集散地問屋の中小製造業向けの与信は、その全てが彼らの自己資本でまかなわれたわけではなく、多くは銀行をはじめとする金融機関からの借入金で充当されている。そして、社会全体での資本蓄積が未発達ゆえに、資金ポジションがタイトな銀行は貸出金の全てを預金にて調達できず、日銀借入を行うことで運用と調達のバランスをとっていた。

こうして日銀を中心とする間接金融システムが構築されていくわけだが、その過程において、中小製造業の資金需要を充足するために、中小製造業との間に存在する情報の非対称性を克服できる資金仲介者としての役割を生糸問屋や集散地問屋が担っていたのである。では、なぜ彼らは情報の非対称性を克服できたのか。

生糸問屋の与信リスク管理は、地域のネットワークが存在していたから可能であった。これは、ヒトの移動が少なかった時代であったからこそ、地元で機会主義的行動をとらないように中小製造業者をガバナンスできたこと、中小製造業者が万が一機会主義的な行動をとっても生糸原料の差押・処分は用意であったことが背景にあろう。

一方、集散地問屋のリスク管理は、製品、商品の評価にあった。この評価判断は、情報が集積する集散地問屋だからこそ可能であり、製品、商品を現金払いで仕入れて在庫として抱えることができた。そして、地域ネットワーク内の

織物仲買を取り込むことで、中小製造業者の生産動向をモニタリングすることも可能であった。

花都集散地金融システム形成の課題

先に見たように、中国の集散地では、当面、大規模な商業資本が出現する可能性は高くない。したがって、多くの中小製造業者が資金調達問題を抱える現状を改善するためには、生産者に与信を与え生産者の資本蓄積を進める何らかの金融システムが求められる。中国の集散地システムに適合する形で、中国の金融システムの中で中小製造業の資金需要を充足させるメカニズムを構築できれば、中小製造業の生産が拡大し資本蓄積も進むと考えられる。

そのためには、集散地システムを利用し、日本の問屋や卸売業とは異なる形で、資金の出し手と資金の取り手である中小製造業との間に存在する情報の非対称性を克服できる与信システムが求められる。ならば、集積地を抱える花都であればどのようなシステムが考えられるのか。上述の日本の集散地システムを明治初期と後期の二段段階にわけて参照しつつ考察していきたい。

日本の集散地金融システムの明治初期のポイントは、中小製造業に対する原材料問屋の信用供与と織元仲買による買付代金の現金支払いまたは短期間資金決済にあった。後者のようなバイヤーの買付スタンスは今日の花都で形成されてきた「市場」での商慣習と同じである。特に輸出製品については、貿易金融を背景にまとまったロットで製品引渡し後、短期間での資金決済が行われている。したがって、この分野での金融システムは現状のとおり「市場」に任せておけばよい。これに対して、前者については現状の「市場」に任せるだけでは改善が図れない。原材料メーカー向け支払いが現金決済であるかぎり、原材料問屋が中小製造業向けに与信を与えるためには資本力が必要になるが、今日の花都の原材料問屋は資本力がない。したがって、ここを補う必要がある。

日本の事例で見たとおり、地域の中小製造業の機会主義的行動を排除することは、地域のネットワークが構築されることで取り組み可能になる。地域のネットワークは、ネットワーク内の中小製造業の行動をガバナンスできる。一方、花都という地域全体で見れば、資金が不足しているわけではない。した

がって、地域のネットワークを政府主導で組織化し、そこを運営母体として皮革業界に特化してガバナンスする制度として、例えば信用保証制度を確立できれば、中小皮革製造業者向けに原材料問屋が与信を供与する際のファイナンスをつけることが可能になる。

　なお、多数の中小製造業者に資金を供与するシステムを構築するためには、各企業に対するネットワーク内でのガバナンスを体系的に行えるシステムが必要である。中小企業製造業者に対する経営指導や品質指導を行うことを条件に信用保証を与えるといったように、信用保証を与えた後に有効なガバナンスが行えるシステムが求められる。ちなみにこの制度は、後述する日本の高度成長期に効果をあげた公的金融メカニズムと同じである。

　次に、日本の集散地金融システムの明治後期のポイントは、第1に、手形取引の進展と共に銀行での手形割引が増加し間接金融システムが構築されてきたこと、第2に、中小製造業向け銀行貸出は簡単には伸びなかったため金融業者が代替していたこと、そして第3に、一部ではあるが政府からの融資への取り組みが見られたことがあげられる。これらのうち、第1点は地域単独での取り組みは難しいものの、第2点については、表7―1の名高飛でみたようなエンジェル投資家が出現してくることが花都でも十分期待できる。そして、第3点の政府からの融資については地域単独で取り組み可能である。ただし、上述の信用保証制度と同様のガバナンスシステムが必要なことは言うまでもない。

　以上より、花都の皮革製品産業において、輸出に取り組める企業の資金調達は「市場」にまかせておけばよいものの、輸出に直接参入できない企業には、信用保証もしくは政府からの融資といった公的金融制度があれば、有効に作用する可能性があることがわかる。後者の企業群を育成することは、輸出で成功している企業の協力企業を増やすことになり、ひいては花都皮革産業全体の発展につながることになる。そして、花都が確固たる発展を遂げることで、出現しつつあるエンジェル投資家の投資機会がより多く創出されるようになれば、さらなる花都の発展につながることになろう。

　では、どのような公的金融制度が望ましいのか。もう一つのキーワードである「花都汽車城」とあわせて考察していきたい。

（2） 花都汽車城と中小自動車部品メーカー向け金融

　第3章でみたとおり、花都汽車城における集積は始まったばかりで、現代技術の粋が集められた自動車を生産できるだけの「マニュファクチャリング・ミニマム[8]」はいまだ構築されていない。したがって、優れた外国の部品メーカー、加工業者を大量に呼び込むこと、地元メーカーのレベルを上げていくこと、そして、それらで鍛えられた若者たちが新たな企業を起こして集積に加わっていくこと、そのようなサイクルが生じるような仕組みを政策の側が意識的に作り上げていくことが、当面は求められている。

　ここで日本の自動車産業の成長過程を振り返ると、日本で自動車生産が実質的に立ち上がるのは第2次大戦後である。日本の完成車メーカーといえば今日では財務面でみても超一流企業であるが、当時は資金調達に苦労している状況で、技術開発面で米国にキャッチアップしなければならなかった。そこで、米国の完成車メーカーのように自社内で内製するだけでなく、協力部品メーカーへの依存度を上げざるを得なかった。こうして一次協力企業、二次協力企業といった垂直分業システムが、完成車メーカーごとに構築されていった。

　第6章でみたとおり、自動車はインテグラル（擦り合わせ）型製品という特性を持つため、自動車生産に関わる関係者間で、製品開発に関する情報は共有される必要がある。言い換えると、部品メーカーは、完成車メーカーと技術情報を交換する中で、技術革新の達成が求められる。そして、自動車の普及に伴って完成車に求められる技術水準が高まるにつれて、部品メーカーはインテグラル（擦り合わせ）型技術開発の中で独自の役割を担えるように、独自技術の開発に注力していった。

　ところで、高い技術力を要する独自の製品を開発し生産するためには、最先端の設備が必要になる。この設備投資をまかなうために、自動車部品メーカーの資金調達金額が比較的大きくなりがちなため、上述の繊維産業とは異なり、こつこつと蓄積した資本の範囲内で投資を行っていくだけでは事業化に至るのは困難である。そこで、戦後の日本で一定の役割を果たしたのが、不動産担保を拠り所に事業資金を供与した民間銀行システムと公的金融システムであった。

日本の公的金融

　日本の公的金融システムで中小企業が利用できる制度は、政策金融、助成金、直接金融の三つに大別できる[9]。

　第1の政策金融については、政府系金融機関による貸付制度、国および地公体による制度融資、信用保証制度がある。第1の政府系金融機関による貸付制度について、中小企業向け融資を担う主な政府系金融機関は、国民金融公庫（1949年設立）と中小企業金融公庫（1953年設立）で、共に戦後に間接金融中心の金融システムが構築される過程で設立されている。また、国および地公体による制度融資は、例えば中小企業体質強化資金助成制度のように国の予算中心で取り組む制度と、地公体が地域特性等を勘案して独自に取り組む制度に分けられる。そして、信用保証制度は、1950年に中小企業信用保険法が公布施行されたのを期に、それまでに各地で設立されていた信用保証協会による信用保証制度に信用保険が適用されるようになり取り組みが開始されている[10]。

　第2の助成金は、制度融資同様に、国の予算で取り組まれる制度と地公体の予算で取り組まれる制度が存在する。本来は金融システムに含めるものではないが、自己資本の小さい中小企業にとっては、他の金融制度とならぶ資金調達手段となっている。

　中小企業はこれら二つの制度を利用することで比較的長期間の借入を行い、その長期借入金が擬似自己資本的な役割を果たして中小企業の自己資本不足を補い、製造業であれば設備投資を行うことを可能にした。今日ではこうした制度が拡張しすぎて本来であれば市場から退出すべき企業の延命につながる事例も出現し制度変更が急務であるが、高度経済成長期を中心に一定の時期まではこの制度が有効に作用したことは間違いない。有効に作用した時期を振り返ると、「経営指導」と「技術指導」のセットで、間接金融および助成金の交付が行われていた。すなわち、経営指導と技術指導をセットにすることで、借り手に対するガバナンスを効かしたファイナンスが行われていたことになる。

　なお、第3の直接金融については、63年から中小企業投資育成株式会社による出資事業が行われているものの、中小企業全体の資金調達としては大きな影

響をもたらす存在ではない。しかし、ここにきて、国や地公体レベルで、民間で組成されたファンドに出資する事業が開始されている。出資するファンドの対象は当初はベンチャー企業向けが中心であったものの、事業再生や第二創業といった分野にも拡大してきている。リスクマネーの供給という観点からは、間接金融一辺倒のファイナンスより幅が広がり望ましい傾向にあると言える。

花都自動車部品メーカー向け金融システムへの課題

　日系の一次協力企業がさらなる現地化を進めるためには、二次協力企業以下の階層に、現地メーカーを組み込むことが鍵になる。このため日系の二次協力企業以下の企業からみると、長期的な視野では現地メーカーはライバルであり、パートナーという関係になろう。一次協力企業が製造するモジュール部品に対する完成車メーカーの要求は、日本と同レベルの品質であり、ジャストインタイムでの納品である。これらの要求を忠実に履行し、かつ生産量を増加させるとなると、現地で生産された部品を使わないと成り立たない。これは台湾系ノートパソコンメーカーが直面した構造と同じである[11]。もっとも、自動車で求められる品質は、ノートパソコンよりずっと高度なものであり、現地での部品生産が簡単に増えるものではない。したがって、現地化のスピードはノートパソコンのように急速なものではなく少しずつだと考えられるが、確実に進行することは間違いない。

　現地メーカーの実力を完成車メーカーにヒアリングすると、自動車の走行性能に関わる基幹部分はまだ難しいが、カーステレオのような周辺部品では利用可能との評価であった。エレクトロニクス部品については、家電、オーディオ、複写機、PCと華南で発展してきた分野の延長にある領域であり、高い評価を受けられる技術水準まで成長した現地メーカーが育っていても不思議ではない。現時点ではこうした技術力を持つ現地メーカーが一部の優良企業に限られるためか、資金調達面での障害があるという話は完成車メーカーの耳には入ってこないようだが、これも生産量が増加すればどうなるかはわからない。技術力を蓄積したメーカーを支える金融システムの構築は、将来的には重要課題となってくる。

表7-6　無錫自動車関連メーカーの資金調達事例

企業名	無錫瑞新汽車部件	無錫富瑞徳精密機械
事業内容	現在：金型補修 予定：乗用車の外装部品、車体周辺部品（中小物）	自動車のエンジン・トランスミッション周辺の試験検査装置を製造
創業年	2004年	2004年
登録資本／総投資額	200万元／300万元	30万ユーロ／1000万元
株主構成	（3名） 総経理：シェア44％（筆頭） 友人A：金型企業オーナー 友人B：前勤務先サプライヤー	（2名） 総経理：50％強 ドイツ企業：50％弱
その他の資金調達	工場は友人Aの金型企業から賃借 設備投資は中古機械を活用	2001年に50万元の資本で貸工場を借りて創業して資本を蓄積しドイツ企業との合弁にいたる

資料：関満博編『現代中国の民営中小企業』新評論、2006年、第5章を参照して作成。

　今回の花都訪問では、自動車部品を製造している地場メーカーを訪問する機会はなかったが、2005年3月に無錫新区を訪問した際に、ローカルの自動車関連メーカー2社を訪ねる機会があった。2社の資金調達事例をまとめたのが表7-6である。両社共に事業立ち上げにはまとまった資金を調達する必要があったが、両社共に独自に工夫して資金を確保している。また、両社共に、銀行融資を頼りにできないので、資金調達には常に頭を悩ませていると発言していた。産業振興の観点から考えると彼らの資金調達を支援することは極めて重要であり、彼らの成長を支える資金調達システムの構築が求められる。では、どのようなシステムが望ましいのか。

花都型公的金融の可能性

　資金の出し手の立場からみると、資金の取り手である企業をガバナンスできる仕組みを整備できれば、資金の取り手である企業への与信を行う条件の一つを満たすことができる。自動車部品メーカー向け与信を検討する際に、検討対象となるのは技術力や製造力に優れた企業であり、技術力や製造力が優れていると評価できる企業に対するガバナンスのポイントは、企業の優位性を活かした生産活動が効率的に行われるかのモニタリングにある。

　自動車関連の事例ではないが、携帯電話の筐体向けのプラスチック成型を

行っている勇芸達電子［深圳］（表7－1参照）では、地場の機械商社に延べ払いする形で射出成型機を導入していた。勇芸達は韓国メーカーから受注をとる実力を持っており、機械商社は彼らの技術力を評価し、信用を供与している。今後、完成車の生産量が増加し各種の部品を生産する地場メーカーが増加すると、彼らが使用する加工機械も、上述の射出成型機と同じ環境になると予測される。すなわち、出現が期待される地場自動車部品メーカーに対しても、同様の与信形態、すなわち商社金融が行われるとしても不思議ではない。

　ただし、自動車部品メーカーの製品は高い精度の品質が求められるため、品質管理が重要になる。このため、与信を与える側から見ると、与信後のモニタリングを徹底して行い、場合によっては品質管理指導を行うことも必要になる。そして、品質管理指導の実効性をあげるためには、最新鋭の検査機器を備えることが大前提であるが、1社でそうした高額の投資を行うには負担が大きく困難な場合が多い。そこで、日本で行われてきたように、公的機関に高額の検査機器を設置し中小製造業に適宜貸与するといった、中小製造業の設備投資を代替するシステムも検討に値しよう。

　そして、公的金融制度の整備も検討に値する。加工機械の投資は、皮革関連の設備投資よりは高額であり、蓄積した資本でまかなうには無理がある。また、外部資金を調達する場合、デットファイナンスで調達するのであれば、長期間の借入とならざるをえない。しかし、情報の非対称性の克服と長期間の資金調達手段を確保しなければならないため、民間の金融機関は取り組みが難しい分野である。したがって、公的金融制度が民間の金融機関を補完する余地が存在する。

3．花都の発展と中小企業金融政策

　自動車の基幹部品の製造には、一定水準以上の技術レベルを持つ人材の育成といった地道な努力が重要である点は、第3章でみたとおりである。しかし、いち早く集積を構築するのであれば、すでに技術蓄積をもつ他の地域の企業を誘致する、またはそうした企業と連携することも必要になる。そして、地域で

金融システムを構築しておけば、こうした域外の企業をその地域に呼び込むインセンティブを与えることにもなる。

　先にみたとおり、皮革産業では、花都での事業展開にメリットを見出し進出してくる企業が出現しているが、中には金融がつくことを進出メリットととらえた企業も存在する。そして、花都周辺の広東省内の各地域に視野を広げると、こうした動きは他の産業でも観察される。したがって、花都の自動車関連産業でも同様に、自動車部品メーカー向けの金融システムを構築することが、他の地域の企業を花都汽車城の中もしくは周辺の集積につながり、花都汽車城の魅力はさらに向上するであろう。

　皮革産業では、集散地という中小企業の資金調達を支える可能性があるシステムが形成されつつある。この集散地システムを活かした中小企業金融システムを皮革産業で構築できれば、それは自動車部品産業にも発展させることができる。そこで以下では、本章のまとめとして、地域の発展のために取り組むべき中小企業金融政策の課題を整理する。

預貸率向上によるデットファイナンスの活性化

　資金の取り手である企業が外部から資金を調達する手段は、デットファイナンスとエクイティファイナンスに大別できる。不確実性が比較的低い事業に取り組む場合は前者を中心とする資金調達が選択され、不確実性が高い事業では後者を中心に資金調達が行われる。

　キャッチアップ型の成長を目指す過程での資金調達は、デットファイナンスが選択されることが一般的である。しかし、前述のとおり、花都では預金は増加しているものの貸出はさほど伸びておらず、この結果預貸率は低迷している。一方、個別の銀行を見ると、多くの銀行で低い預貸率を示しているものの、広州市農村信用合作社のように花都での貸出に実績をあげている銀行も存在する。それゆえ、花都での貸出に実績のある銀行には、現状以上に地域企業との接点としての役割を果たすように支援する、そして、地域企業との接点としての役割を果たせていない銀行にも前者同様の役割を果たすように誘導するといった二通りの施策を実施することが求められる。

預貸率が高い銀行は、貸出にまわせる資金が不足している可能性があるが、これは政府預金を活用することで解決可能である。なお、預貸率が低く資金に余裕がある銀行であっても、長期の資金調達手段を持っていないため、案件審査をクリアしても長期の貸出への対応は難しい。ところが、中小企業の自己資本は薄いため、長期の借入需要は高い。よって、この両者のギャップを埋めるべく政府預金を活用することは、この面でも一考に値する。

　また、情報の非対称性を克服するために、信用保証制度の整備が望ましい。この際、地域としてのモニタリングシステムの確立と、金融機関の創意工夫を失わないことがポイントである。金融機関が活動を放棄することは、金融システム内での競争原理が作用しないことを意味する。

民間資金のエクイティファイナンスへの誘導

　民営企業にエンジェルとして出資をする事例は複数確認されている。かつての日本でも、今日の銀行を中心とする金融システムが構築される過程において、地域に金融事業者が出現し中小企業向けファイナンスを担っていた。これと比較すると、中国における民営企業向けエンジェル投資家の出現は、金融システムの整備される途上で中小企業の事業リスクをとる民間部門が出現しているという点では同じである。

　しかし、日本と中国との間では相違点が2点存在する。一つには、ファイナンス形態がエクイティとデットで異なる点がある。これは、日本の金融システムが軽工業中心の経済システム下で構築されたことに起因しよう。そして、もう一つは、日本の金融事業者は地域の資産家が大半であったため、地域のネットワークの中で金融事業に参入していったのに対して、中国にみられるエンジェル投資家は、人的なネットワークの中で、投資案件を開拓し投資実行に至っている点である。これは、地域の地主、資産家という階層を社会主義革命時に否定した中国ゆえの特徴であろう。

　本章で取り上げた中国のエンジェル投資は人的関係でのつながりに端を発するファイナンスであるがゆえに、人的関係の中で強い相対型のガバナンスを行って資金の取り手の機会主義的行動を排除している。しかし、人的関係とい

うのは目に見える存在ではないため、広く普及するシステムとなりにくい。この点では、地域のネットワークの中で行われる金融事業の方が優れているが、人的関係で行われるガバナンス同様の強いガバナンスを地域でいかに確立するかが重要になる。地域のガバナンスシステムにエンジェル投資家を引き込むことも一考に値する。例えば、地域でシードマネーを出し、域外のエンジェル投資家を呼び込み投資ファンドを組成し、地域ネットワークでガバナンスするといった形態が考えられよう。

民間部門を補完する公的金融の整備

　デットファイナンスとエクイティファイナンスの区分を資金の出し手から見ると、どちらのファイナンスを選択するかは投融資案件に求めるリスクとリターンの組み合わせによって決定される。資金の出し手の行動には、ハイリスク・ハイリターンを求める投資家からローリスク・ローリターンを求める投資家まで、さまざまな投資家が存在する。資本の蓄積が進み金融システムが整備されている経済システム下では、企業側の事業計画を投資家が吟味し、デットファイナンスとエクイティファイナンスがバランスをとって成立する。しかし、資本の蓄積が進んでおらず金融システムが未整備な場合は、両者の調整がうまくいかない事例が出現し得る。例えば、長期のデットファイナンスやエクイティファイナスは、資本蓄積が不十分な場合は、そういった長期間の資金拘束を強いられる投融資は流動性リスクを抱え、また情報の非対称性を克服しにくいという点から、取り組める投資家は限定的になる。

　ところで、こうした市場の調整機能を資本蓄積が進むまで待たねばならないとすれば、経済全体では非効率な状況が続く。そこで、政府が介入することで調整機能を果たすことが検討課題になる。ただし、特に国内で経済格差を抱えるような場合、国全体でそうした介入を行うことは、多くの調整コストを要し効率が悪い。そこで、特定の「地域」を対象にした介入、すなわち地域における公的金融を行うことが考えられる。

　公的金融は市場の調整機能を補完するものである。したがって、公的金融は民間での金融活動に対して過度に介入するものであってはならず、あくまで民

間が取り組みがたい部分を補完する存在でなければならない。これは今日の日本公的金融制度に見られる反省点である。

民間のファンディングと資金需要との期間ギャップが存在するのであれば、民間金融機関に公的部門が長期間のファンディングを付けるにとどめ、民間金融機関のリスク判断には介入しないことが考えられる。民間金融機関のリスク判断力が不十分なために与信が行われないのであれば、信用保証制度を整備するものの、民間金融機関が案件を取り上げる際の最終判断には関与しないことが考えられる。また、民間のエクイティ投資が進まないのであれば、公的部門でシードマネーを供給して民間のプライベート・エクイティ・ファンドの組成を促すこともあろう。前に見たこれらの政策は、あくまでも民間部門を補完する施策として行われなければならない。

ところで、公的金融といってもカネが天から降ってくるわけではない。政府財政の範囲内で予算配分が行われて実施されるものであり、地域で公的金融に取り組むのであれば、その公的金融事業で発生し得る損失見込額を試算し、地域で負担できる範囲で取り組むことがポイントになる。

また、地域という単位で公的金融に取り組むことは、地域の与信案件のリスクを地域だけで抱え込むことになる。このため、例えば予期できなかった事象が特定の地域に集中して発生すると、その地域の公的金融制度が破綻し、ひいてはその地域の経済が立ち行かなくなる事態も起りうる。そこで、区なり県といった地域のリスクの一部を、市、省、国が負担する制度が求められることになる。ちなみに、中国においても、こうした観点から信用保証制度の制度設計は作成されており、今後の展開が注目される[12]。

金融でも大切なのはヒト

皮革城や汽車城といったインフラとは異なり、金融システムとは「形」がみえないものである。しかし、ヒトが作るという点では何ら異なる点はない。本章でみてきたとおり、花都ではさまざまなヒトが強い「思い」を抱いて、花都のまちづくりに貢献してきた。今後さらなる発展をとげるために、金融システムの分野でも、地域の発展のために強い「思い」を抱いたヒトが現れ、地域に

あった制度設計をされていくことが期待される。また、金融機関等の「現場」で、中小企業向け与信の個別案件の取り上げに尽力される人材が多数出現し、切磋琢磨するようになろう。金融でも大切なのは、人材なのである。

　本章での分析は日本の研究者が行ったものであり、中国、広東省、ならびに花都の実態を必ずしも把握しきれておらず、的外れの点もあろう。その点は、御容赦いただきたい。こうした議論を契機に、中国に地域金融システム構築を目指す方が一人でも多く出現され、その際に本章を参考にしていただければ幸いである。

1) 詳細は、遠山浩「民営中小企業と金融問題」（関満博編『現代中国の民営中小企業』新評論、2006年、第4節を参照されたい。
2) 詳細は、遠山、前掲論文、第1節を参照されたい。
3) 詳細は、遠山、前掲論文、第2節を参照されたい。
4) 詳細は、遠山、前掲論文、第3節を参照されたい。
5) 中国の民間金融に関しては、遠山、前掲論文を参照されたい。
6) 転廠取引については、関満博『世界の工場／中国華南と日本企業』新評論、2002年、第2章を参照されたい。
7) 山口和雄編『日本産業金融史研究　織物金融編』東京大学出版会、1974年、を参照した。
8) マニュファクチャリング・ミニマムに関しては、関満博『現場発ニッポン空洞化を超えて』日経ビジネス人文庫、2003年、を参照されたい。
9) 藪下史郎・武士俣友生編『中小企業金融入門第2版』東洋経済新報社、2006年、第7章を参照した。
10) 信用保証協会『日本の信用保証制度2004年』（http://www.zenshinhoren.or.jp/file/jpamph04.pdf）を参考にした。
11) 遠山浩「台湾IT企業のサプライチェーン」（関満博編『台湾IT産業の中国長江デルタ集積』新評論、2005年）を参照されたい。
12) 中国の信用保証制度については、遠山、前掲「民営中小企業と金融問題」を参照されたい。

終章　花都の新たな発展戦略

　ここまで検討を重ねてきたように、2000年代初頭の現在、花都は一つの都市が数百年に一度直面するかどうかという興味深い時代に生きている。珠江デルタ全体の高まり、優れた世界的な港湾条件、巨大な空港の建設、高速道路網、高速鉄道、地下鉄建設などの産業インフラの整備、FedExの進出、自動車産業集積、東アジア全域を視野に入れる集散地市場の形成など、役者が出揃ってきた。現在、世界にこれほどの条件を備えている都市は考えにくい。このままでも、花都は劇的な発展を遂げることが予想される。

　しかも、この花都の場合、先行する中国の各地の経験を活かしながら、区政府が果敢な取り組みを重ねていることが注目される。かつて、中国の地域開発の「現場」でこれほど物事が戦略的に取り組まれている例を見たことがない。それは、珠江デルタの遅れていた地域であった花都ゆえの反発のエネルギーと言えるかもしれない。区政府に関わる人びとの「思い」の深さと、真摯な取り組みが、花都の「未来」を築き上げていくことになる。

　本書の終章となるこの章では、ここまでの各章で語ってきた問題群を整理し、改めて、今後の発展のための課題にふれておくことにしたい。

1. 空港経済を軸にした東アジアのハブを形成する

　2006年現在の日本では、東アジアの空港に関しては、韓国の仁川空港、中国の北京、上海浦東、香港空港、シンガポールのチャンギ空港が話題になっている。いずれも、東アジアのハブ空港を目指すものであり、その空港施設は巨大なものである。

　この点、悲しいかな、日本の大きな国際空港としては、東京国際空港（成田）、関西国際空港、中部国際空港が示されるものの、先の近隣諸国の空港に

比べると、いずれも貧弱な感は否めない。土地収用に手間取る成田空港の場合は、ようやく2本目の滑走路がついたばかりであり、この先の展望に乏しい。関空、中部空港については海上空港であり、建設費は膨大なものとなり、拡大のための投資を期待することは難しい。

東アジアの中心になる珠江デルタ、広州

　この点、不思議なことに、中国南方の拠点空港として広州市花都に建設された広州白雲国際空港に関しては、日本で系統的な情報が提供されていない。だが、諸般の情報と周辺環境を観察する限り、広州白雲国際空港は東アジア全域を視野に入れる本格的ハブ空港になる可能性が極めて高い。おそらく、中国側が考えている以上に、この広州白雲国際空港の意義は大きくなるものと予想される。

　それを促したものの最大の条件の変化としては、1989年6月の天安門事件によりつまずいた中国が、92年春の鄧小平氏による「南巡講話」により一気に息を吹き返し、その後、およそ15年にわたり安定的な発展を遂げてきたという点が重要であろう。このことが、東アジア全域に「繁栄と安定」、そして「交流」の可能性をもたらしたことは言うまでもない。

　東アジア全域は、歴史上初めてともいうべき豊かな「交流の時」を迎えているのである。現在、東アジアの不安定要因は朝鮮半島とミャンマーぐらいではないかと思う。このことが、珠江デルタ、広州、花都を議論していく場合の全ての出発点になる。

　そして、2000年代に入って事態は劇的に動いていく。経済的な繁栄と安定を背景に、中国がASEANに深くコミットしていく。すでに2000年代に入り、中国とASEANの自由貿易圏形成の動きもみられ始めている。この点に関しては、日本は消極的だが、時代は大きく変わっているのである。東アジアは一つの輪の中で議論すべき時代に入っていると言ってよい。

　その場合、珠江デルタの意義は際立つものとなろう。明らかに中国、朝鮮半島、日本といった北東アジアと、ベトナム～タイ～マレーシア～シンガポール～インドネシアと続くASEANとを結節する位置にあることが理解される。特

に、中国とベトナムとの関係改善は、珠江デルタ～ハノイの中心性、拠点性を高めていくことは間違いない。

従来から、香港～深圳～広州～中山と続くエリアの港湾能力は世界的に図抜けている。そこに、滑走路5本を視野に入れる広州白雲国際空港が建設された。さらに、広州～ハノイ間の道路、軌道交通の改善が急ピッチで進んでいる。まさに、陸海空において、珠江デルタの中心都市の広州の意義は際立っていくことになろう。東アジアの中心として、そして、「ヒト、モノ、カネ、情報」の集結する地域として広州を見ていかなくてはならない。この歴史的な動きが、広州、そして花都の「未来」を語っていく場合の最大の基礎的条件となろう。

ホスピタリティの醸成が課題

広州白雲国際空港の第1ターミナルの供用開始が2004年8月。2006年3月現在、すでに第2ターミナルの建設が開始されている。また、FedExに供用する第3滑走路の建設も開始された。貧弱な農地と荒れ地が拡がっていた花都区東部のエリアは、急に賑やかなことになってきた。空港面積は16km^{2}という巨大なものだが、花都区政府はさらにその周辺を含めた100km^{2}を新たな産業集積の受け皿として位置づけている。

この点は、全国各地の経済開発区の経験を学習し、慎重にコトが進められている点が興味深い。空港周辺の現在の大型プロジェクトは、FedExと韓国の現代自動車の進出であるが、その他としても、台湾、香港資本による五つ星ホテルの建設、さらに、香港のホープウェル（合和）集団による新都市開発、LRT（軽量軌道交通）計画なども推進されている。物流をイメージした全体の設計、有力企業の誘致と進め、さらに、関連するインフラ整備を香港、台湾資本の導入によって進めているのである。また、ジュエリー城との関連で、現代的な交易センターが空港隣接で建設されることも興味深い。

このような流れからすると、この数年のうちに、この空港周辺の環境は一変していくことが予想される。そして、珠江デルタの産業に関わる世界の人びとが訪れ、また、ファッション関連の世界の人びとも大量に訪れ、地域は華やかな雰囲気になっていくことも期待される。そうしたことも視野に入れた環境づく

りを推進していかなくてはならない。

　その場合の最大の課題は、空港経済を円滑に推進する人材の育成、地域全体のホスピタリティの醸成ということになってこよう。空港は設備が良ければよいというものでもない。そこに関わるソフトな「思いやり」の蓄積が魅力を増していく。空港係員、販売員、レストラン、タクシー、ホテル、その他の全体的なレベルの向上が求められていこう。まずは、訪問客が最初に接触する空港係員とタクシーの運転手の教育から始めなくてはならない。彼らが地域の雰囲気の最初の伝達者なのである。世界からの訪問客が気持ち良く過ごせる仕組みを提供していくことがなによりであろう。それは、地域に関わる人びと全体の問題として取り組んでいく必要がありそうである。

2. 自動車産業集積のさらなる高度化を目指す

　中国の自動車の生産・販売台数は、2005年、約570万台に達し、ついに世界第3位の位置に躍り出た。1990年の頃を思うと隔世の感がする。数年後には800万台も視野に入っているのではないかと思う。この珠江デルタの地は、ごく最近まで機械工業の脆弱な地域とされていた。だが、ホンダの広州進出を契機として、事態は一変してきた。その後の日産の進出、トヨタ、現代の進出は広州の自動車集積に重大な影響を与えることになった。

　その結果、広州は近い将来、中国を代表する自動車集積の地ということになっていくであろう。また、東アジアの中心であり、港湾条件に優れるとあれば、広州の地政学上の位置からしても、さらに将来には中国の自動車輸出基地を形成していくことも予見される。

　ところで、これからの広州の、花都の自動車産業集積を議論していく場合、当面、三つほどの課題があるように思える。一つは、現在進出を重ねている日本の部品メーカーへの対応という視点であり、二つに、地元の部品メーカーの育成、そして三つ目に人材の育成ということになろう。

部品メーカーに逞しさを

先にも指摘したように、現在の広州、花都の自動車集積は主として日本の完成車メーカー、部品メーカーによって推進されている。日本の自動車産業は幾つかの完成車メーカーを頂点とした深いピラミッド型の構成になっている。一次協力企業、二次協力企業、そして、三次、四次ということになる。そして、これらはこれまで深い系列関係の中で生きてきた。

それは、より上層の企業と長期安定的な関係を形成することにより、受注の安定確保と利益配分にあずかる枠組みを提供するものであった。そして、このような関係に長期的に身を委ねてきたために、自身、系列の外というものを十分に見たことがない。それは、基本的な情報は上層の企業から与えられるのみであり、自身で独自に情報収集を重ねた経験がないことを意味する。

特に、中国情報に関しては、日本国内の企業の中で、自動車部品業界の企業が一番遅れているのではないかと思う。ごく最近まで、日本の有力自動車メーカーは対米関係に引きずられてきており、中国への関心を高め始めたのは90年代も終わりの頃のことであった。電気・電子業界などと比べると10～15年ほどの遅れをとっている。親企業がそのような状況であれば、部品メーカーはさらに遅れをとっている。90年代にあれほど中国情報が氾濫したにも関わらず、部品メーカーはかやの外に置かれていたのであった。

他方、改革・開放の四半世紀を経験した中国は、外資との付き合い方に多くの経験を重ねてきた。この間の経験の差は大きい。それは難しい問題が生じた時の処理能力の差として現れる懸念がある。

当面、広州、花都の現状を観察すると、完成車メーカーは死活的な問題として、腰を据えた取り組みを進めている。特に、ホンダはそうした意識が強い。果たして日産はどうか。中国の仕組みの意外性に戸惑う時が来るのではないか。ましてや、部品メーカーはこの数年の自動車ブームにより、初めて中国を経験するのであり、中国の深みを全く経験していない。現状、立ち上がりの時期であり、周囲も気をつかっていることから見えない部分が少なくない。

事態がもう少し進み、難しい問題が生じることもあるということを念頭に置き、逆境に強い企業体質、関係者の精神的な逞しさを育てていく必要がある。

この点、受け入れ側の広州市、花都区の側も懐を深くし、誠意をもって対応していくことが必要になることも銘記しておかなくてはならない。中国でのビジネスは、それほど簡単なものではないのである[1]。

現地化の推進と地元部品メーカーの育成

現状の自動車集積はまだ初期的段階であり、進出した部品メーカーも自社のスタイルを確立するために努力している。先の第3章の部品メーカーのケース・スタディを見ても、市場が拡大していることを反映して、比較的順調に立ち上がっているように見えた。

おそらく、もうしばらくすると、材料、部品の現地化、さらにはスタッフの現地化が課題になってこよう。このあたりから問題が生じてくる可能性も高い。先進国の自動車産業の材料部品調達はギリギリまで追求されており、際立った緊張感を必要としている。コスト、品質、納期が極限まで求められている。それに対応できる地元の材料メーカー、部品メーカーを育成していくことは容易なことではない。

進出した日系部品メーカーの側も、材料、部品の現地化は死活問題となることから、しばらくすると、いっせいにその可能性に向けて走り出していこう。それを受けられる地元のメーカーを地元政府としても育成していく必要がある。自動車部品は金属部品が主体だが、電気、電子、樹脂、ゴム、繊維等も幅広く用いられる。地元の若手の経営者で意欲の高そうな人材を日系の部品メーカーと幅広く交流を持たせ、自動車生産とは何かを理解させていくことも必要になろう。

外国の企業による集積だけということは好ましいことではなく、地元企業が部品加工に参入していける可能性を模索していくことが必要であろう。この点、現在、日系の部品メーカーが大量に進出していることから、ベテランの日本人技術者も花都に駐在している。彼らが定年退職後も花都に留まり、地元の企業の指導にあたるような環境も作り上げていく必要があるのではないか。そのような橋渡しも区政府の仕事の一つとして受け止めていく必要がありそうである。

幅の広い「人材」の育成

そして、産業集積を充実したものにしていくために何よりも必要なことは、地元に多様な「人材」を育成していくことである。地域産業開発上、ポイントとなる人材は幾層にもわたる。地方政府の関連部署の人材育成、これから地域の担い手になる中小企業の経営者の育成、企業の管理人材の育成、そして、工場の現場の人材の育成などが指摘される。さらに、地域の人びとのホスピタリティの向上も大きなテーマとなる。

現状、花都区政府関連の部署に日本語スタッフが少ない。そのために、数人のスタッフに負荷がかかり過ぎている、早急に、新たなスタッフを調達していく必要がある。このような窓口的なスタッフに加え、材料、機械、電気、電子等の技術的に詳しいスタッフも必要になってくる。特に、地元の中小企業を掘り起こし、適切な技術評価を行い、自動車産業集積の中に連れて来れるスタッフが必要になる。

日本では、このようなスタッフは下請相談員などと言われ、リタイアした大手企業の技術者が担っている場合が少なくない。日系企業をリタイアする日本人技術者、中国の有力企業をリタイアする技術者、あるいは大学の定年退職者などの活用も考えていく必要がある。ただし、彼らは日常的に「現場」を歩くほどのフットワークの良さが求められる。机に向かっているだけの技術者では意味がないであろう。

また、中小企業の経営者、管理者、現場の技能者の育成に関しては、今後、ある部分は広州汽車学院に期待できる部分がある。汽車学院と進出企業がどのような関係を取り結んでいくかはこれからだが、有益な関係が形成されるように、花都区政府の関係部門も大きな関心を示していく必要がある。

経営者教育、管理人材の新人教育に加え、リカレント教育、技能者への新たな技術の提供など、やらねばならないことが山積している。それを地域として受け止められる仕組みの形成が求められている。このあたりは、日本の経験、例えば、戦後の日本の中小企業育成に大きく貢献した中小企業基盤整備機構のノウハウの研究なども進めていく必要があるのではないかと思う。

さらに、地域全体のホスピタリティの醸成に関しては、飲食店、販売店など

の経営者の教育、現場の従業員の教育等も常に行っていく必要がある。「思いやり」の心が人びとを惹きつけ、地域はより豊かなものになっていくのである。「人材」の豊かさが、地域の最大の魅力であることは言うまでもない。

3. 東アジアを視野に入れた物資の一大集散地を形成する

　先の第4章で詳しく述べたように、珠江デルタの広州を中心にしたエリアは中国全体に対してばかりでなく、少なくとも東アジアの物資の集散地市場を形成しつつある。これは、中国の物資流通にとって歴史的な意味を帯びてくるものと思われる。全国各地の産業、企業が活発化していくためには、全国レベルでの市場が形成されていく必要がある。いわゆる「局地的（地域的）市場圏」から「国民経済」の形成という流れであり、世界の先進的な国では、いずれも早い時期に経験している。

　この点、社会主義、統制経済で来た中国の場合は、計画的な「配給」が基本にあり、さらに、省別フルセット主義が強く働き、改革・開放以来かなりの時間が経過したにも関わらず、近年に至るまで全国流通の仕組みが十分に形成されることはなかった。

　現在、ようやく珠江デルタの広州を中心とするエリアに、その萌芽が見られるようになってきたといってよい。このことは、中国の産業、企業活動の活発化を促すことはいうまでもない。

　おそらく東アジア規模の「集散地市場」を形成していくためには、以下の幾つかの課題を乗り越えていかなくてはならない。一つには、人と物資が集まりやすい魅力的な都市環境を形成していくことであろう。それも、東アジア規模でのことである。二つ目は、ビジネスの仕組み、特に、決済などがスムーズに行われるような環境の整備が求められよう。

人の集まりやすい魅力的な環境を作る

　第1の「人と物資の集まりやすい環境」とは、交通至便であることに加え、都市環境全体が魅力的なものであることを意味する。この点、日本の集散地市

場を見ていくと、四大集散地と言われた東京の日本橋、名古屋の長者町、京都の室町、大阪の船場のように、日本を代表する大都市に独特な問屋街を編成してきた。いわば卸売業の集積ということになろう。これらの問屋街の周辺にはホテル、銀行、飲食店が適宜配置され、また、物流業者、法律事務所、印刷業者等のサービス機能も幅広く展開している。

そのため、全国から買付けの人びとを惹きつけてきた。特定業種の問屋街はそれぞれ数百軒から構成され、全国からの物資が全て集まる構図になっている。買付人は問屋街の行きつけの店を数軒回り、必要な物資を調達することができる。さらに、必要なサービスを受け取ることができた。時代の変化に合わせ、ビジネス環境が整備されていったのであった。

この点、現在の花都では、皮革関連製品とジュエリーに関連して興味深い集積が形成されつつある。皮革関連ではバッグ等の産地化が先行し、そこに資材を供給するための原材料、副資材、さらにミシン等の卸売業者が集積するという流れを形成してきた。そして、これら卸売業者の集積が、さらに、事業環境を魅力的なものにし、地方から生産業者を惹きつけるというサイクルを生み出している。皮革関連製品の本場の一つである浙江省の温州あたりから、多くのメーカーが花都に押し寄せているという現実、さらに、皮革材料の東アジアにおける集散地市場を形成していた香港の大南街の卸売業者が花都の獅嶺（国際）皮革皮具城に集結し始めているということは、花都の可能性を象徴するであろう。内外に対して、広州白雲国際空港の移転と拡充、高速道路、軌道交通の充実が花都の魅力を高めたことは間違いない。

この点、ジュエリーに関して、台湾や香港のメーカーが中国国内市場を視野に入れて花都に集結しつつあることも、産地化、集散地化の動きを象徴している。近々、建設される空港隣接の交易センターが動き出す頃には、少なくとも東アジア規模での取引が活発化していくことになる。

そして、これらの皮革関連、ジュエリーの動きを観察すると、花都は中国全体と東アジア全域に対しての結節的な機能を身につけるという興味深い産地及び集散地を形成することになろう。その場合、当面の課題とされているホテル、飲食等の充実が急がれよう。その場合のポイントは、各所で何度も指摘したが、

サービスの充実であることは言うまでもない。

時間のかかる取引環境の整備

　第2に、地域のビジネス環境、特に信頼と信用がベースになる取引環境の整備が課題となる。この点は、花都だけ、あるいは特定業種だけの問題でなく、全中国の課題でもあろう。現状、卸売業者は現金で材料等を購入している。むしろ、現金でなければ買えない。そのような卸売業者は、また現金でなければ売らないということになる。そのため、現在の中国の集散地市場の基本は現金問屋の集積ということになる。

　このような形である限り、商売は荒っぽいものになり、価格が大きく振れ、事業が安定しにくい。さらに、市場の重要な機能である製品評価も適切に行われにくい。売手と買手が共に育つという環境にはなかなかなりにくい。そのため、一部の力のある企業は集散地から距離を置き、差別化された商品を独自に流通させる方向に向かうであろう。それは一つの発展の方向だが、圧倒的大多数は飛躍の方向に踏み込めないままに置かれていくであろう。

　このような枠組みのままでは、銀行などの金融機関も深く介在することは難しい。事実、このような取引に中国の銀行は深く関与しているようではない。銀行が企業を育てるという環境が出来ていないのである。

　おそらく、このような状況も過渡的なものと思われる。これまでの中国では土地は国有であり、住居も資産価値の乏しいものであった。だが、近年、豊かになる人びとも増え、不動産の価値が上がり、また、動産の中でも自動車の普及が著しく、融資の担保、保証に応えられる環境も次第に出来つつある。さらに、企業の業歴も次第に長いものになり、評価もしやすいものになっていくことも期待される。そうした段階に進むにしたがい、ビジネスの仕方も安定していくのではないかと思う。

　そのような基礎的条件が次第に整うことを視野に入れ、取引や金融に拡がりを持たせていく努力を重ねていくしかないのであろう。取引が信頼と信用をベースに公正に行われ、金融も積極的に関与できる環境を形成していかない限り、集散地市場の機能は高まっていかないことを常に意識していかなくてはな

らない。

　以上のように、現在の花都には、空港経済、自動車集積、物資の集散地市場の形成という際立った可能性が横たわっている。そして、ここまでの発展、環境整備の状況、さらに、それを担っている人びとを観察する限り、周囲に拡がっている障害を見事に乗り切っていくことが予見される。それだけのエネルギーがこの花都の地に蓄積されているように思う。

　この十数年の間に、中国の各地は劇的な発展を示してきた。その中で雌伏の時を過ごしてきた花都は、一つの都市が数百年に一度ともいうべき発展のチャンスの時に直面している。そして、遅れてやってきたがゆえに、先行する多くのケースを学習し、実に戦略的にコトを運んでいる。おそらく、これから踏み込む世界は未曽有のものであり、花都の人びとが自身の手で切り開いていくものであろう。まさに「志」の高さとエネルギーが求められていく。そのような時代に生きる花都の人びとに最大限のエールを贈っていくことにしたい。花都の人びとのこれからの歩みは、新たな「歴史」を作り上げていく「希望」に満ちあふれたものなのである。

1)　中国の仕組みの難しさに関しては、関満博『「現場」学者中国を行く』日本経済新聞社、2003年、を参照されたい。

補論Ⅰ　花都の発展を導いた陳国氏の証言

2006年6月29日（木）20：35～22：00　於：花園飯店（広州市）
前花都区共産党書記であり、現、広州市人民政府秘書長である陳国氏と会談した。

- ●関満博　花都を回っていると、陳先生の話ばかり聞きます。
- ●陳国氏　ありがとうございます。私はもともと工業専門で、15年間工業部門で働いていたので、工業に関する関先生のご研究には大変興味があります。この5年間で一番力を注いだのは自動車ですし、その他も皮革とジュエリーという工業部門に力を入れました。
- ●関　ちなみに、陳先生が花都にいらっしゃったのは、いつからいつまでですか。
- ●陳国氏　2000年の2月から2005年10月まで花都にいました。
- ●関　私は20年間中国を回ってきましたが、現在の中国で、花都の発展は一番すごいと感じています。
- ●陳国氏　花都の成功は、天の時、地の利、人の和が全て揃っていたからです。そこでは、戦略よりも考え方が重要でした。花都はもともと農業が中心で、生産高の7割が農業、

写真補Ⅰ－1　陳国広州市秘書長
（前花都区書記）

人口の7割も農村人口でした。そのため、政府の人間としては農業を発展させなければなりませんでしたが、鉄道・道路・港・空港などのインフラ投資を生かすのは農業ではありません。このインフラも、今は整備されていますが、もともとは貧しい地域でした。そこで、人びとの生活を改善させるのが考え方の出発点でした。その結果、工業だけでなく農業も発展しました。中国政府の方針では、農田保護区という省レベルの農業指定地区があり、いかに工業を発展させても、その地域は変えられません。だからこそ、残りの地域でいかに工業を発展させるかに力を注ぎました。

皮革産業の振興から開始

- 関　陳国先生が花都の工業部門で最初に力を入れたのはどの分野ですか。
- 陳国氏　皮革産業です。
- 関　それはなぜですか。
- 陳国氏　先ほどもお話したように、花都には工業の基盤が薄かったのです。その中で、皮革産業には20年の歴史があり、4000軒で家内工業が行われていました。そこで、皮革産業と、機械などの関連産業、ファスナーなどの市場の発展を見込んで、皮革産業の発展に最初に力を注ぎました。
- 関　皮革産業の発展には香港系企業の進出の影響も大きかったとうかがっていますが、これは陳国先生が誘致されたのですか。
- 陳国氏　いいえ。私が呼んだのではありません。香港人の張有為氏という実業家が当時は番禺市にいて、私が元番禺市長ということで、花都まで訪ねてきました。ただし、私は番禺市長時代にはこの人のことを知りませんでした。

本当は皮革産業よりも先に自動車産業に力を入れたかったのですが、花都には皮革産業の基盤がありました。これには伝説があります。60年代や70年代に都会から来た青年が、花都の農民の子供に皮革加工の技術を教え、それが花都の皮革産業の発展の基礎となったというものです。しかも、工業を発展させるためには、皮革産業は適していました。技術や設備があまり必要ありませんし、小規模の投資でも始めることができます。もし大きな皮革工場があれば、周りで下請けとして小規模で始められます。この、小規模からスタートでき、誰で

もボスになれるというのは、非常に良いことです。

自動車城の形成
- **関** 皮革の次はどの産業でしたか。
- **陳国氏** 皮革の次は自動車でした。
- **関** それは、日産が花都に来たからですか。
- **陳国氏** 日産が来たのは一つの原因ですが、日産が来なかったとしても花都は発展できたでしょう。
- **関** ところで、風神汽車の前身である京安雲豹汽車はもともと、現在の花都の東風日産の敷地の一部にありましたか。
- **陳国氏** はい。
- **関** 東風汽車が花都に来た経緯について、お聞かせ願えますか。
- **陳国氏** 東風汽車の南方事業部が2000年に深圳に設立されました。そこで、花都にある京安雲豹汽車の設備を使ってブルーバードを生産しないか、と花都区政府として提案しました。東風汽車の南方事業部は台湾の裕隆汽車と合弁で風神汽車を設立しましたが、風神汽車は生産ラインを持っておらず、生産ライセンスも持っていませんでした。花都区政府の提案が実り、風神汽車が委託して、京安雲豹汽車が古い型のブルーバードを生産することになりました。しかし、花都では最初は組立てだけで、加工賃をもらうのみでした。
- **関** ちなみに、東風汽車の南方事業部はどんな仕事をしていましたか。
- **陳国氏** 恵州の東風置業などの管理をしていました。

花都区政府が熱心にアプローチしたことで、風神汽車も花都に関心を強めました。そして、2002年に風神汽車が京安雲豹汽車を買収しました。この風神汽車による京安雲豹汽車の買収の前に、京安雲豹汽車に対する政府出資を止めました。その後、2003年6月には東風日産の設立がなされ、2003年10月には花都汽車城の認可が下りました。

- **関** 花都の汽車城の認可が下りたのは2003年10月ということですが、汽車城の計画はいつ頃からイメージされましたか。
- **陳国氏** 2001年から2002年くらいにかけてですね。汽車城のことを考えた

のは、風神汽車が京安雲豹汽車を買収する時からです。その際に、政府の重要性ということを意識しました。自動車産業はサプライチェーンが長いので、裾野の広い産業です。そこで、風神汽車の周りに15km²の土地を確保しました。それから正式に認可が下りるまで、2年間かかりました。ですから、汽車城の構想の際には、日産は念頭にはありませんでした。

●関　ちなみに15km²というと、どの辺りまででしょうか。

●陳国氏　ヨロズや富士機工の辺りまでで、これが第1期です。第2期は区画内に農田保護区が含まれているので販売しにくいのです。

ジュエリー城の形成

●関　次に、ジュエリー城のことについてお聞きしてよろしいでしょうか。

●陳国氏　ジュエリー城について、政府の目的は一つです。中国では、中央政府や各レベルの政府が、担当地域の目標を定めます。具体的には、生産高や投資額や輸出額などの目標値を定めます。その中で、花都は輸出額が少なかったので、何か輸出向けの産業を興す必要がありました。しかし、大規模な投資は難しいので、投資が少なく、規模も大小さまざまに可能であり、輸出に向き、雇用も生み出す産業ということで、金銀宝飾に注目しました。

●関　それには、番禺市長としての経験が生かされていますか。

●陳国氏　それもありますが、そもそも私は番禺市でジュエリー産業に携わっていました。私が工場長をしていた会社は、従業員数300人のジュエリー工場で、番禺のジュエリー産業の発祥地でした。その工場から始まり、今では番禺は世界的なジュエリー産地となっています。私は、20年前はジュエリー工場の工場長をしていて、その後は軽工業局の局長、鎮の鎮長を務めながら、番禺のジュエリー産業を発展させてきました。

●関　ジュエリー城には台湾系企業がたくさん進出していますが、どのような経緯で台湾系企業が進出してきたのでしょうか。

●陳国氏　20年前、私はジュエリー工場とアルミ建材工場の工場長を兼務し、様々な業界関係者に会ったり、協会に顔を出したりしていました。その際に香港のジュエリー協会との交流がありました。そこで、花都に来てから、まずは

香港企業、次いでトルコのATASAYや台湾の石頭記など世界のトップ企業を誘致してきました。

●関　誘致というのは、陳先生が直接行かれたのですか。

●陳国氏　はい。汽車城に来ている企業も、ほとんど私が行きました。日本の三井物産、伊藤忠丸紅、双日、JETROなどです。

●関　トルコや台湾には何回くらい行かれましたか。

●陳国氏　トルコには1回、台湾には2回行きました。

空港経済について

●関　ところで、花都の空港について、もともとは番禺に建設予定であったものが、結局は花都に建設されたとお聞きしました。このことに、陳国さんは関係していらっしゃいますか。

●陳国氏　確かに私が番禺市の下の鎮長だった1992年か93年に、番禺市に空港を建設する動きがありました。しかし、番禺は従来から土地の商業価値が高い地域でした。空港を作るとなると2万畝（13.34km^2）の用地が必要で、さらに周辺の土地にも建物の高さ規制などの制限が加えられます。さらに、騒音などの問題もあるので、周りの農民は反対していました。道路も発達しているので、別に番禺市内になくとも、周辺に空港があれば良いと考えました。そこで、花都の空港建設が決定されたのは1993年か94年で、実際に着工されたのは2000年からです。

●関　花都に空港があるのはたまたまですか。

●陳国氏　そうかもしれませんね。しかし、番禺に空港が建設されなくて良かったと思います。500〜600km^{2}の南沙区が分離されたことで、番禺の面積は今では1300km^{2}しかないので、空港は周辺も含めて80km^{2}も制限区域になってしまうと発展の余地が削がれてしまいます。

●関　ただ、空港は世界中から人が集まるのに重要なのじゃありませんか。

●陳国氏　自動車やジュエリー、皮革の産業の発展には空港は直接関係ないです。産業の発展には、空港のようなハードウェアより、政府の仕事のスピードや考え方、発展方針が重要です。

●関　つまり、天地人の利があったということですか。

●陳国氏　花都の発展の道に空港は関係あるかもしれませんが、空港があるから発展したわけではありません。ジュエリー産業で言えば、番禺には空港はないけれど、番禺は世界的に有名で、英語でも知られている地名です。自動車産業でも、ホンダのある広州市内には空港はありませんが、自動車産業が発達しています。一方で、古い空港があった白雲区には空港がありましたが、経済的には発展していません。珠江デルタは交通が発達していて、空港まで高速道路ですぐに行くことができます。ですから、区内に空港がなくても、空港の周辺の地域が発展することは可能です。むしろ、花都の将来について政府が考えなければなりません。空港があることで、周りの土地の利用に規制が加えられます。さらに、空港があることで土地の値段も上がってしまいます。

花都の発展戦略

●陳国氏　やはり、大切なのは天地人です。花都区の三つの基幹産業は自動車・ジュエリー・皮革です。さらに、自動車は広州市や広東省の三つの基幹産業である自動車・電子・石油化学の一つにもなっています。そのことを考えると、基幹産業の育成には政府の政策がとても重要です。

政府の政策の中でも、自動車産業の育成は特に重要です。自動車メーカーの周りには１次の部品メーカーが集まり、２次の鋳物や化学などの周辺産業も集まります。そのことが工業発展の中心になり、さらにレストランやホテルなどの第３次産業の発展にも貢献します。こうした第２次・第３次産業の発展は、多くの税収を政府にもたらすため、その税収を水利・農業機械・品種改良・技術指導などの農業の発展に振り向けることができます。こうした第１次・第２次・第３次産業の発展は、教育・社会保障・環境の改善など、人民の生活改善に貢献します。

ただし、自動車産業の発展のために、人材・資金・土地など市や区の資源の多くを振り向けています。完成車メーカーの周りには最低３分の１のティア１が集まる必要があるため、第１期分から$15km^2$の土地を確保しました。この土地は、他の産業に振り向けていたらもっと発展するかもしれないという意味で、

リスクのある賭け事です。しかし、日産は日本でも実力ある企業ですので、きっと成功すると確信しています。ですから、今後の発展に対応するため、住居や、部品市場や中古車市場などの土地の確保も進めていく方針です。また、人材という面では、華南理工大学広州汽車学院は、広州市周辺の自動車産業の発展に必ず貢献するはずです。

　関先生は、今回は花都を特に取り上げるそうですが、広州市全体で、書くべきところがもっとたくさんあるはずです。広州市は計画経済にしばられたことがなく、市場的なので、非常に興味深い対象がたくさんあると思います。

　●**関**　今日は本当にどうもありがとうございました。花都区の発展について、その発展を導いたご本人からお話をお聞きすることができて大変光栄でした。

　●**陳国氏**　こちらこそどうもありがとうございました。今後もぜひ広州へ研究にいらしてください。

補論II　海外投資家達の家、花都
　　　——王中丙区長のスピーチ（2006年5月31日、
　　　広州・日本自動車産業投資交流会）——

広州市花都区人民政府区長　王中丙

　尊敬する広州市陳明徳副市長、尊敬する日産自動車伊佐山副会長、来賓の皆様、友人の皆様。

　ここ数年、私は毎年、必ず日本を訪れています。その目的は花都の自動車産業を紹介することです。当初、花都をご存知の会社は僅かでしたが、今は花都に興味を持ち、事業を展開しようとする会社がますます増えています。なぜなら、二つ理由があると思います。

　第1に、日産が花都に根を下ろしたことです。第2に、国際空港も花都に移ったことです。現在、日々花都で働き、生活している日本の方は約600人になります。彼らは花都で新しい富と生活を作り出しています。彼らは、家族から離れ、真面目に仕事に取り組みながら、楽しく暮らしています。驚いたのは、彼らは会社や現地に巨額の富をもたらしただけでなく、多くの方はわずか3年間で、流暢な中国語ができるようになったことです。東風日産社長の吉田様はその一例です。今年4月、新ティアナが中国海南博鰲フォーラムで発表されたとき、吉田様は、流暢な中国語でスピーチをされました。いったいどのような情熱で言葉の壁を乗り越えたのか、なかなか想像できませんが、大変すばらしいものでした。

　日本企業の花都進出の道を振り返ってみると、興奮と感動の気持ちで一杯です。多くの方に感謝すべきです。今日の花都の為に多大な貢献をしていただきました。

　私どもが忘れられない一人の方は松村元子様です。約20年前に、花都への進出を決めました。これはミドリ安全株式会社が初めて花都に投資した案件で、

写真補Ⅱ—1　投資説明会でスピーチする王中丙花都区長

花都にとっても最初の日系企業でした。その時代に花都に進出することは相当な勇気と先見性が必要です。現在、投資額が累計約3800万ドルに達し、年間売上高が約1.3億ドルになりました。松村様は毎年、花都にご訪問されます。とても80歳に見えません。秘訣を伺いましたら、「危機感が若さを保つ」という答えでした。松村様からの言葉は、今でも、多くの人に影響を与えています。「まだ中国に投資していない人は、そもそも戦略的誤りを犯す恐れがある」と言われています。

日系企業の相次ぐ花都進出

2000年から、花都の自動車産業に素晴らしい出来事が相次ぎます。

2000年7月、株式会社今仙電機製作所は花都に進出決定をした初めての日系自動車部品メーカーでした。

2001年12月、広州愛機汽車配件有限公司は花都花山鎮と進出契約を結びました。2002年12月に操業を開始しました。2003年、広州愛機は2500万ドルを増資、投資総額は累計で5000万ドルとなり、2005年の生産額は約1億ドルに上りました。

2002年8月、広州日立ユニシア汽車配件有限公司は、初めて花都汽車城に進

出した日系部品メーカーです。

2003年6月、花都一軒目の日系レストラン「竹月」がオープンしました。

2003年7月、株式会社ヨロズ、三井物産、上海宝鋼のトップ経営者は、炎天下、花都汽車城を視察しました。志藤社長とパートナーが共同で3260万ドルを投資し、広州萬宝井汽車部件有限公司を設立することを決めました。

2004年9月、三池工業の小林社長は初めて花都に来られたとき、花都区政府の効果的サービスに対して大いに賞賛し、花都に3000万ドルの投資を決定、広州三池汽車配件有限公司を設立しました。これは三池工業の海外最初の事業であり、小林社長は自ら董事長を務めています。小林社長はほとんど毎月花都にお越しになり、「中国が好き、花都が好き、花都の空気、水と山が好き」と語っています。ゴルフ場で、300ヤードも打たれたとき、とても小林社長の実際年齢が読めませんでした。

2004年12月、カルソニック（上海）の樋本社長は、花都で新しい商談記録を作りました。樋本社長の調査団はわずか2分間で花都政府と主要契約条項を決めました。カルソニックカンセイ株式会社は5856万ドルを投資し、カルソニック（広州）汽車電子を設立、さらに花都を同社の華南地域本部にすることを決めました。北島社長がそれを花都最大の自動車部品メーカーとして建設しようと決意しました。実際、カルソニックカンセイの花都へ投資はもうすぐ1.3億ドルになります。

2005年2月、ユニプレス株式会社の鳥海会長は、日本企業で初めて、かつ今迄唯一の方として花都区政府顧問に就任されました。また、わざわざ花都にお越しになり、中国社員の結婚式に出席する一人目の会長かもしれません。ユニプレスは花都に大きく貢献されました。それは、特に、中国最大級のプレス機を花都に設置されたことです。

2005年8月、株式会社アルファ傘下のアルファ（広州）汽車配件有限公司が設立されました。高橋社長は、ある女子社員が花都に家を買って、両親と同居したいということを聞いたとき、それを喜び全社員に、「すべての社員が責任感を持ち、両親を愛する人になるべきで、アルファ（広州）を世界一流の企業にし、企業と社員の花都での美しい夢を実現しよう」とおっしゃいました。今

年2月、高橋社長は、アルファ企業連合会（ALCO会）の27人の会員の社長たちを率いて、花都をご訪問されました。会員の前で、「私は花都に投資した。皆さんにも花都に投資して欲しい。私の選択は正しかった、ついて来て、間違いはない」とおっしゃいました。

2004年10月、株式会社タチエスは広州タチエスを設立しました。それと同時に、工場の周辺に3社のサプライヤーのために土地を確保しました。一週間前に樽見社長、武田社長、三上社長が花都のタチエス、富士機工、東洋TQ1の連合開業式典にご出席されました。樽見社長は、喜んで述べました。「花都汽車城に小さな『自動車シート城』ができた」ということでした。

2006年2月、年産36万台の日産エンジン工場は本格操業を始め、日産とルノー社にエンジンを提供しています。花都自動車部品産業の家族に、最も重要な一員を迎えました。

咲き乱れる花都の自動車産業

花都では、日系企業は、春に咲き乱れる花のようです。これまで、花都に投資した日系企業は51社になりました。

なぜ50社以上の日系企業が数年間で花都に集まったのでしょうか、多数の答があるかと思いますが、主な理由は、東風日産乗用車公司の存在です。2003年に設立された東風日産乗用車公司は、凄まじい勢いで発展し、現在、年間27万台の生産能力を整えています。2005年の販売台数は約15.7万台、売上高は約32.5億ドルに上りました。

この売上高は、巨大な数字ではありませんが、皆様にご説明したいのは、2000年、花都の生産台数はわずか約2800台でしたが、2005年は約16.5万台に上ったことです。2010年まで、花都は自動車80万台以上の生産能力をもち、これは区民1人当たりで、年間1台に相当します。2005年、中国全土では、2500人当たり年間1台でした。

東風日産の成功があったことから、花都は「自動車第一」という発展の道へ乗り出しました。

ここ数年の道を振り返ると、花都、この大家族では、現在50数社の日本企

業が生き生きとして活躍しています。私どもは、日系企業と自動車産業が花都で発展し、業績をあげたことを大変誇りに思っています。

　設立して以来3年、東風日産乗用車公司は、「ブルーバード」「サニー」「ティーダ」「ティアナ」など、中国国民に人気ある車種を生産し、中国乗用車市場のシェアは2003年の約3％から、2005年の約5％まで、広州市乗用車生産台数に占める率も35％から、40％まで引き上げました。

　花都の日系企業数は2001年の7社から、2005年の51社まで上っています。日系の投資総額も2001年の約800万ドルから、2005年の8.5億ドルに急増しました。

　5年来、花都自動車部品メーカーの数は、2001年の11社から、2005年の119社になり、生産総額は2001年の約1200万ドルから、2005年の約4億ドルまで上り、32.5倍増でした。

　データより喜ばしいことは、他の地域の自動車産業に比べ、花都は自動車生産だけでなく、自動車の研究も展開し、設計とデザインも行っていることです。こういったことは、広州乃至中国自動車産業の未来に影響を与えます。一言で言えば、花都の自動車生産は世界に歩調を合わせます。なぜなら、東風日産のR&Dセンターは2006年3月20日に始動したからです。日産にとって世界で四つ目のR&Dセンターであり、中国自動車産業を大きく発展させるという歴史的使命を担います。人びとに多いに期待されています。

高まる花都への注目

　ご来場の皆様、日系企業が花都で活躍していることから、花都は中国で注目を集めています。改革開放以来、中国は著しく変化しました。最も変わったのは広東省の珠江デルタ地域です。これまで、広東省に認可された「自動車産業基地」は花都汽車城だけです。2005年、花都汽車城は国家科学技術部より「国家重点計画広州花都自動車及び部品産業基地」と認定され、さらに初めての広東省自動車産業集約模範区になりました。今年4月、広東省の批准により、花都に広東自動車人材市場を設立しました。多くの国家、省、市の責任者が花都を訪問し、花都自動車産業の発展に高度の関心と支持を寄せています。アジアで重要なフォーラムである博鰲フォーラムでは、花都自動車産業は幅広く関心

を集めました。2006年アジア博鰲フォーラムでは、東風日産有限公司の中村CEOは中国の曾慶紅国家副主席の特別会見を受けました。過去2回の「花都自動車フォーラム」では、自動車業界の専門家は一致して、花都が現在中国自動車完成車および部品産業投資の最適地域の一つ、また、中国自動車産業チェーンが最も完成度が高く、最も発展の速い地域だと見ています。

また、花都は日本産業界からも幅広く注目されています。2004年2月、3月と5月、東海日中貿易センターの訪問団は3回花都に訪問されました。2004年5月と2005年3月、JETROは2回にわたって来訪。2004年6月、2005年10月日本国貿促は2回来訪。2004年6月、日本機械業界華南地域視察団が来訪。2005年3月、日系自動車部品視察団が来訪。今年4月、日経協、自動車部品工業会、自動車部品協会の訪中団が来訪。このほか、多数の日本企業は近年、相次いで花都を訪ね、花都進出の可能性を模索していきました。

一橋大学の関満博教授が2006年3月29日のNHK放送番組「ビジネス展望」で、「明らかに、花都は一つの都市が数百年に一度訪れるかという可能性に満ちた興味深い時代に生きている。……花都はこれから5～10年、東アジアの拠点として、その存在感を高めていくことになるように思う」と述べました。関教授は日本の有名な経済学者です。現在花都の自動車産業の形成に関する本を書かれています。近いうち、日文と中文で同時に出版されます。関教授には花都の日本での紹介者となって頂いております。

サポート体制と交通の優位性

ここ数年、花都の高度発展は、謎のようにみられています。300年以上の歴史を持つ花都は、小さな県から、現在は広州北部の副都心に変身し、閉鎖的な農村地域から、国際空港をもつ交通センターに変貌し、100％の地場産業型経済から、日産、FedEexなど14社の世界500強企業の進出する開放型経済都市に発展しました。なぜでしょうか。その答えは非常に簡単です。それは『自動車、自動車産業の集約発展』ということです。では花都が中国自動車完成車及び部品産業にとって最適の投資地域だという理由はなんでしょう。

理由の1：素晴らしい産業サポート体制。

20年前に、ドイツのフォルクスワーゲンが中国に進出した当初、予想を超え、上海ワーゲンと一汽ワーゲンは、本社の「二つのドル箱」になったのです。フォルクスワーゲンの成功は、世界自動車大手の中国進出を促しました。しかし、当時、ドイツ人の頭を痛ませたのは、サポート体制がなく、ほとんどの部品はドイツからの輸入に頼っていました。あるドイツの記者が報道したように、「フォルクスワーゲンは、まるで孤立した島で生産するようで、部品のサプライヤーはゼロに近い」ということでした。

　しかし、今日、このような状況は、花都においておおいに変化しています。

　まず、花都が所在する広東省は中国で最も経済が発達している地域です。経済総量は全国8分の1を占め、中国でサポート産業が最も完全で、経済が最も開放的な地域です。特に、広州は中国の重要な製造業基地です。

　また、花都は中国で自動車産業チェーンが最も完全な地域です。5年前に先見の明がある政府は、花都汽車城の建設を企画しました。3期工事に分けて建設し、1期分の15km^{2}が完了し、企業の誘致も終了しました。第2期には敷地面積67万m^{2}のレンタル式工場を建設し、二次と三次の部品メーカーに提供します。花都は完成車の発展を重要視するだけでなく、さらに部品および関連サポート産業の発展も重要視しています。国際的に有名な部品メーカー、特に日本の部品メーカーの投資を歓迎します。今年花都自動車の生産額は約44億ドル、花都区税収への貢献率は40％を超える見込みです。花都は、国内外の大手自動車、東風、日産、広州汽車、現代が集まる場所になり、広州自動車産業群の重要構成部分になり、広く注目されます。

　理由の2：便利な交通条件。

　ご存知の通り花都は広州北部の玄関で、交通はとても便利です。水、陸、空一体化した交通網を形成しています。

人材供給と政府のサービス

　理由の3：豊富な人的資源。

　花都が所在する広州市は70の大学と研究機関があり、在校生は50万人。自動車産業の発展に合わせて、絶えず専攻と研究方向を調整しています。花都にあ

る華南理工大学広州自動車学院は今年夏から新入生募集し、毎年、自動車産業に3000人以上の専門人材の育成、及び5000人の技術者の訓練ができます。広州地域の人的資源総量は全国特大都市の３位にあります。2010年、広州市街地と花都を結ぶ地下鉄が開通すると、花都は広州市街地とさらに融合し、花都と広州の間の通勤はごく普通のライフスタイルになるでしょう。

　理由の４：政府と企業は良好な、相互信頼なパートナーシップ。

　経済発展に必要な資本、人材、技術などの資源をどこに振り分けるか、政府の指令に左右されません。ほとんどの地域に歓迎されます。どこに振り分けるのか、自然条件のほか、最も重要なのは適切な環境があるのかです。この環境は、ハード面とソフト面があります。良好な発展環境を提供・維持できるのは、政府です。

　こうしなければならない理由は、下記の通りです。

　第１に、企業の核心は人です。人材は企業の生命力で、政府サービスは企業自身だけでなく、企業内部の人も必ず考慮します。

　第２に、政府の目標は、企業を育成し、支援し、企業を社会の一員、つまり企業市民にさせることです。企業に利益だけを追求させず、社会的責任（CSR）を担わせ、社会影響と環境保全を考慮させ、政府と共同で素晴らしい社会を作ります。

　第３に、政府と企業はパートナーシップ関係で、相互依存、相互発展を図ります。政府は受動的にサービスを提供するのでなく、主導的に事柄を処理し、トータルサービスを提供します。成熟する企業は利益本位でなく、社会にも貢献します。

　第４に、政府サービスの重点はハードとソフト環境の改善です。経済グローバル化のもとで、ソフト環境は地域間の差別化競争力の重要要素であり、法制環境、政策環境、サービス環境、市場環境、人文環境を含みます。例えば、花都港の税関は、輸入貨物の「当日到着、当日検査、当日通関」制度を実行し、企業の輸出入業務に便宜を図っています。さらに、花都汽車城では、100人の専門家からなる管理委員会は、各企業に無料で投資コンサルティング、ライセンス申請、工事サポート、日常運営などのサービスを提供しています。

第5に、政府はグローバル化の視野を持ち、開放社会の雰囲気を高揚し、開明、効果的都市政府を構築します。

ご来場の皆様、花都区政府は、過去も、現在も、将来も、中国で最も完全な自動車産業チェーンをつくることを目標とします。

花都への投資は未来への投資

約4年間の実践で、私どもはプライマリーな成功を収めました。その成功要因を次ぎの三つに纏めます。

第1に、産業集約発展の理念の堅持。

第2に、工業化による都市化促進の道の堅持。

第3に、政府と企業の間、相互信頼のパートナーシップが投資環境の重要指標という確信。

花都では、多くの現地企業と外資企業は、開放的、完全な自動車産業チェーンと企業体系を築き上げました。彼らは、花都で価値を作り出し、たくさんの雇用機会を生み出しました。また、花都の工業現代化に生きた教材を提供しています。企業は社会と成功を分かち合い、花都を生産と販売の市場と見なすことのみならず、企業自身を現地の企業市民と自覚します。政府はこの過程で、極めて重要な役を演じています。

開明的な政府は必ず開放社会をもたらします。企業が政府と良好かつ相互信頼のパートナーシップを構築できたことは、花都に優位性があるからです。ここでは、仕事熱心、学習熱心、誠実、純朴さと親切さは区民の生活習慣になっています。区民と社会全体は新しい事物に開放の態度で接し、投資者を支持、歓迎と包容の意識で迎えます。また科学技術、人材に対して高く尊敬します。

未来を展望すれば、世界で最も自動車の潜在消費力をもつ中国は、2010年、1000万台以上を生産し、その8％が花都で生産されます。その時、花都自動車産業の生産総額は125億ドルを突破します。巨大なビジネスチャンスが潜んでいます。衷心より、日本の自動車企業がチャンスを掴み、花都で新しい事業を開拓するように願います。

ご来場の皆様、中国本土では、花都のように速く大規模の自動車産業群を形

成する都市は少なく、花都のように現代的で大型の国際ハブ空港もつ都市は少ないのです。花都のように水、陸、空、鉄道一体化の交通網を持つ都市は少なく、花都のようにトータルサポートサービスを提供する都市は少ないのです。花都の良好な関連産業環境、交通優位性、政府サービス環境は花都自動車産業のさらなる発展のための基盤を固めました。花都に投資することは未来に投資することです。花都は汽車城だけでなく、また969km^{2}の空間があります。969km^{2}の土地を有する花都は各位の投資を歓迎します。花都は8つの町があり、3割が山、1割が川、6割が平野であり、その中、経済発達地域と立ち遅れた地域があります。各地域の発展にはまだ格差が存在しています。そのため、花都各地での投資コストも違います。今日は、花都の8つの町の責任者も来場しました。彼らも皆様の投資を歓迎します。私どもは、日本など海外からの投資を熱く期待しています。花都の各街（鎮）にお越し頂きたいのです。必ず高効率のサービスをご提供させていただきます。

　ご来場の皆様、中国と日本は一衣帯水の隣国で、文化の交流は歴史が長く、両国民は非常に「家」という観念を大切にしています。企業に、相応しい「家」を探すのは、私どもが共有する願望です。

　衷心より皆様が花都までお越し下さることを歓迎致します。希望に満ちた工業都市に、中国で自動車産業の発展に最適の場所に、この日系企業の中国の家でビジネスチャンスを探し、共に発展を図りましょう。

　花都は皆様の中国での家です。花都にようこそ是非御越しください。

　ご静聴、どうもありがとうございました。

補論Ⅲ　広州・花都の「自動車城」の生産ラッシュに学べ

　最近（2003～2004年）の私の中国産業研究の焦点は「台湾IT産業の長江デルタへの大進出」であり、ようやく、一冊の著書（関満博編『台湾IT産業の中国長江デルタ集積』新評論）を2005年2月に上梓できた。すでに次のテーマは、中国の民営中小企業と見定め、大連、広東省を歩き回っている。極めて興味深いテーマとなってきた。この2005年1月末、広東省の珠江デルタをぐるりと一回り、民営中小企業25社の現場訪問を実施した。その過程で、もう一つ先のテーマと考えている「広州花都の汽車（自動車）城」を訪問した。意外な展開になっていた。今回は急遽、この点を報告していきたい。

　実は、2004年3月にも、現地を訪問したのだが、その時は日産が合弁している工場（東風日産）しか確認できず、まだまだとの印象であった。だが、10カ月後の今回（2005年1月）、事態は一気に進んでいた。中国ではいつものことである。「汽車城」の計画面積は$50km^2$。第1期の$15km^2$は完売、88社がすでに認可済であり、日系も20社以上が入ることになっていた。未造成の第2期分も順調に売れており、数年後には巨大な自動車産業集積が形成されていくことが予感された。

　中国には「経済特区」「経済開発区」などがどこにでも設置されている。それらは一つの新都市形成のようなものであり、面積が数十haの日本の工業団地とは異なり、数十から数百km^2である場合が普通である。この花都の「汽車城」、ヘクタールで言うと、5000haということになる。つくば研究学園都市のほぼ倍の規模である。中国には多様な「開発区」があるが、自動車専用でこれほどの規模のものはない。

巨大な新空港と汽車城

　この広州市花都区、ここに来て、急に脚光を浴びている。花都区は華南地域

最大の都市である広州の北側に位置し、珠江デルタの北端とされている。この花都が注目され始めたのは、台湾の日産系自動車メーカーである裕隆汽車が中国の東風汽車と合弁（風神汽車）で花都の公安関係の小さな自動車メーカーを買収し、ブルーバードの生産を開始した2001年頃からであった。広州で注目されているホンダのアコードの生産開始が99年春からであるのだが、広州郊外の花都にも底流で興味深い動きがあったことになる。2002年9月の日産と東風との包括的提携の中でも、乗用車生産は当初からこの花都が意識されていた。

さらに、その頃から、広州市街地にあった広州白雲空港が手狭であることから22km北に離れた花都への移転が模索され、2004年8月には供用開始されるに至った。この新広州白雲国際空港は、あの巨大な上海浦東国際空港よりも広大であり、特に貨物便に対する配慮が行き届いている。将来的には滑走路5本が計画されている。まさに東アジア全体を睨んだ中国の南のハブ空港として期待されている。そして「汽車城」は新空港から12kmの位置に形成された。まさに、国際空港隣接の「自動車タウン」ということになろう。

汽車城のランドマークとなっているのは、当然、東風日産である。これは、先行していた風神汽車にかぶさる形で形成された。日産と湖北省の東風汽車（昔の第二汽車）がそれぞれ50％ずつ出資し、資本金167億元（約2400億円）の新会社として、2003年6月から営業を開始している。この会社の商用車部門は湖北省に置かれているが、乗用車事業部は花都にあり、日産の乗用車のフルラインで対応するとされている。これまでの中国における外資との合弁企業は車種別に認可されていたのだが、このケースは初めての包括的なものとなった。当面はブルーバードから開始され、サニー、さらにティアナの生産も計画されている。2006年までには、6車種、年産22万台が計画されている。

日本の有力企業も次々進出

10カ月ぶりに訪れた汽車城のインフラ整備は急ピッチで進められていた。基幹的な道路はすでに敷設され、訪問した翌日（2005年1月27日）には、管理部門のビルの落成式であった。ようやくこの汽車城の全貌が明らかになりつつあった。造成済の第1期の15km^{2}は、東風汽車の他に、ルノーのために137ha

の用地が用意されてあった。ルノー進出の候補としては、この花都の他に湖北省の武漢があるが、2006年6月操業開始を狙っているルノーは、当初、花都の東風のラインを借りてスタートするなども噂されていた。

　この花都の汽車城建設は、省（広東省）クラスの開発区として認可されたものだが、省からの援助はなく、花都区が独自に開発を進めている。第1期造成に関しても、中国農業銀行からの10億元の借入によるものであり、花都区の関係者は必死の企業誘致を重ねている。

　既に操業開始している日系企業としては、プレスのユニプレス、サスペンション最大手のヨロズ（三井物産、宝鋼との合弁）、コイルセンターの伊藤忠丸紅鉄鋼、電装部品の日立ユニシア、機構部品の六和桐生機械（台湾の六和機械とキリウの合弁）などがあり、ユニプレスはすでに倍に拡大する計画になっていた。

　これから操業する企業としては、三井物産のコイルセンター、鬼怒川ゴム、西川ゴム工業、カルソニックカンセイ、タチエス、富士機工、三池工業、アルファなどがあり、JATCOあたりとも商談に入っていた。進出部品メーカーは日産系ばかりでなく、独立系、ホンダ系、トヨタ系も含まれている。中国では日本国内の系列は問われることはなく、意欲的な企業には新たな可能性が期待されているのである。

　現場に立つと、次々に新たな工場が立ち上がりつつある有り様は壮観であり、明らかに、ここに巨大な自動車産業集積が形成されていくことを予感させられる。

一気に整備される産業インフラ、人材育成

　2005年1月末の現地の話題は、乗用車技術センターと東風汽車の乗用車エンジン工場の二つが、いずれも2004年12月に定礎式を行ったことであった。技術センターは日産にとって北米、ヨーロッパに次いで三番目の本格的なものであり、20haの敷地に第1期3億3000万元をかけて、2005年末に竣工させる。また、乗用車エンジン工場は敷地39ha、2006年初に正式稼働させ、2008年には36万台の生産能力に拡大していく計画であった。これらは、すでに工事に入っ

ている。

　また、華南地区は華東地区に比べて人材の厚みが乏しいとの指摘もあるが、この汽車城には、地域の名門理工系大学である華南理工大学と民間企業との合作で、華南理工大学広州汽車学院を2006年9月に開学させる。ここでは1万5000人の学生が学ぶことが計画されている。

　さらに、花都の少し南の仏山市南海区には、瀋陽の東北大学が母体になる東軟集団が、大連の東軟情報技術学院と同様の南海情報技術学院を設置している。華南地区には人材が足りないなどと言われていたが、大学と民間が共同で次々に新しいタイプの大学を各地に設置しているのであった。さらに、汽車城には、国際レベルの病院、五つ星レベルのホテルが2カ所、さらにゴルフの練習場の建設も計画されていた。これらの事業が一気にその姿を見せ始めているのである。

　もう一つ、人材確保に関して注目すべきは、人材誘致に税の優遇措置を置いていることであろう。税には国税、地方税とあるが、花都区が関与できる税に関しては、かなりの減免を提供している。5年間にわたって、大卒の場合は50％の減免、大学院修士は70％、博士は100％の減免とされていた。さらに、特別に優秀な人材に対しては、年間10万元の研究費と10万円の生活費を提供する。なお、この優遇に関しては、花都でマンションを購入することが条件とされていたことも興味深い。中国の地域では、これほど苛烈に競争を演じているのである。

日本の自動車部品メーカーへのインプリケーション

　この第1期工事がほぼ全貌を見せ始めた現在、第2期、第3期も注目されてきた。まだ、未造成なのだが、すでに62社がリスト化されていた。この第2期には中小企業の進出も期待されており、大量の日本の中小企業を誘致する構えであった。この第2期分で注目されるのは、香港の事業家にかなり広大な敷地を売却し、レンタル工場事業を展開させることであろう。世界の自動車部品関連の中小企業を幅広く誘致しようというのである。

　この花都の汽車城に立って痛切に感じることがある。振り返るまでもなく、

ごく最近まで日本の有力自動車メーカーは対米関係が最大の関心事であり、アジア、特に中国への関心は極めて乏しいものであった。親企業がそのような状況であったため、部品メーカーは最近まで中国のことを考えたこともなかった。だが、1990年代の終わりの頃から、自動車メーカーは一気に中国への関心を深めていく。
　他方、日本国内においては、90年代の後半の頃から、系列の解消、部品メーカーの自立が求められている。部品メーカーは自立を求められてみたものの、長い間にわたって親企業に依存していたため、自分で情報を集めたことがない。全ての情報を親企業に依存していたのである。こうした事情から、日本の自動車部品メーカーの中国認識は極めて乏しいと言わざるをえない。80年代中頃からの円高により苦しんだ電気・電子関連の部門と自動車とでは、中国認識は10年以上の差があると言わねばならない。
　さて、このような事情を乗り越えるために、日本の中堅・中小の自動車部品メーカーは、どのようにすべきか。まず、何よりも経営者自らが積極果敢に中国の「現場」に乗り込み、全体の流れを深く実感していくことであろう。その場合、この花都の「汽車城」の持つ意味は大きい。日産のゴーン氏は「108計画」で、3年でグローバルに 100万台を増加させるには「中国市場」しかないと腹を括ったが、そのことの意味を部品メーカーの経営者が自覚できるかどうか。建設途上の「汽車城」を頻繁に訪れ、その劇的な変化を実感していくことが必要ではないかと思う。私は「すぐ中国に進出しろ」と言っているわけではない。以上のような動きを知らずにボーとしていることが問題だと言っているのである。
　　　　　　　　　　　　　　　　　　　（『プレジデント』2005年4月4日号掲載）

　［付記］この報告は『プレジデント』誌の2005年4月4日号に掲載されたものだが、おそらく「花都汽車城」を系統的に初めて日本に紹介したものである。花都区側は、さっそく中国語に翻訳し、関係各部門に配布した。関係者に大きな「勇気」を与えたとされている。本書を通読された方には自明のことばかりだが、「花都汽車城」発展の一つの契機になったものとして、ここに掲載しておく。

補論Ⅳ　中国広州市花都区の発展戦略
　　　——空港経済、自動車、皮革製品、ジュエリー——

　私は20年にわたって中国の「地域産業」の研究を重ね、常に新たな発見に心をときめかせてきた。そして、この2年ほど最も関心を寄せているのが、南の広東省広州市の北の郊外に位置する花都区である。この花都が脚光を浴びるようになったのは、一つに、市内にあった広州白雲空港が手狭なため、2004年8月に移転してきたこと、そして、2003年6月に日産自動車が進出してきたことからであろう。現在の中国で最も活発化している地域は、まさに花都ということになる。現在の花都は一つの都市が数百年に一度経験するかどうかというほどのチャンスを迎えている。

　特に、この流れに対して、地元の数人の指導者たちが、適切な発展戦略を構想し、果敢に実践していったことが特筆される。発展著しい中国の中でも、これからの数年、花都が最大の関心を呼んでいくことは間違いない。

滑走路5本の大空港／米FedExが専用滑走路を持つ

　現在と将来の花都を語る場合、最大のポイントは大空港が建設されたということであろう。広州市内から約22km北に動いた新空港は、改革開放以後の中国各地の多様な経験を踏まえたものとされ、滑走路5本分の敷地に加え、さらに、臨空型の産業基地、物流基地等を含めて100km^{2}が用意されている。現在の滑走路は2本、長い滑走路は4800mである。特に、最近の話題は、これまでフィリピンのスービックに東アジアの拠点を置いていたアメリカの物流企業FedExが花都に拠点を移すことであろう。すでにFedExの専用線となる3本目の滑走路（3600m）の工事は開始されており、2008年上半期に供用開始となる。このFedEx進出のインパクトは限りなく大きい。

　広州という場所は、中国全体とASEAN全体を見渡す場合、明らかに中心的

な位置にある。香港から深圳～広州にかけては港湾能力が世界的に図抜けてきており、さらにフランクフルト級のこの大空港の建設により、このエリアが海空両面からの物流拠点としての意義を高めることは間違いない。

また、周辺の高速道路網はほぼ整備され、広州市内から地下鉄も建設中であり、さらに、香港のホープウェル（合和）集団が空港に隣接する高級住宅、ホテル、業務施設、商業施設を建設、花都市内に環状の軌道交通網を整備することにもなっている。

さらに、この花都は後に見る「自動車タウン」形成で世界的にも注目を集めているが、韓国の現代自動車が空港隣接地に商用車年間生産能力20万台規模の工場を建設することで合意している。現地を2006年3月に視察に行ったが、すでに建設用地の側に6車線の道路の建設に入っていた。

自動車タウンの形成／日系部品メーカーが集結

私は2004年3月、花都に出ているという日産の工場を探しに行ったが、花都郊外にポツリと一つだけ建っていた。周りはまだ荒れ地の状態であった。翌2005年の1月に再訪すると、その一帯は「花都汽車（自動車）城」とされ、インフラ整備が急ピッチで進められ、すでに日本の部品メーカーが十数社操業に入りつつあった。ユニプレス、日立ユニシア、伊藤忠丸紅鉄鋼などであった。現在ではさらにタチエス、カルソニックカンセイ、アルファ、キリウ、河西工業、三井物産などが操業を開始している。

中国進出に遅れをとっていた日産は、関連企業の台湾の裕隆に乗る形で、中国第2の自動車メーカーである東風汽車と合弁してスタートした。現在、サニー、ティーダなどの3車種を生産し、2004年の販売台数6万台から、2005年は16万台に急増させている。2006年春にはエンジン工場（年産36万台）、乗用車技術センターも竣工している。

この日産の進出を契機に、地元の花都区政府は周辺一帯の50km^{2}を汽車城（自動車タウン）として整備し始めた。これだけの構想と規模は世界的にも例がないのではないかと思う。さらに、日産の工場の真向かいにはルノーの進出を期待した137ヘクタールの土地が用意されている。また、香港のクリフォー

ド（折福）集団もこの計画に参加し、第2期計画の中で、日本の中小企業を大量に呼び込むための多様な貸工場を建設していく。

　もう一つ、この汽車城で注目されるのは、エリアの理工系トップ校である華南理工大と地元の民営企業である雲峰集団が協同で、広州汽車学院という大学を建設していることであろう。2006年9月に開学される汽車学院の建設現場にも訪れたが、約120ヘクタールの用地にモダンな校舎が急ピッチで建設されていた。4年後からは、毎年3000～4000人の学生が自動車産業に送り込まれていく。なお、この汽車学院、歴史のある華南理工大学が教員やノウハウを提供、雲峰集団が資金を全て提供するという興味深いものとして推進されていた。

　この花都を含んだ広州のエリアのほぼ50km圏内に、先の現代、さらにホンダ、トヨタが進出しており、近いうちに年産100万台を超えるアジアを代表する自動車の生産基地となることは間違いなさそうである。

皮革製品の巨大な集散地の形成

　以上の空港経済、汽車城に加え、花都のもう一つの注目すべき点は、皮革製品、ジュエリーといった領域で巨大な「集散地市場（全国的な意味を帯びる問屋街）」を形成しつつある点であろう。長い間にわたって統制経済できた中国は「配給」によっていた。全国市場が十分に形成されず、地域的な市場圏の中で物資が動いていたにすぎない。

　市場とは、本来、需給調整、価格形成、製品評価などの機能を含み、それによって関連する企業は鍛えられていく。改革開放以後、今日まで全国的な集荷分散機能を有する「市場」は中国では形成されてこなかった。浙江省などの各地に専業市場と呼ばれる市場が形成されていたにすぎない。中国の市場経済がもう一段の発展を獲得するためには、全国の幾つかの大都市に「集散地市場」の形成されることが待たれていた。そして、近年、ようやく広州周辺にそうした動きが強まり始めている。花都の皮革製品、ジュエリー、隣の仏山のタイル、アルミ建材、靴下、江門のシャンデリア等が代表的なものであろう。

　特に、花都にはすでに皮革材料の巨大な市場が形成され、約2700と言われる地元メーカーを背景に約2500軒の卸売業者を集めた巨大な獅嶺（国際）皮革皮

具城が形成され、全国から人を集め、中国全体の約3分の1の取扱量を占めるものになっている。かつてアジアの集散機能を担っていた香港の商社も軸足を花都に移している。空港、港湾、高速道路、鉄道の拠点となってきた広州は、中国国内市場だけではなく、東アジア全体を視野に入れた集散地市場として発展しようとしているのである。

　皮革に続いてジュエリー産業も集散地市場化に向かう
　そして、皮革製品に続いてジュエリー産業がほぼ同様の動きをみせ始めている。特に台湾のジュエリー関連の企業の進出が著しく、新たな珠宝（ジュエリー）城が急ピッチで形成されつつある。特に、これから建設に入る展示場、ファッションショー会場などからなる「交易センター」は空港経済区のビジネス・ゾーンに建設され、世界を視野に入れた展開になっていくことは間違いないように思う。
　このように、中国の南の中心である広州の郊外で雌伏の時を狙っていた花都は、巨大な空港を手にし、これまでの中国の改革開放の経験を踏まえながら、自動車の生産基地、そして皮革製品、ジュエリーといった物資の集散地市場を形成、戦略的な空間配置、新たな産業育成に向けて取り組みを重ねている。そして、現在の花都では、それらを担っている人びとが実に意欲的かつホスピタリティに満ちた取り組みをみせていることに感動する。明らかに、花都は一つの都市が数百年に一度訪れるかという可能性に満ちた興味深い時代に生きている。日本には広州の郊外の情報は入ってこないが、明らかに、花都はこれからの5～10年、東アジアの拠点として、その存在感を高めていくことになるように思う。（NHKラジオ第一放送『ビジネス展望』2006年3月29日放送。『経営労働』2006年6月号掲載）

補論V　南海東軟情報学院

　中国の産学連携、大学発ベンチャーの動きは1990年頃から活発化し、全国の各大学は果敢に活動を重ねている。それらの中でも、遼寧省瀋陽の東北大学の取り組みが際立っている。この補論Vでは、東北大学の関与する東北の遼寧省大連と華南の広東省仏山市南海区に展開する東軟情報学院に注目していくことにする。

1. 大連ソフトパークと大連東軟情報学院

　大連には中国で最も成功したものの一つとされる「大連経済技術開発区（通称：大連開発区）」というものがある。1984年、当時、国務院が批准した全国11カ所の経済技術開発区の一つとしてスタートしている。当初、大連市街地の中心から大連湾を渡った北側の金州区の約3 km²が対象とされ、84年10月に着工、88年から供用開始されている。

　その後、この大連開発区は日本企業の進出拠点となり、現在では500を超える日系企業が集積している。さらに、開発区の面積は拡大を続け、現在では大窯湾地区全体を含む約220km²という巨大なものになっている。

　他方、外資の受け皿を形成するという「経済技術開発区」の政策に加え、91年からハイテク産業育成のために「高新技術産業開発区」政策が推進されている。これは80年代末における北京中関村の実験（北京新技術産業開発試験区）を踏まえ、全国主要都市の大学を中心にハイテクゾーンを形成しようというものであった。大連も当然、対象にされ、当時、全国27カ所の一つとして「大連市高新技術産業園区（通称：大連高新区）」をスタートさせている。

　ただし、平地の乏しい大連高新区に立地する企業は少なく、日本企業の大半は先の大連開発区に向かうことになる。

だが、97〜98年頃から、このエリアに興味深い動きが生じてくる。

当時の大連市長であった薄熙来氏（現、国務院商務部長）は、97年にシンガポールを訪問、ソフトウエア・パークに刺激を受け、帰国後、大連高新区にソフトウエア・パークを建設することを構想する。これに応えたのが、億達総公司という民間企業であった。

その後、この大連ソフトパークは、億達総公司の全額出資の大連軟件園（ソフトウエア・パーク）股份有限公司が保有し、管理している。そして、もう一人の重要なプレーヤーが東軟集団ということになる。

東軟情報学院の輪郭

瀋陽の東北大学は産学連携、大学の研究成果の事業化に意欲的であることはよく知られている。91年、東北大学の計算機系軟件与網絡工程（ソフトウエアとネットワーク・エンジリアリング）研究室の室長であった劉積仁氏（1955年生まれ）を中心に東方軟件有限公司（現在の東軟集団）を設立、さらに、97年7月には瀋陽郊外に東大軟件園（NEU SOFT PARK）を展開している。この瀋陽のNEU SOFT PARKでは、東軟集団と世界の有力企業が合弁、合作を重ね、興味深い展開に踏み出していった。

写真補V—1　大連東軟情報学院

さらに、以前から370km南の大連への展開が模索されており、東軟集団は98年に大連ソフトウエア・パークの67haを取得、東大軟件園大連分園の建設に入っていく。その中の最も興味深い事業が、2001年9月に開学した東軟情報学院の設立であろう。

　現在、東軟学院は正式には、4年制大学の東北大学東軟信息（情報）技術学院と2～3年制の専門学校である大連東軟信息技術職業学院、そして、2005年10月からは大学院である東北大学研究生院大連分院から構成されている。

　東軟学院からの提供資料によると、「東軟集団は大学から生まれた企業であり、グループの技術と顧客のニーズを基に、全く新しい教育モデルを創り上げ、大連ソフトウエア・パークと共同出資で『東軟情報学院』を設立し、教育と産業、ソフトウエア・パークを有機的に結合させ、『教育と産業、企業の人材サイクル』を形成した」と述べている。

　出資者は東軟集団（60％）、大連ソフトウエア・パーク（40％）であった。国立の東北大学が設立した民間企業の東軟集団が、大連の民間企業である大連

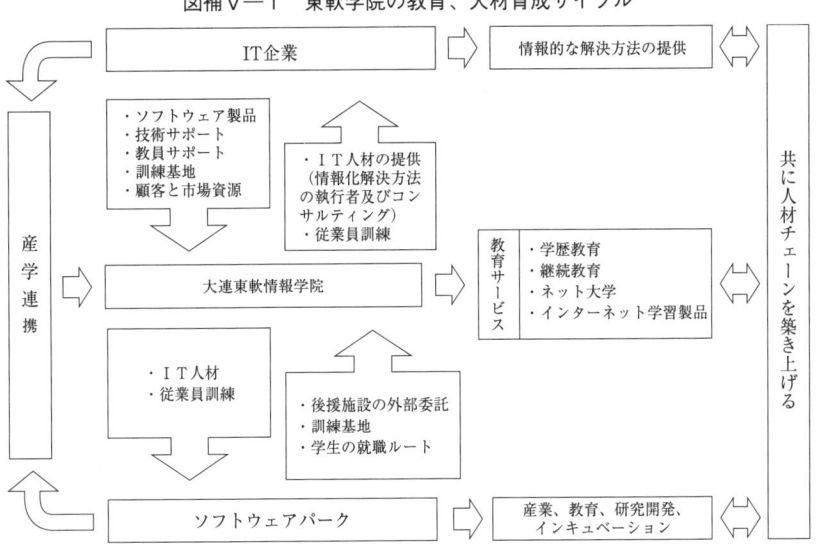

図補Ⅴ－1　東軟学院の教育、人材育成サイクル

資料：大連東軟情報学院

ソフトウエア・パークと合弁して、新たな私立大学を設立したという構図である。設立当初、この東軟学院は中国で最初の民営のソフトウエア専門学校であった。現在では中国全土に35校の国家級ソフトウエア職業技術学院の一つにも認定されている。学生数は2006年6月現在、1万2000人であり、最終的には1万6000人を想定している。中国のソフトウエア職業技術学院では最大の規模を誇っている。

なお、この東軟学院は、大連ばかりでなく、広東省仏山市南海区（2002年開学、敷地面積16ha、建物面積11万 m^2、学生数5000人）と四川省成都（2003年開学、敷地面積27ha、建物面積5万 m^2、学生数4000人）にも展開されている。これらは「中国で初めての企業の投資により創られたIT専門学府で、中国初の『ノートパソコン大学』」と呼ばれている。全学生がIBMのノートパソコンを保有する全国初の大学ということになる。

教育理念と教育体系

東軟学院の開学にあたっての「理念」は以下の三つである。

教育理念　　教育が学生の価値を創り出す
運営方針　　専門的教育、企業的管理、社会支援・サービス
育成目標　　国際的、実用的、個性的

この理念にしたがって、学院の学生ばかりではなく、社会を対象に生涯教育サービスを提供している。フェース・トゥ・フェース教育に加え、E‐ラーニングを組み合わせる総合的な教育サービスを行う。学歴教育としては、2〜3年の専門学校教育、4年制の本科教育、さらに東北大学の分院としての大学院教育を重ねている。さらに生涯学習としてはオンライン大学を編成している。なお、このオンライン大学では50万人が学んでいるとされている。

なお、中国の国立大学の年間の学費は5000〜6000元ほどだが、東軟学院の場合は年間1万6000元、さらに寮費が加わる。国立大学の3倍ということになるそれでも、入学希望者は殺到している。彼らの判断では、就職が良く、3〜4年で回収できるというものであった。実際、中国の大学の新卒の就職率は一般的には70％程度であるが、2005年6月の東軟学院の卒業生（本科1500人、専科

300人)は95％水準を達成していた。

　教員については、外国人専任教員が40人以上を数えている。これは著名な大連外国語学院の外国人教員よりも多い。アメリカ、カナダ、オーストラリア、日本から来ている。日本語教員は7～8人を数える。

　図書館も「ノートパソコン大学」と言われるだけのことはあり、興味深いものであった。図書館に赴くと、図書は新着雑誌以外は見当たらない。約6万冊の図書は全てPDF化されている。閲覧室ではなく、広大な1万席の学習室が用意され、学生はパソコンをつないで閲覧、学習していた。なお、学内全体にパソコンの接続用ノードは3万カ所用意されている。

大学生創業センターと個別企業クラス

　実践教育を掲げることだけのことはあり、学内には「大学生創業センター」が設置され、また、4年次学生に対しては「個別企業クラス」が提供されている。

　「大学生創業センター」はキャンパスのA1教育棟の一部に設置されている。別名（SOVO：Student Office, Venture Office）と言われていた。これは、主として3年次生以下の学生を対象に企業を創らせるというものである。1社30～50人の学生を集め、会社の設立から指導、当初は大学からホームページの作成などを依頼する。その後、東軟集団などからの受注をこなしながらレベルを上げていくというものである。

　社長、営業、財務、人事等の担当を決め、会社の設立から運営まで経験させていくことになる。2006年1月現在、この大学生創業センターには7社が入居していた。参加している学生は月に500～2000元ほどの収入を得ていた。

　また、東軟学院は3学期制をとっており、夏休み前後の1カ月を「実践学期」としている。学内での企業実習と学外でのインターンがある。特に、4年次生に対しては「個別企業クラス」が用意されている。例えば、東軟クラス、GEクラス、アルパインクラス、SAPクラス、東芝クラスなどであり、企業側からするとリクルートを兼ねた「予備社員」としている。最大は東軟クラスであり各事業部毎に40～90人を受け入れている。その他、アルパインは40人、東

芝は60人を2クラスに分けて提供している。各クラスから就職していくことも少なくない。

「未来」に向けた大学

また、この東軟学院は世界の情報系の大学と教育リソースの共有を図っている。アデライド大学、スインブレン大学、シドニー科技大学といったオーストラリアの大学、さらに、ワーウィク大学、ティーサイド大学といったイギリスの大学である。さらに、企業との関係では、東軟集団と Cisco ネットワーク技術学院と提携（2000年10月）以来、SUN の新技術研究開発センターと提携（2001年7月）、東芝と戦略パートナー提携してデジタルキャンパスを設立（2001年11月）、BEA と教育業務提携（2002年4月）、オラクル大学と提携（2002年7月）、IBM と教育戦略提携（2002年10月）、日本の旺文社と教育業務提携（2003年3月）、SAP と戦略パートナー提携（2003年4月）と　重ねてきた。

世界の情報系の大学にとっても、さらには、世界の先端的な企業の教育、産学連携の可能性にとっても、この東軟集団、東軟学院との提携は、興味深いものになるのではないかと思う。

これだけの新たなタイプの大学を設立してきた学長の劉積仁氏に「モデルとした大学はあるのか」と尋ねると、彼は「アメリカの幾つかの大学は参考にはしたが、全くの自分のアイデアで作り上げた」と答えていた。なお、中国のビル・ゲイツと言われる劉積仁氏は東軟学院の薫事長であると同時に、東北大学の副学長、東軟集団の薫事長・総裁をも兼務しているのである。

東軟学院は2005年6月に最初の本格的な本科生を卒業させた。就職率は95％にものぼった。大学の評価はやはり卒業生が社会で活躍していくことにかかっている。そうした意味では、この東軟学院の評価はこれからであろう。「未来」に向けた大学のこれからが興味深い。

2. 南海東軟情報学院

　大連の東軟学院の創立は2001年9月であったが、南海東軟信息（情報）技術職業学院の創立は、それから1年遅れる2002年9月であった。場所は広東省仏山市南海区の中に設置されている南海科技工業園（256km^2）の中の南海軟件科技園（テクノロジー・ソフトウエア・パーク）にある。南海科技工業園自体は六つのエリアに分けられており、日本、アメリカ、ヨーロッパ、台湾、中国の企業が立地している。東芝、TCLなどの家電の工場が目に付いた。主として、近年、華南地域で盛り上がっている自動車関連、電気・電子関係の企業からなっている。

東軟集団が出資した大学
　その六つの中の一つのエリアが南海軟件科技園であり、南海区の大学城を含む形になっている。ちなみに、この南海東軟情報学院の近くには、華南師範大学、広東省石油化学学院、広東軽工業学院などが立地していた。広州市大学城などと比べると、大学城としては、比較的小ぶりなものであった。

写真補V―2　南海東軟情報学院のキャンパス

写真補V―3　南海東軟情報学院の新講義棟

　大連の東軟情報学院の場合は、地元民間企業の億達総公司が保有する大連ソフトウエア・パークの中に、東軟集団（60％出資）、大連軟件園股份有限公司（40％）の2社が設置する合弁による大学であったが、南海の場合は、南海軟件科技園の計画に南海区政府、東軟集団、東北大学が関与するという形になっている。東軟集団は各地に進出しているが、華南地域では広州に華南本部が置かれ、ソフトウエア・パーク事業と大学の設立を南海区に求めたということである。

　大学設置の資金は基本的には東軟集団が出している。南海区政府は学生寮を建設し、南海東軟情報学院に貸与するものになっていた。したがって、出資者は東軟集団のみということになる。この点は大連と異なる。

基本的な枠組み

　4年制大学の南海東軟信息（情報）技術学院の他に、3年制の南海東軟情報技術職業学院が設置されている。2006年6月末現在の在籍者は約5000人であり、4年制の本科が5分の3、3年制の大専が5分の2という構成であった。また学系（学部）は、計算機科学と技術系、情報技術と商務管理系、応用外国語系の三つから構成されている。

計算機科学と技術系は、計算機多媒体技術、ソフト技術、計算機応用技術、計算機情報管理、応用電子技術、計算機ネットワーク技術、アニメデザイン設計・制作、コンピュータ・アート・デザインから構成されている。2006年6月末の在籍者数は約2000人を数える。

　情報技術と商務管理系は、情報技術と商務管理、電子商務、マーケティング物流管理、工商管理、財務情報管理、人的資源管理から構成されている。2006年6月末現在の在籍者数は約2000人である。

　応用外国語系は、ビジネス英語、ビジネス日本語である。2006年6月末現在の在籍者は約700人である。なお、2004年から募集を開始したビジネス日本語学科の在籍者数は330人（2学年分）となっていた。

　カリキュラムその他は、先行する大連とほぼ同じであった。IBMのノートパソコンの購入を入学時に義務づけ、図書館も新着雑誌以外はPDF化されていた。さらに、1年を3学期に分け、夏休み前後を「実践小学期」として専門的実践教育にあてている。この実践小学期は学年によって異なっている。1年生、2年生は4～5週間とされている。1年生は理論、プログラムの設計などを行う。2年生は企業に大学生の創業を体験させるSOVO（Student Office、Venture Office）に入る。このSOVOでは大学生が立ち上げた会社が10社ほどあり、

写真補Ⅴ―4　南海東軟情報学院の教室

学内のソフト開発、外部からの仕事も受けていた。中には、フランスから受注しているケースもあった。さらに、3年生、4年生は半年間ほど企業に実習に入ることになる。

　大連の場合は、4年生は周辺に立地する企業の協力を得て、各企業クラスに1年間ほど予備社員として入るが、南海の場合は、現在、各企業と協議中とのことであった。

　なお、教員は全体で200人、全国から募集し、また、海外からのUターン組も少なくない。外国籍の教員も15人を数える。

高い就職率

　また、中国の特殊性かと思うが、2002年の創立時には、学生を主として東北から募集している。当時は中央の教育部から4年制本科の認可を受けておらず、学籍を東軟集団の母体である瀋陽の東北大学に置いていた。2003年からは東北に加えて広東省からの募集が認可された。2006年現在では、さらに拡がり、全国10省からの募集が可能になっている。

　2006年6月末には4年制本科として初めての卒業生を出した。2002年入学の本科生1200人と2003年入学の大専生300人であった。東北大学の卒業証書と教育部の学位記を受け取ることになる。また、最近の中国では大卒が大量に出てくるため、新卒の就職率は70％程度とされているが、南海東軟情報学院の場合は95％に達した。かなりの就職率といえそうである。

　以上のように、南海東軟情報学院は大連に展開されている大連東軟情報技術学院の姉妹校的なものとして設置された。基本的な枠組みは大連校とほぼ同じであり、規模的には3分の1程度とされている。

　成都校を含めて、3校の交流は活発であり、卒業生の中の大学院進学者の一部は、瀋陽の東北大学大学院、あるいは、大連の東軟情報学院に設置されている東北大学大学院分院に向かうようである。

　このように、最近の中国では、新たなタイプの大学が次々に誕生している。北方の国立大学である東北大学が民間の最有力企業の一つである東軟集団を生み出し、その東軟集団が全く新たな大学を設置し、しかも、大連、南海、成都

と全国展開に踏み出しているのである。華南地域は人材不足と指摘されていたが、事態は新たな方向に向かっているのであった。

補論Ⅵ　国有自動車部品メーカーの展開
―― 広東省韶関市の現状と課題 ――

　アジアの時代、とりわけ「中国の時代」の到来が叫ばれている中で、中国経済の動向、その中でも、特に中国の自動車産業に対する関心が高まりつつある。13億人を数える人口大国の中国では、潜在的な自動車市場として世界一の市場となり得る可能性もあり、中国の自動車産業が今後どのように発展を成し遂げていくかが注目を浴びている。これまでの各章では、中国広東省広州市花都区を中心に自動車タウンの形成について綴られて来た。本章の着眼点は少し花都区から離れ、同じく広東省域内にある韶関市というところに焦点を絞り、その自動車部品メーカーの現状を概観すると共に、広東省の自動車産業の発展との関連性について見ていくことにする。

1. 三線建設と韶関の国有企業

　もともと中国の自動車工業は、中華人民共和国建国後、当時同盟関係にあったソ連から技術支援を受けていた。そして、ソ連の援助により設立された第一汽車集団公司（当初、第一汽車製造廠）が中心となり、社会主義計画経済の下で、主にトラックなどを吉林省長春で生産をしてきた。
　しかし、その後の中ソの対立および文化大革命により、外国、特にソ連からの技術支援が断絶されたため、国内で「自力更生政策」が打ち出された。この政策の下で、軍需産業でもあった自動車産業を東北部の長春にだけ生産拠点を集中させておくことはリスクが大きいと考えられたため、第一汽車集団公司が政府の指導を受けながら技術や人材を全面的に支援して、当時のソ連に対抗するための一大国家プロジェクトとして、東風汽車集団（当初、第二汽車製造廠）を設立する運びとなった[1]。

「三線建設」と韶関

　1960年代中期、中ソ関係の悪化とベトナム戦争の激化を背景に、産業拠点を内陸の山間部に移転させるいわゆる「三線建設」とよばれる政策が打ち出された。この政策のもと、中国は三つの地域に分けられていく。ソ連に一番近い東北部と沿海地域を「一線」、北京と東部沿海地域や国境に近い内陸部を「二線」、そして沿海からも国境からも遠い、西南・西北地方の内陸部を「三線」とした。そして国防上の理由から「一線」に立地する重要産業を「三線」に移転させた[2]。

　韶関はもともと農業を中心とする都市であったのだが、66年以降、「戦略疎散」方針に従い、広東省政府に「小三線」地域と指定され、様々な重工業・軍需産業の建設計画を推進してきた。具体的に、嶺南工具廠、南方機械廠、広東利民制薬廠など第1期の小三線企業が設立され、さらに、オイルポンプ・ポンプノズル工場、水輪機廠、歯輪廠（ベアリング）、柴油機廠、綿織廠、新華印刷廠など、もともと珠江デルタ地帯にあった国営（国有）企業を北側の韶関に移設していった[3]。

　このように60年代に国の小三線計画の下で韶関に重工業投資が行われると同時に、一部既存の国営企業を移設してきた。その結果、韶関は国営企業・重工業が多い工業拠点となっていったのである。

　図補VI－1に示されているように、78年の改革開放以降は広州、深圳、珠海など珠江デルタ地帯の発展が目覚ましく、それらと比較すると韶関市は発展速度が遅い地区となっていたものの、「非鉄金属の里」として全国的に有名であり、源鉛、亜鉛、鋼、タングステン、モリブデンなど豊富な鉱産物資源を有していた。さらに、森林、水力資源が豊富である。このようなことから、採掘、精錬、機械、電力、化学工業、紡績、石炭、医薬、タバコ、電子など多分野にわたって産業が発展しており、幅広く工業の基盤が形成されていた。現在、2万5300社の工業企業を有し、工業総生産額は344億元に達している。そのうち比較的規模の大きい企業が382社、大型、中型企業が51社を数えている[4]。

　また、韶関市における工業立地条件については、広東省全体および発展の著

図補Ⅵ—1　広東省珠江デルタ地域の都市と韶関市の工業総産値の比較

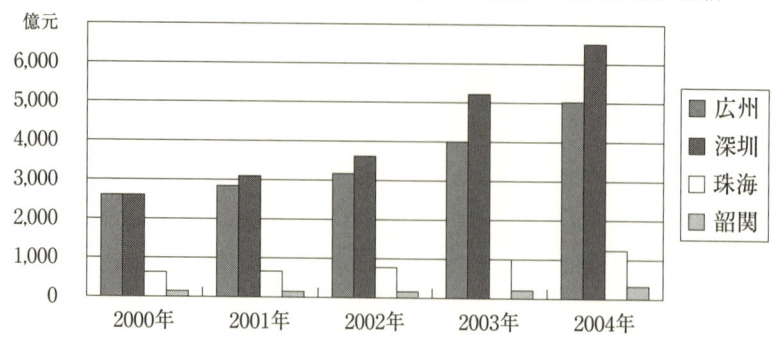

資料：『広東省統計年鑑』2005年

図補Ⅵ—2　韶関市周辺図

資料：『中国韶関投資指南』2006年版

しい珠江デルタ地域と比較すると、土地の使用権料や電気ガス等の料金は総じて2割程安く、従業員の平均賃金も省全体の平均賃金より3割ほど安い、というメリットを有している。

韶関の地理的位置

図補Ⅵ―2に示されているように、韶関市は広東省の省都である広州市の北部260kmの地点にあり、北側で湖南省と江西省と接し、広東省の北の玄関口として栄えてきた。その韶関の総面積は1.8万 km^2、総人口は約318万人にも及ぶ。

広州新白雲国際空港から韶関市内へは高速道路を使えば、約200kmの道程を車で2時間程走ると入ることができる。列車を使う場合は広州駅から韶関駅までで2時間半を要する。

2. 韶関の自動車部品国有企業の改革

国有企業改革後の問題

韶関市の企業は国有企業が大半を占めており、自動車部品などの機械工業企業も例外ではない。そのため、韶関市機械工業は資産負債率が高く、労働生産性は非常に低いという厳しい状況の下に置かれている。これらの指標を広東省のそれと比較すると韶関市機械工業の問題がさらに浮き彫りにされる。

図補Ⅵ―3に示されているように、広東省の資産負債率は全体で約53.14%であるのに対して、韶関市ではそれが平均して70%前後にもおよび、負債を多く抱えている事がわかる。また、図補Ⅵ―4に示されているように広東省全体と比較して、韶関市機械工業の労働生産性は非常に低いものであることがわかる。

国有企業はこれまで社会的に重要な役割を担ってきた。だが、経済改革後は過去の負債が非常に大きく困難を極めている。社会保険料はその代表的な一例であろう。国有企業改革以降、養老年金、医療保険、失業保険など社会保険制度の整備が進められてきた。具体的にはこの社会保険制度を政府・個人・企業

表補Ⅵ—1　企業分類別：韶関市2次・3次産業企業数と従業員数（2004年）

区　分	企業数(社)	%	従業員数(人)	%
内資企業	8876	(49)	331235	(47)
国有企業	2721	(15)	145952	(21)
集体企業	930	(5)	32149	(5)
股份合作企業	100	(1)	5087	(1)
聯営企業	88	(1)	2025	(0)
有限責任公司	744	(4)	52171	(7)
股份有限公司	152	(1)	31385	(4)
私営企業	2200	(12)	51134	(7)
その他企業	1941	(11)	11332	(2)
港澳台商企業	187	(1)	31641	(5)
外商投資企業	64	(0)	6195	(1)
合計	18003	(100)	700306	(100)

注：① 第2、第3次産業の企業を対象に集計。
　　② 企業区分に記載した用語の説明は、関満博『「現場」学者中国を行く』日本経済新聞社、2003年、を参照されたい。
資料：『韶関統計年鑑（2005）』2006年

の三つの主体が分担して負担するという方式に改善されつつあるが、国有企業や元国有企業にとっては、これらの社会保険料の支払いがいまだにかなり大きな負担となっている。特に、定年退職者の医療費負担は非常に大きくなっており、厳しい状況にある。韶関市の国有機械工業企業の民営化は、上述の困難な問題をクリアしなければならないのである[5]。

改革後政府が企業に果たすべき役割

　従来、韶関市の機械工業分野は市の主要産業として位置づけられてきた。しかし、国有企業改革などの経済改革の過程の中、国内にあって、広東省沿海部への外資の進出による飛躍的な発展と比較すると、一部の優良企業を除いては、韶関の機械工業企業はその発展から取り残されているように思える。特に製造業などの中核産業は国有企業からの体制転換を機に企業経営体質を強化し、赤字から黒字経営に転換していく必要がある。そのためには、韶関市政府および機械工業協会は優良で将来性のある企業に対して重点的に支援を行い、企業経営環境の向上に務めることが必要であろう。

図補Ⅵ—3　広東省と韶関市機械工業の資産負債率（2004年）

資料：『広東省統計年鑑』2005年、『韶関統計年鑑』2005年

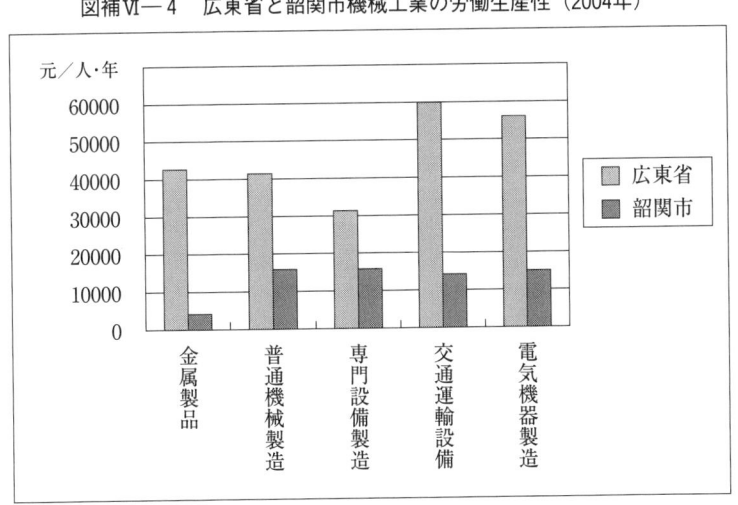

図補Ⅵ—4　広東省と韶関市機械工業の労働生産性（2004年）

資料：『広東省統計年鑑』2005年、『韶関統計年鑑』2005年

なお、国有企業改革の完成度を高めるためには、部品製造業においては広東省沿海部の自動車やオートバイ関連企業などからの受注を拡大し、世界部品市場で活躍することを強く意識していく必要があろう。一方、完成品製造業においては、広東省内だけでなく全国へ市場を拡大して、さらに輸出の拡大を視野に入れながら市場を拡大していくことが求められる。

また、部品メーカーを育成して、裾野産業を整備するために、民営化された中規模以上の国有企業や私営を含んだ中小機械工業企業の組織化を進めていくことが必要であろう。

国有機械工業企業で民営化した企業がその後の発展を成し遂げるためにも、国有企業以外の形態の私営企業や外資企業と国有企業が同じ条件で市場競争ができるように政府が支援していくことが必要である。

要するに、政府がこれまで国有企業の経営管理・監督を行ってきたが、市場経済への移行、国有企業の民営化、特に中小国有企業の民営化の方針の下で政府の過渡的な役割は少なくなり、今後は中小企業振興政策として企業支援、振興が行われることに一層の力を入れることが必要である。

経済貿易局の移設と工業連合協会の設立

2001年9月から、韶関市経済委員会は商工業を管理する経済貿易局へと移行された。これまでは国有企業を中心とした管理を行っていたが、経済貿易局に変わってからは、私営企業、民営企業を含んだ商工業全体の発展を視野に入れて管理を行うことになった。機械工業企業に対する施策は、主として中小企業の振興施策が焦点にされることになる。

また、2002年には機械工業協会とその他の工業セクター協会を含む工業連合協会が設立された。工業連合協会の理事長は各企業一票の権利によって選挙で選ばれる。これには政府が関与することがなく、企業自らの利益のために活動するのが原則である。異業種間の交流に関しても工業連合協会で行われている。

3. 韶関の自動車部品メーカー

　自動車部品製造業は韶関の伝統的な産業の一つであり、その中でも自動車のトランスミッション、後車軸、粉末冶金、ベアリング、受け金、鋼板、バネなどの自動車部品が、すでに国内でも有名な自動車製造企業や欧米の自動車製造企業に提供されている。以下において、韶関のいくつかの自動車部品メーカーの代表的な事例を紹介していくことにする[6]。

（1）鋳鋼分野で全国1位（広東省韶鋳集團）

　広東省韶鋳集團有限公司は、中国国内の鋳鍛鋼製造部門の最大規模企業グループとして知られている。1966年に韶関鋳鍛中心が設立され、69年には広東省韶関鋳鍛廠として設立された。その後、81年には広東省韶関鋳鍛総廠に名称を変更し、その傘下に鋳鋼、鋳鉄、鍛造、機械加工など四つの工場を建設した。そして、96年9月に現在の広東省韶鋳集團有限公司を設立した。

　中国国内での企業の位置づけとして、89年には国家二級企業に指定され、93年には国家一級企業に指定されている。また、97年5月には、国家機械工業部

写真補Ⅵ—1　韶鋳集団の大型横中グリ盤作業

より全国機械工業優秀企業に選出され、さらに2000年には中国機械工業企業ベスト500社の一企業となった。

資本金は9717.7万元、従業員2230人、敷地総面積は55haを有し、建物総面積は13万m²である。この5年間で毎年10％の成長率を成し遂げている。鋳鋼の分野では年間6万トンの生産量があり、これは全国1位の生産量である。

この会社では経営の最高責任機構として、董事会と並んで監事会が設けられており、その下に独立した監査室がある。

主な販売先は中国全国および香港、米国、日本、欧州、オーストラリア、マレーシア、韓国等の地域にまで及んでいる。

また、2001年には自動車関連製品の生産をスタートさせ、現在は主に大型車向けの加工品を生産している。自動車関連部品は全体の製品の10％程度を占めており、単体重量5トン以下の鋳鋼品、鋳鉄品、精密鍛造品等を生産している。今後は日本企業の乗用車向けの加工品の提供も視野に入れている。

2006年6月の韶鋳集団の経営者とのインタビューの際、日本との関係について質問したところ、鋳鋼は日本のNSKに輸出し、また、現在日本の双日と合資の商談をしている最中であるという。広州ホンダ、日産などの日系企業からの商談はまだではあるが、すでに視察に来たことがある。韶鋳集団の経営者も日本の日野自動車を訪問したことがある。

また、韶鋳集団の認識では、日系自動車メーカーにとって、鍛造品など設備投資型製品の進出は大変に難しいため、この分野の製品は特に現地化が不可欠とされている。

（2）　他地域から移設された「小三線」企業（韶関宏大歯車）

韶関宏大歯車有限公司の前身は韶関歯輪廠であり、96年「小三線」政策のもとで梅州から移設されてきた。韶関市では農業機械の歯車を製造する工場とされた。84年には自動車用の変速機とリアーアクセル用のヘリカルギアの生産を開始した。もともと100％国有企業であったが、98年に民営化され、韶能集団86％、社員持株12％、東風汽車など販売先企業が2％の株式を所有する控股公司となった。

表補Ⅵ―2　韶関宏大歯車有限公司

主要販売先名
（国　内）
江淮自動車工場、一汽東風自動車株式会社、揚州亜星バス工場、湖北自動車工場、雲南自動車工場、常州バス工場、柳州自動車工場、金龍聯合汽車工業（蘇州）有限公司、厦門金龍新福達汽車底盤有限公司、四川東風嘉泰汽車有限公司、宇通バス株式会社、丹東黄海汽車有限責任公司、中国第一汽車集団公司客車底盤廠、安凱自動車工場
（海　外）
Eaton（米国）、　John Deere（米国）

資料：会社パンフレット等より筆者作成。

　国有企業からの体制転換で民営化された株式会社であるが、大株主の韶能集団は国有企業であるため、事実上「国家が支配権を持つ国有株式会社」となっている。敷地総面積は26haを有しているが、社宅など各種厚生施設を含んでいるため、実質、生産用地は敷地総面積の約半分にあたる15haで、建物総面積は3万3160m^{2}になる。

　韶関宏大歯車有限公司は、現在、広東省において最大の歯車の専業メーカーである。主な製品は自動車用ギア、中型トラックのトランスミッション、中型バスのトランスミッション、軽自動車のリア・アクセル・アセンブリーおよび各種機械の歯車伝動部品などである。生産設備はアメリカ、ドイツ、スイス、イタリア、イギリス、日本や台湾から輸入しているものが目立った。熱処理ラインは日本製であった。その他、歯車加工設備、マシンニングセンターなど600台以上を保有している。

　会社の組織構造は民営化された翌年の99年に再編され、本社機能を担う8部門と事業部機能を担う7工場の組織体制となっている。その7つの工場は、変速機工場、ギア機械工場、熱処理工場、金型工場、機械部品工場、ショベル工場、クラッチ工場であり、それぞれの従業員は300人、70人、200人、100人、250人、40人と80人である。製品の販売先は主に国内の自動車メーカーや部品メーカーであるが、アメリカや東南アジアへの輸出も行っている。その輸出先の中でもアメリカのイートン（Eaton Corporation）が一番大きなユーザーとなっている。

写真補Ⅵ—2　宏大歯車のトランスミッション

最大のユーザー：イートン

　イートンは米国オハイオ州クリーブランド市に本社を有し、電器、流動パワー、トラック、自動車を事業分野とする大手製造メーカーである。現在、韶関宏大歯車の機械部品工場の大口ユーザーとなっている。2005年の米イートンへの年間売上げは600万ドルにも達している。

　イートンとの付き合いのきっかけは、香港での製品展示会であった。当初イートンへの売上は20万から30万ドルであったが、年々受注するアイテム数が増加し、約600万ドルの売上となってきた。しかし、アイテム数、出荷数量が増えているものの、イートンの製品に対する規格の要求は以前の水準とほとんど変わっていない。

　日本との関連として、まずは現在米国イートンが100％出資するフルードパワー機器メーカーであり、日本の京都に工場を設置している日本イートン機器に製品を提供している。日本のイートン機器は京都の工場以外にも、東京、福岡、大阪に営業所が設けられている。

　その他に、熱処理工場では、米国やドイツをはじめ、中国上海に進出している日本の宮田の高周波炉などの機械を使って加工している。

在日の米系企業以外には日本企業のユーザーは持っていないのが現状である。企業の関係者によると、ホンダやトヨタなどの日系自動車メーカーが広州に進出して来て間もない頃から何度も自社製品のサンプルを持って商談してきたが、日系企業からは「今のところ、中国国内企業からは調達しない」という回答を得ている。

だが、日系企業も立ち上がりの時期を過ぎ、生産が安定してくるにしたがい、ローカル企業への関心を深めていくことは間違いない。その時期に向けて、当社としては、技術、管理の高度化を常に意識していく必要があろう。

（3） 全国レベルの大手建設機械メーカー（韶関新宇建設機械）

韶関新宇建設機械は国内に8つある大手建設機械メーカーの一つであり、国内の同業者の中でもコンクリートミキサーおよびセメントのバラ積みトレーラーの領域ではトップシェアを誇っている。また、主力商品であるプラント製品では2億元近くの売上を上げている。中国機械工業企業ベスト500社にも入っている。

韶関新宇建設機械は58年に設立、当初、社名は華南重型機械であったが、80年代から建設機械を製造し始めたことを機に現在の社名に変更された。従業員

写真補Ⅵ—3　韶関新宇建設機械の構内

は1000人弱を抱える。85年からは日本の極東から技術導入し、90年代はドイツからの技術も導入してきた。

　85年に日本の極東から技術を取り入れたのは、全国で韶関新宇と上海華東建築のわずか2社だけである。日本との技術交流を背景に、エンジンとシャシーは三菱自動車、いすゞ、日野自動車などの製品を輸入している。日本以外にもボルボなどの製品も使用している。その他ベンツ、スタニナなどとも技術導入を交渉している。販売先については、国内と中東に輸出しているが、輸出は10％程度である。

　コンクリートプラントも事業の一部で90年代にドイツの技術を導入した。この分野において業界の中では3、4位と上位に位置する。

　韶関新宇建設機械はもともと100％国有企業であったが、95年に完全民営化へと転換された。韶関市における初の株式合作制実験企業であった。株主は董事長を含め200人ほどが存在している。董事長の選出については、まず株主総会で7人の董事を選出し、その選出された7人の董事からなる董事会で董事長を選任し、政府からの関与は受けていない。古いタイプの国有企業が目立つ韶関において、新宇建設機械は新たな流れを形成しつつあるように見える。

（4）　国有企業を民間人に売却（韶関市配件廠）

　内燃機用ブッシュやピストンリングを製造する韶関市配件廠有限公司は先進的なオーストリアMIBA社のブッシュ機械加工ライン、およびトリメタル塗膜ブッシュメッキラインの生産設備を保有している。また、検査用設備200台以上を有し、主な製品には自動車、船舶、鉄道機関車および大型発電プラントのブッシュやピストンリングなどがある。

　内燃機用ブッシュとピストンリングの生産の比率は80％と20％の割合であり、ピストンリングの鋳造は現在自社でやっておらず、韶関市から約300km離れている湖南の取引先に委託している。運搬は高速道路で約一日かかる。

　さらに、ベアリングの年間生産能力600万個で、ピストンリングは年間400万枚である。ピストンリングについては、大きいものは船舶用や農業機械用で、小さい方は自動車用である。自動車は全受注数の80％を占めており、残りの

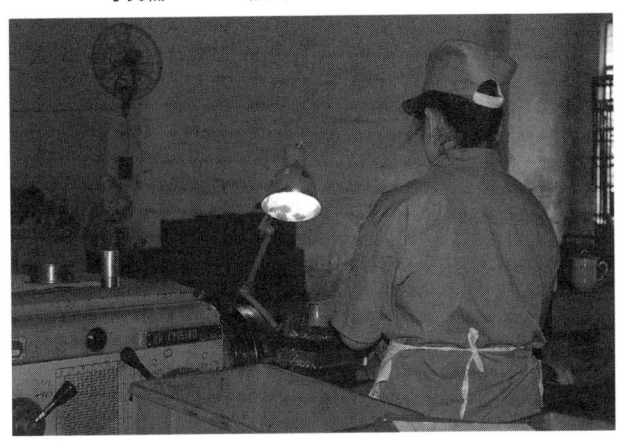

写真補Ⅵ―4　韶関市配件廠の機械加工職場

20%は農業機械と船舶に関する受注である。

　韶関市配件廠は58年7月に設立、軸受などの部品を生産してきた。設立当初から2004年までは国有企業であったが、2004年2月に現董事長の陳傳華氏によって買収され民営企業となった。買収は市政府交易中心で行われ、市政府の公募に応じて三者が入札したところ、陳氏に落札された。陳氏は落札の金額についてはやや高めで公開はできないと言う。

　さらに2005年12月末に広東省の投資企業から2000万元の出資を受け、全株式の40%を譲渡した。残り60%の株式は陳氏が単独所有し、陳氏の出資額は3000万元である。敷地は旧国有企業から受け継いだ場所であるが、2007年に現在地から約4km離れた市設の工業団地に移転する予定である。その面積は現在の敷地と比較すると倍になり、約2.3haから約5万haになる。新工場は二大株主の資金で購入したものであり、銀行からの借入はしていない。

　従業員は270人、国有企業の時代の330人よりも減少した。減少した理由は解雇したのではなく、自然退職によるものである。従業員の平均年齢は40歳と比較的高いが、経験豊富な技術者も50数人ほどと多く在籍している。そして、民営化してからどう変わったかとの質問に対しては、従業員の福利厚生が国有企業の頃よりも充実し、給料も月600元～700元から現在の月1300元にまで上がっ

ているとの回答であった。

韶関市配件廠の国内の大口ユーザーは7社あり、すべて国内の発動機工場である。一番地理的に遠いユーザーは北京にある北汽福田車両股份有限公司であり、広東省内のユーザーは広州柴油機廠である。ほかに東風汽車公司、杭州汽車発動機廠、河南柴油機廠などの大口ユーザーがある。国内市場のほかに、アメリカと東南アジアにも製品を輸出している。

日本や韓国の自動車メーカーの広州への進出については大きな関心を抱いていた。実際には、広州本田とは進出した当時から現在まで商談は続いているが、「現在のところ国内部品メーカーを採用する方針はない」との回答がいつも返ってくる。「欧州自動車メーカーは現地調達するが、日系企業は日本からの下請メーカーを日本から連れてくるから、現地企業を使わない」との陳董事長の回答があった。

（5） 海外輸出中心に展開（韶関東南軸承）

韶関東南ベアリング公司は国内でも有数のベアリングのメーカーの一つである。その製品は中国国家基準であるGB基準と国際標準規格のISO基準に準じて生産されており、アメリカ、イギリスなど40数カ国の地域に輸出している。その内、IBブランドの製品である自動車用2列アンギュラコンタクト・ハブ・ベアリング、第2、3世代フランジ付き自動車ハブ・ベアリングユニット、自動車空調機およびエンジン用ベアリングなどが代表的な製品である。

96年にISOの認証を取得し、2002年にQS9000とVDI6.1の認証を取得した。さらに、2004年TSという認証も取得している。

韶関東南ベアリング公司は66年に設立され、40年の歴史を重ねている。もともとは国有企業であったが、92年に株式会社に移行された。現在は民営化されているが、政府の持株比率は大幅減少してきたとは言え、依然として22％の所有を維持している。

従業員は988人であり、そのうち技術者は160人を占めている。敷地面積は約48haであり、建物面積は約3万2900m^{2}である。

主な製品は商用車のベアリングである。ユーザーの多くは海外にあり、アメ

写真補Ⅵ—5　ベアリングの仕上げ

リカ、欧州、中東など40数カ国・地域に輸出している。その割合は国内5％で海外95％だったが、近年国内市場の伸び率が高く、国内が20％までに上り、海外は80％となっている。

　日本メーカーに参入の意向について韶関東南軸承の鐘鑑興副総経理に質問したところ、「強く希望しているが現状は非常に難しい」と回答された。「日系部品メーカーの品質が非常に高く、アフターサービスも充実しているから、中国の部品メーカーを使わないという理由があるかもしれない。しかし、日系自動車メーカーは中国国内に進出し販売もしているので、ある程度国内の部品メーカーも起用してほしい」と語っていた。

（6）　全国初レッカー車を開発した企業（広東省力士通機械）

　広東力士通（リストン）機械株式会社は全国において早い時期からレッカー車を開発した企業である。また、華南地域で唯一、高所作業車を製造する企業でもある。国から広東省におけるタイヤクレーンの研究・開発・製造の専門企業に指定されている。

　40年に設立され、韶関で一番古い建設機械の会社である。92年に株式会社化された。78年から建設機械を生産し始め、当時は全国で指定された重点企業9

写真補Ⅵ—6　完成した特装車

社のうちの一つで、そのうち南方にあるのは広東力士通機械の1社だけである。ここ3年間の成長率は年8％であり、今後の見通しとして、伝統のある企業の一つとして、そのブランドを活用し新規市場開拓や技術の向上も図っていきたいとのことであった。

（7）　全国への事業展開（韶関富洋粉末冶金）

韶関富洋粉末冶金有限公司は1969年に国営企業として設立され、中小規模国有企業の体制転換の改革が進められている中、2000年に民営企業に転換された。転換方法としてまず、一度企業を破産させ、それから企業の資産が全従業員に売却された。そのため全従業員が会社の株主となっている。インタビューしていた副総経理の羅氏の持株比率は全発行済み株式のわずか7％しか所有しておらず、所有が比較的分散している。

従業員は230人、年間の売上は2000万元であり、国有時代の400人の従業員数と1600万元の年間売上と比較すると、民営化された会社の経営が旧国有企業時代よりも改善されていることがわかる。

20年前の国営企業の時代からモーターや農業機械の部品を主力商品として生産してきた。中でも五洋本田は大きなユーザーであった。2000年から自動車部

写真補Ⅵ—7　　韶関富洋粉末冶金

品の製造にも踏み出し、主なユーザーは無錫海馬である。そのほかにも、建設機械や紡績・繊維機械の部品が製造されている。

　国内外のユーザーは、台湾以外の全省に代理店が設置され全国展開をしており、国外は中南米への輸出も行っている。

　広州市に進出している日本三大自動車メーカーを意識し、取引することを望んでいる。以前から韶関市政府と共に広州市政府および広州本田へ訪問したことがあったが、広州本田からは「今のところ国内の部品メーカーを起用しない」との回答を得ている。昔から五洋本田と取引関係があったため、これからも広州本田との関係を深めていきたいと羅副総経理は語っていた。

（8）　国家指定の専業メーカー（韶関オイルポンプ・ポンプノズル工場）

　韶関オイルポンプ・ポンプノズル工場（油泵油嘴廠）は国が指定したオイルポンプ・ポンプノズルの専業メーカーである。その主な製品は農業機械、自動車、船舶、発電プラント、建設機械用のオイルノズルおよび噴油器アセンブリーで、年間生産量は250万台である。

　韶関オイルポンプ・ポンプノズルの前身は58年広州に設立した修理工場であるが、66年に韶関に移設されてきた小三線企業である。工場の移設を機に部品

写真補Ⅵ―8　くわえタバコの職人

の製造も開始した。元々は国有企業であったが、2001年4月に全従業員の出資により完全民営化され、株式会社となった。代表取締役は旧国有企業の工場長が務めている。2001年5月から香港系企業の資本で同敷地内に別の工場を建てて、より精度の高い製品を生産している。

　自動車産業との関連では、現在ディーゼル車用を展示会に出展している段階であり、小口のユーザーが数社あるといった程度である。今後さらに自動車産業の分野に参入して、広州本田やトヨタとの取引も望んでいる。

4. 広東自動車産業発展と韶関

（1）　発展が加速する広東省の自動車産業

　2003年と2004年における中国自動車販売台数の増加率は、それぞれ全国GDPの増加率の3.5倍と4.2倍を超えている。それゆえ、中国は現在、世界の中でも最大の自動車消費の伸びの大きな国になっており、その中国の中でも広東省は自動車の所有台数が最も多い省となっている。広東省の自動車市場が大きく成長していけば、中国国内の自動車市場全体も大きく発展していくことは間違いないと言われている。逆に言うと、広東の自動車市場が大きく成長して

いかなければ、中国国内の自動車市場も発展していかないのかもしれない。それほど、広東省の自動車産業が非常に速いスピードで発展を遂げている。現在の広東省の自動車市場は、中国全体の自動車消費市場の指標になってきたと言っても過言ではない。

広州市を中心とする珠江デルタ地帯はすでに全国屈指の自動車、オートバイおよび部品の工業地帯に発展してきた。最近では東南（福建）公司の半数のマイクロバス、瀋陽金杯バス公司の3分の1の金杯ブランドのバス、上海GMのビューイックの4分の1、南京イベコの4分の1のバスは広東省で販売されている。パサート、サニー、カモシカ、シャレード、紅旗および世紀星等、中国国内で生産される各メーカーのニューモデルの自動車は広東省を起点に販売が開始されている。

「自動車の普及時代」への突入

2002年12月に広東省の自動車所有台数は230.89万台に達して、全国自動車所有台数の11.25％を占めた。中国国内で広東省は自動車所有台数が最も高い省であり、その自動車の増加台数は38.97万台で全国トップの伸び率で、すでに、広東省全体が自動車の普及時代に突入したと言える。

広東省の自動車産業は非常に発達しており、産業全体で220数社の企業が存在する。その内、組立メーカーは121社（完成車メーカー8社、民用改装車企業48社、タイヤクレーンメーカー2社、特別仕様車および特殊自動車メーカー1社、農業運輸用車メーカー3社、オートバイ・メーカー59社）もあり、主な部品メーカーは200数社を超える。自動車だけで現在の年間生産能力はすでに50万台を超えており、車種が約1250種、製品の種類は乗用車、小型バス、バス、貨物車、導用車等多岐にわたる[7]。

2004年の広州市における自動車の生産台数は27.64万台であり、自動車産業の工業総生産額は629.89億元であった。2005年1～10月期における広州市の自動車生産台数は33.85万台であり、前年度に対して53.56％の増加率を成し遂げており、全国自動車市場に占める割合は昨年度の5.32％から今年度の6.61％にまで引き上げた。そのうち、1～8月期における乗用車の累計生産台数は25万

台を達し、前年度に対して50.43％の成長率であり、全国の乗用車生産台数の13.74％を占めている。また、オートバイの生産台数は2005年の1〜9月期の時点において144.02万台であり、昨年より15.43％の成長を成し遂げている[8]。

　今後を見据えた生産設備の急速な増強・拡大からみて、広東省の自動車産業の生産市場および消費市場の潜在能力の高さがうかがえる。すでに中国国内においてトップの生産量と消費量を誇る省となっている。

　日本自動車部品協会の理事長を務めている伊藤紀忠氏は、2006年4月香港で行われた第1回香港国際自動車部品展の席上において、「私は個人的には早くて2010年、遅くとも2013年に、中国は自動車生産台数で日本と米国を超え、世界最大の自動車生産国になると予測している[9]」と、発言されている。

　このように国外からも注目されるほど、中国における自動車の生産市場および消費市場は急速な発展を遂げているのである。

広東省三大支柱産業の一つに

　2003年に広東省の行政府は自動車製造業を広東省の三大支柱産業の一つとして育成することを発表した。広東省にある日本のホンダ（自動車）、日産（自動車）、いすゞ（バス）、ホンダ（オートバイ）およびスズキ（オートバイ）など各社の合弁企業は日増しに発展してきている。また、多くの日本の部品メーカーも日系自動車メーカーに連れられて次々と広東省、とりわけ広州市花都区に進出している。また、トヨタも広州汽車と合弁企業を設立した。日本の三大自動車メーカーが揃って広東省に進出しており、広東省は中国で最も重要な乗用車製造拠点として発展してきた。広東省は2015年に乗用車の生産量を150万台に達する計画を立てており、珠江デルタ地帯はこれまでも例をみない世界最大の自動車製造拠点となり得ることが期待されている。

（2）　韶関市——巨大自動車部品市場としての潜在性

　韶関市は広東省の北の玄関であり、広州市、江西省、湖南省の境にあり、京広鉄道、京珠高速道路および四つの国道が市域を貫いている。京珠高速道路の全線開通により、韶関市と北の長沙市、南の広州市をそれぞれわずか3時間半

と2時間で結ぶことになる。京九、京広の二大鉄道幹線はここで合流し、韶関と深圳をつなぐ鉄道が加わると、華南、華東、および華中の交通が結ばれ、また周辺地域を放射状に結ぶ交通の要衝としての韶関市の地位は高まる。

韶関市は華南でも有名な河港都市でもある。北江航路の通航距離300kmに達し、港に100余りのバースがある。さらに、コンテナ専用の埠頭が建設され、四つの300トン級のバースもあって、貨物の出し入れ量は年間50万トンに及ぶ。コンテナ船は韶関港から香港、マカオへ直通で結ばれている。

日増しに整備されている鉄道幹線および高速道路のネットワークに加えインターネットの整備によって、交通運輸ネットワークおよび情報ネットワークが高い水準で構築されている。韶関市は珠江デルタ地帯とのネットワークの強化により、広東省でも重要な産業拠点としての優位性を持つようになってくると考えられる[10]。また、ネットワークの強化により韶関市に投資を行う場合、コストが大幅に削減され、効率性を高めることができる。以上のような地理的な利便性の他にも韶関市は自動車部品工業都市として、広東省沿海地域と比較すると、以下のいくつかの優位性があげられる。

産業基盤としての優位

韶関市は広東省の重工業拠点であるだけでなく、機械装置工業や広東省自動車部品工業の重要拠点でもある。韶関市は一定の生産量を有する装置工業企業が20数社あり、年間生産額は約10億元であり、その内自動車産業の生産額は6億元以上であり過半数を占める。

韶関市の自動車部品の専業メーカーは上述の韶鋳集団、宏大歯車有限公司、東南ベアリング公司、韶関自動車部品廠、オイルポンプ・ノズル工場、鋼ばね廠、力士通機械有限公司および新宇建設機械有限公司などがあり、レッカー車、高所作業車、コンクリートミキサー車、セメントバラ積み用トレーラー等は国内と海外でも評判がよく、全国の自動車完成車企業にとってもなくてはならない存在となっている。

現在、世界の大手自動車メーカーは部品の研究開発を部品メーカーに依存し、部品のモジュール化供給を進めている。完成車企業の部品企業への依存度は増

してきている状況にある。このような状況の中で、韶関市が自動車部品生産の優位性を発揮しながら、これまで以上に積極的に広州市の自動車部品の生産供給に加わることが重要である。広州市の自動車産業と交流を強化し、相互補完を実現していけば、韶関市の自動車部品産業の発展、成長が大きく期待できる。

水力電力の安定供給

　広州市や花都区を含め、珠江デルタ地帯における工業発展の不安要素は、電力や動力に必要な「エネルギー」資源が乏しいことである。実際2006年6月の花都調査の際にも台湾企業が経営している高級和食料亭で停電に遭遇した。経営者の話によるとよく起こることで、外資企業はまだいい方だというのである。

　山間部に囲まれた西部や北部地域とは違い、平原の多い同地域は年間降雨量が多くても、「水力発電」が難しい。また中国で主流となっている石炭による「火力発電」も採掘地から遠く離れており、輸送コストの増大や供給難に陥るリスクが他の地域よりも高くなる。

　この点、広州市から少し離れている韶関は、水道と電気の資源が豊かであり、以前から電力工業は韶関工業の基盤となっている。全市の発電最大出力はすでに281万kWに達し、それに毎年5万から10万kW程の速度で逓増しつつある。2003年における全市の発電量は99.82億kW、電力使用量は60億kWで、対外送電量は30数億kWであった。2010年までに全市の発電最大出力は400万kWになることを目指し、通年200万kW以上の発電能力を備えていけるようにしている。

　この点に関しては、広東省周辺で電力不足が深刻な地域と比べるとかなりの強みであるといえる。

広大な発展空間と優遇政策

　韶関市は珠江デルタ地帯と山間部経済圏の間に位置しており、山間部の発展を支援する優遇政策を受けられると同時に、珠江デルタ経済発展に関する戦略的政策の適用地域でもある。

　それに加えて、韶関市は人口密度が低く広東省内において最も低い地域であ

り、また、中国東部でも人口密度が最も低い地域でもある。韶関市の土地面積は広東省の10分の1を占めており、地形は山岳地域が多いものの、平原や台地の面積も広く土地面積の20％を占めている。その他に、開発・使用が可能な緩やかな傾斜地もあり、工業地としては理想的な地形が広く分布している。韶関市街地域の計画面積は500km²程あるが、既に建設が完了している七つの工業団地の面積はその10分の1の50km²である。従って、これらの未開発の広大な土地は外国の製造業の投資に十分に対応できることになる[11]。

　韶関市政府は北京、広州、深圳、珠海および香港などの主要都市に事務所を設け、そこで外資企業の韶関市誘致で優遇政策を実施し、企業誘致を積極的に行ってきた。韶関市は税関、港、商品検査、動植物検疫、衛生検査などの行政サービス機構を行政サービスセンターに設け、サービスセンターで全ての手続きを済ませられるように検討している。韶関市で通関された貨物は直接輸出することができ、輸入された貨物についても韶関市に直接運んで税関検査を受け、通関申告、検査、積降、倉庫保管、運輸を一体化させている。その他、韶関市は外国企業が韶関で事業を行いやすくするためにいくつかの優遇政策を打ち出している。

　しかし、このようなサービスや優遇政策は韶関だけでなく、中国国内ではすでに多くの都市でも同じような優遇政策を打ち出してきている。市政府・地域間でも競争が激しくなってきている中で、他都市との差別化を図り、海外企業にそれ以上のメリットを付け加えなければならない。

（3）　韶関の自動車部品メーカーの共通課題

　訪問した韶関の自動車部品メーカーのうち、ほとんどの企業は広州市、とりわけ花都区の自動車産業の発展ぶりを強く意識している。また、自社の製品を採用してもらえるよう積極的に広州市と花都区の日系自動車メーカーと商談しているが、日系企業からはよい返事をもらえていないのが現状である。

　それにはそれなりの大きな理由がある。日系自動車大手メーカーの中国への本格的な進出はわずか5年の歳月しかたっていない。失敗が許されない中国進出のプロジェクトは、日系自動車メーカー各社に非常に慎重な態度をとらせて

いると考えられる。また、日系自動車大手メーカーはその部品に対する精度の高さ、規格が非常に厳しく、それに見合った部品を生産できる日系の部品メーカーを中国に連れてきているといった状況である。しかし、本書の第2章でも言及されたように、広東省は2010年に乗用車の生産量を2005年の80万台から100万台にまで達させる計画を立てている。90年代に進出した日系の電機メーカーが現地化していることを考えると、中国国内の優秀な自動車部品メーカーを起用するのは時間の問題であると考えられる。

そのため、様々な優位性を有している韶関の自動車部品メーカーにとって、現在なすべきことは、上述のような独自の優位性を活かしながら、さらに技術力の向上に努め、日系自動車メーカーの要求を満たすまでの力を身に着けておくことである。そして、今後も継続的に積極的に広州市や花都区の自動車メーカー、部品メーカーとの連携を保ち、自動車の性能や品質の動向に関する最新情報や求められる技術に対して常に敏感に反応することが必要であろう。

一方、国内自動車部品メーカーあるいは関連企業の間に協力関係を結び、外資系を含む自動車製造企業個別の厳しい品質管理や製造技術の研究、情報交換を進めることも必要である。また、地理的な利点を活かして、広州など沿海部の自動車、バス製造企業、自動車部品企業との交流の機会を持つのもよいであろう。

国内部品メーカーが採用される時期が到来した際には、安心して韶関の自動車部品メーカーに任せられるよう、今からその基盤を固める必要がある。日本企業の厳格な基準に合格し、部品が採用されるならば全世界に通用する部品メーカーになることは間違いない。

総じて、韶関市自動車産業が成功する可能性は高く、構想の大きな計画と目標を持って向かうことが必要であろう。将来、華南地域の一大自動車部品メーカーの座を獲得するためには、韶関市は現在の産業の基礎を十分に活用して、優位性のある資源を調整、整備し、珠江デルタ地帯、特に広州の自動車産業と相互補完性を保ちながら、将来的には建設機械と自動車の鋳造品や鍛造品、およびオートバイ部品製造基地などのあらゆる分野の基地を育成するなど、次への布石を打つことが重要なのである。

1) 詳しい説明は、本書の第2章を参照されたい。
2) 三線建設については、関満博・西澤正樹『挑戦する中国内陸の産業』新評論、2000年、呉暁林『毛沢東時代の工業化戦略』御茶の水書房、2002年、を参照されたい。
3) 韶関市の重工業の発展経緯については、許俊傑編『韶関年鑑（1996—2000）』韶関年鑑編纂委員会、2001年、を参照されたい。
4) 韶関市の重工業企業に関するデータは、韶関市統計局編著『韶関統計年鑑（2005）』2006年、に基づく。
5) 中国国有企業の問題および改革についての詳細は、呉淑儀「中国企業統治におけるインサイダー・コントロール問題についての一考察」（『一橋研究』第29巻第1号、2004年）を参照されたい。
6) 韶関市機械工業、とりわけ生産管理および生産技術についての詳細は、国際協力事業団『中国工場（広東省韶関市機械工業セクター）近代化計画調査』2001年、を参照されたい。
7) 広東省、とりわけ広州市における自動車産業の位置づけについては、「投資広州」（http://www.investguangzhou.gov.cn/）を参照されたい。
8) 中国広東省自動車産業発展の概要およびマクロ的なデータは、李明充・章淑華「2005～2006年広州汽車産業発展形勢分析与予測」（『2005年：中国広州汽車発展報告』2006年）を参照されたい。
9) 記事の内容は、聯合亜洲證券報のニュース（http://uap.jugem.jp/?cid=5）に基づく。
10) 韶関の優位性に関しては、「韶関投資招商網」（http://www.sgtz.com/）、および『中国韶関投資指南』2006年、を参照されたい。
11) 韶関市政府の優遇政策についての詳細は、広東省韶関市人民政府編『韶関市招商項目―韶関市外資導入プロジェクト―』2006年、を参照されたい。

著者紹介

関　満博　（序章、第1章―2、3、第2章、第3章、第4章、終章、補論Ⅲ、補論Ⅳ、
　　　　　　補論Ⅴ）

山藤竜太郎　（第1章―1、第5章）

　1976年　山梨県生まれ
　2006年　一橋大学大学院商学研究科博士課程修了
　現　在　一橋大学大学院商学研究科ジュニアフェロー　商学博士
　著　書　『現代中国の民営中小企業』（共著、新評論、2006年）他

古川一郎　（第6章）

　1956年　東京都生まれ
　1988年　東京大学大学院経済学研究科博士課程単位取得
　現　在　一橋大学大学院商学研究科教授
　著　書　『超顧客主義』（共著、東洋経済新報社、2003年）他

遠山　浩　（第7章）

　1963年　京都府生まれ
　2004年　専修大学大学院経済学研究科修士課程修了
　現　在　専修大学社会科学研究所特別研究員、ジービーアイ（株）取締役
　著　書　『現代中国の民営中小企業』（共著、新評論、2006年）他

呉　淑儀　（補論Ⅵ）

　1975年　香港生まれ
　2006年　一橋大学大学院商学研究科博士課程修了
　現　在　一橋大学イノベーション研究センター助手　商学博士
　著　書　『アジアのコーポレート・ガバナンス』（共著、学文社、2005年）他

編者紹介

関　満博(せき　みつひろ)

1948年　富山県生まれ
1976年　成城大学大学院経済学研究科博士課程修了
現　在　一橋大学大学院商学研究科教授　経済学博士
著　書　『現代ハイテク地域産業論』(新評論、1993年)
　　　　『変貌する地場産業』(編著、新評論、1998年)
　　　　『サイエンスパークと地域産業』(編著、新評論、1999年)
　　　　『阪神復興と地域産業』(編著、新評論、2001年)
　　　　『挑戦する企業城下町』(編著、新評論、2001年)
　　　　『地域産業の未来』(有斐閣、2001年)
　　　　『飛躍する中小企業都市』(編著、新評論、2001年)
　　　　『地域産業支援施設の新時代』(編著、新評論、2001年)
　　　　『モンゴル／市場経済下の企業改革』(編著、新評論、2002年)
　　　　『21世紀型地場産業の発展戦略』(編著、新評論、2002年)
　　　　『「現場」学者中国を行く』(日本経済新聞社、2003年)
　　　　『インキュベータとSOHO』(編著、新評論、2005年)
　　　　『現場主義の人材育成法』(ちくま新書、2005年)
　　　　『ニッポンのモノづくり学』(日経BP社、2005年)
　　　　『地域ブランドと産業振興』(編著、新評論、2006年)
　　　　『二代目経営塾』(日経BP社、2006年)
　　　　『変革期の地域産業』(有斐閣、2006年)他

受　賞　1984年　第9回中小企業研究奨励賞特賞
　　　　1994年　第34回エコノミスト賞
　　　　1997年　第19回サントリー学芸賞
　　　　1998年　第14回大平正芳記念賞特別賞

中国自動車タウンの形成
広東省広州市花都区の発展戦略　　　　　　　　(検印廃止)

2006年11月10日　初版第1刷発行

監　修　社団法人　経営労働協会

編　者　関　　満　博

発行者　武　市　一　幸

発行所　株式会社　新　評　論

〒169-0051　東京都新宿区西早稲田 3-16-28
http://www.shinhyoron.co.jp
電話　03 (3202) 7391
FAX　03 (3202) 5832
振替　00160-1-113487

印刷　新　栄　堂
製本　清水製本プラス紙工
装幀　山　田　英　春

落丁・乱丁本はお取り替えします
定価はカバーに表示してあります

©関 満博他　2006　　ISBN4-7948-0716-3　C3033
Printed in Japan

アジアの未来を見つめる――関 満博の本

監修（社）経営労働協会／関 満博 編
現代中国の民営中小企業
人びとの熱い思いに支えられた民営中小企業が今、中国産業社会を劇的に発展させている。大連、無錫、北京、広東珠江デルタの5地域のケース・スタディをもとに、民営中小企業の現状と課題を精査。（ISBN4-7948-0692-2　A5上製　720頁　8610円）

監修（社）経営労働協会／関 満博 編
台湾ＩＴ産業の中国長江デルタ集積
"IBM=聯想ショック"の現場から、「世界の工場／市場」の新展開を徹底検証！IT産業の拠点・長江に進出する台湾企業の詳細な現場報告を通して、日本企業の大陸展開の将来像を眺望する。（ISBN4-7948-0654-X　A5上製　418頁　4935円）

監修（社）経営労働協会／関 満博・池部 亮 編
［増補版］ベトナム／市場経済化と日本企業
東アジア経済の要として大きく飛躍する新生ベトナムの産業展開・企業実態を内側から検証し、日本企業が担うべき役割と東アジアの新たな交流の時代を展望する。04年初版以降の最新動向を緊急補遺！（ISBN4-7948-0699-X　A5上製　422頁　4725円）

関 満博
世界の工場／中国華南と日本企業
90年代以降目覚ましい飛躍を遂げた華南の現場からその発展と将来を報告する「同時代の証言」！華南経済特区で繰り広げられる「輸出生産拠点」での展開を徹底的に分析した在中企業人のバイブル。（ISBN4-7948-0558-6　A5上製　580頁　8400円）

関 満博
北東アジアの産業連携／中国北方と日韓の企業
山東半島、天津、瀋陽、大連、丹東の現場を丁寧に歩き、激動し変貌する中国北方の現場を総力調査。日韓中の企業・産業レベルでの新たな協力可能性を模索する、生きた現場報告。（ISBN4-7948-0586-1　A5上製　630頁　8400円）

＊表示価格はすべて消費税5％込みの定価です。